GRAMMAIRE RUSSE

TYPOGRAPHIE SCIENTIFIQUE ET ORIENTALE DE Mme Ve DONDEY-DUPRÉ,
rue Saint-Louis, 46 (au Marais), à Paris.

GRAMMAIRE RUSSE

PRÉCÉDÉE D'UNE

INTRODUCTION SUR LA LANGUE SLAVONNE,

PAR

CH. PH. REIFF.

> Peu de règles, beaucoup de reflexions, et encore plus d'usage.
> DUMARSAIS.

SAINT-PÉTERSBOURG,

ET, A PARIS,

CHEZ THÉOPHILE BARROIS, QUAI VOLTAIRE, 15,

A LA TOUR DE BABEL.

1851

INTRODUCTION

SUR LA LANGUE SLAVONNE.

Il est vraisemblable que la langue des Slaves[1] s'est formée, ainsi que le Grec, le Latin et l'Allemand, du Sanscrit, — ancienne langue des Indous[2]. On n'a rien de certain sur l'an-

---

[1] Le nom de *Slaves* peut être dérivé du mot slavon слáва, *gloire :* car les Grecs, qui changeaient entièrement les noms des nations qu'ils appelaient barbares, pour en accommoder les sons à leurs oreilles délicates, ou qui les traduisaient dans leur langue pour les mieux retenir, les avaient nommés Αἰνετοί, *Enètes*, de αἰνετός, *louable*, *célèbre;* comme ils appelaient les Syromèdes Σαυρόμμαται (Latin *Sarmati*), de σαῦρος, *un lézard*, et ὄμμα, *l'œil*.

[2] Le Sanscrit est conservé dans les *Védas*, livres sacrés des *brahmanes* ou *brahmines*, prêtres du dieu *Brahma*. — Ce qui prouve que ces langues ont une même origine, c'est la ressemblance de leurs mots radicaux; ex. Мать, μήτερ, *mater*, 𝔐utter (la mère). — Отéцъ (*diminut.* бáтюшка), πατήρ, *pater*, 𝔙ater (le père). — Левъ, λέων, *leo*, 𝔏öwe (un lion). — Ночь, νύξ, *nox*, 𝔑acht (la nuit). — Плáмя, φλόξ, *flamma*, 𝔉lamme (la flamme). — Имя, ὄνομα, *nomen*, 𝔑ame (le nom), etc., etc. — Voyez les recherches de M. Adelung : *Rapports entre la langue sanscrite et la langue russe; Saint-Pétersbourg*, 1811.

cien Slavon. « Les Grecs, dit M. de Karamzine dans son *His-
» toire de la Russie*, au sixième siècle trouvaient la langue
» slavonne très-rude. N'ayant aucun monument de cette lan-
» gue primitive, nous ne pouvons en juger que par des mo-
» numents plus récents, parmi lesquels les plus anciens sont
» la Bible slavonne et d'autres livres d'Église, traduits au
» neuvième siècle par saint Cyrille et Méthodius. Mais les
» Slaves, après avoir embrassé la religion chrétienne, em-
» pruntèrent d'elle de nouvelles pensées, inventèrent de nou-
» veaux mots, de nouvelles expressions; et leur langue dans
» le moyen âge différait sans aucun doute autant de l'ancienne
» qu'elle diffère de celle que nous parlons aujourd'hui. Dis-
» persées dans l'Europe, entourées d'autres peuples, assujet-
» ties souvent par eux, les nations Slaves perdirent l'unité du
» langage, et dans la suite des temps il se forma différents
» dialectes dont les principaux sont :
» 1. Le *Russe*, plus formé que tous les autres, et moins
» mêlé de mots étrangers. Les victoires, les conquêtes et
» l'étendue de l'empire, en élevant l'esprit du peuple Russe,
» eurent une heureuse influence sur la langue même, qui,
» maniée par le talent et le goût d'un homme de génie, peut
» être comparée aujourd'hui par sa force, par sa beauté et
» par sa douceur avec les plus belles langues anciennes et
» modernes.
» 2. Le *Polonais*, mêlé de plusieurs mots latins et alle-
» mands. C'est la langue non-seulement de la Pologne, mais
» encore de quelques parties de la Prusse, des nobles en
» Lithuanie et du peuple dans la Silésie, sur la rive droite
» de l'Oder.
» 3. Le *Tchèque* (ou *Bohémien*), dans la Bohême, la Moravie
» et la Hongrie, qui approche le plus, selon l'assertion de
» Jordan, de notre ancienne traduction de la Bible, et qui,
» d'après l'avis d'autres savants Bohémiens, tient le milieu
» entre le Croate et le Polonais. Le dialecte Hongrois se

» nomme *Slavake;* mais il ne diffère du Tchèque que dans la
» prononciation.

» 4. L'*Illyrien,* qui comprend le *Bulgare,* le plus grossier
» de tous, — le *Bosnien,* le *Serbe,* le plus agréable à l'oreille,
» — l'*Esclavon* et le *Dalmate.*

» 5. Le *Croate,* qui ressemble à la langue des Vénèdes
» dans la Styrie, la Carinthie et la Carniole, de même qu'à
» celle de la Lusace, de Cotbouss, de Caschau et de Lukau.
» Dans la Misnie, le Brandebourg, la Poméranie, le Mecklem-
» bourg, et presque dans tout le Lunebourg, où le Slavon
» était autrefois la langue du peuple, on parle aujourd'hui
» l'Allemand.

» Cet art sublime de représenter aux yeux avec quelques
» caractères les sons innombrables de la voix, a été connu en
» Europe, comme on peut le supposer, dès les temps les plus
» reculés, et c'est sans doute des Phéniciens [1] que les Euro-

---

[1] C'est Cadmus, Phénicien, contemporain du roi David, qui apporta l'écriture en Grèce :

> « C'est de lui que nous vient cet art ingénieux
> » De peindre la parole et de parler aux yeux,
> » Et par les traits divers de figures tracées,
> » Donner de la couleur et du corps aux pensées.
>
> » Brébeuf. »

Il communiqua aux Grecs l'alphabet phénicien, composé seulement de seize lettres, savoir : A, B, Γ, Δ, E, I, K, Λ, M, N, O, Π, P, Σ, T, Υ. Palamède, à la guerre de Troie, l'an du monde 2800, plus de 250 ans après l'arrivée de Cadmus, en inventa quatre autres : Ξ, Θ, Φ, X ; et Simonide, 650 ans après la guerre de Troie, inventa les quatre dernières : H, Ω, Z, Ψ. — Dans les premiers temps, chez presque toutes les nations, on écrivait de droite à gau

» péens l'ont reçu, soit directement, soit par le moyen des
» Pélasgiens et des Grecs. Nous ignorons de quelle manière
» le nord de l'Europe reçut les caractères de l'écriture : est-ce
» des navigateurs phéniciens qui faisaient le commerce de
» l'étain de Bretagne et de l'ambre jaune de Prusse? ou est-ce
» des peuples du midi de l'Europe [1]? La seconde supposition

---

che, comme nous le voyons encore aujourd'hui dans toutes les langues orientales. Les Grecs suivirent d'abord cette méthode; ensuite ils écrivirent une ligne de gauche à droite, et une autre de droite à gauche, ce qu'ils appelaient διστιχον, et cela jusqu'au temps du législateur Solon (594 ans avant J.-C.), où ils trouvèrent que l'écriture de gauche à droite était la plus naturelle et la plus commode.

[1] Tous les caractères des peuples de l'Europe ont plus ou moins de ressemblance avec les caractères phéniciens. Les Phéniciens eux-mêmes les empruntèrent des Hébreux qui les avaient apportés dans le pays de Chanaan. Les autres peuples avaient des caractères qui leur étaient propres. — Les Égyptiens avaient deux sortes d'écritures : l'*hiéroglyphique* et l'*alphabétique*. La première employait des signes au lieu de mots : ainsi un cercle représentait *l'éternité*, un lièvre *l'attention,* un serpent *l'ingratitude,* une colombe *l'amour,* deux mains qui se tiennent ensemble *l'alliance,* etc. Mais comme il était difficile de trouver pour chaque idée des symboles justes, et qu'il y avait toujours quelque embarras à les expliquer, on leur substitua l'écriture alphabétique, et les prêtres conservèrent seuls l'écriture hiéroglyphique. — Les Chinois, les Japonais et les Coréens ont aussi une écriture hiéroglyphique. Chez eux chaque chose, chaque idée, et par conséquent chaque mot est représenté par un caractère différent : ainsi on peut supposer quel doit être le nombre de leurs caractères; on assure qu'ils en ont jusqu'à soixante-dix mille et plus. — **Les Péruviens au seizième siècle ignoraient l'écri-**

» paraît plus vraisemblable : car l'écriture runique et go-
» thique[1] ressemble plus à la grecque et à la latine qu'à la
» phénicienne. Elle a pu dans le cours des siècles parvenir,
» à travers la Germanie ou la Pannonie, de la mer Méditer-
» ranée à la mer Baltique, avec quelques altérations dans les
» caractères.

» Quoi qu'il en soit, les Slaves de la Bohême, de l'Illyrie
» et de la Russie n'eurent point d'alphabet jusqu'à l'an 863,
» où le philosophe Constantin, appelé Cyrille dans l'état mo-
» nastique, et Méthodius, son frère, habitants de Thessalo-
» nique (aujourd'hui Salonichi), furent envoyés par l'empe-
» reur grec, Michel III, dans la Moravie, vers les princes
» chrétiens Rostislaw, Sviatopolk et Kotsèle, pour traduire du
» Grec, dans leur langue, les livres d'Église, et inventèrent
» l'alphabet particulier slavon, formé sur celui du Grec, en
» ajoutant ces nouvelles lettres : Б, Ж, Ц, Ш, Щ, Z, Ы, Ѣ,
» Ю, Я, Ѫ[2]. Cet alphabet, appelé *alphabet cyrillique*[3], est au-

---

ture ; mais ils avaient imaginé des cordons bigarrés et noués de plusieurs manières, qu'ils nommaient *quipos*, par lesquels ils conservaient un peu la tradition du passé.

[1] Les caractères *runiques* et *gothiques* étaient ceux des Scandinaves, des Germains et des Goths.

[2] Ces lettres étaient nécessaires pour rendre les sons particuliers à la langue slavonne ; Ш est le schin (ש), hébreu.

[3] Les Russes ont encore des livres d'Église de Cyrille, écrits en 1056 et 1144. L'imprimerie ne fut introduite en Russie que vers le milieu du seizième siècle (en 1553), environ cent ans après son invention, et les premiers livres imprimés furent les Actes des Apôtres et leurs Épîtres. La première Bible fut imprimée à Ostrog dans la Volhynie, en 1581, et la seconde à Moskou, en 1663. Avant cela il avait déjà paru, en 1515, à Alcala de Hénarès (ou

» jourd'hui en usage, à l'exception de quelques changements,
» dans la Russie, la Valaquie, la Moldavie, la Bulgarie, la
» Servie, etc. Les Slaves de la Dalmatie en ont un autre
» connu sous le nom de *Glagolique* ou *Boukvitsa*, évidemment
» formé sur l'alphabet slavon, duquel il ne diffère que par
» les lettres chargées d'ornements, dont l'usage est très-in-
» commode. Les chrétiens de la Moldavie, embrassant le rit
» romain, commencèrent, en même temps que les Polonais,
» à se servir des caractères latins, rejetant les cyrilliques so-
» lennellement défendus par le pape Jean XIII. — Aujour-
» d'hui dans la Bohême, la Moravie, la Silésie, la Lusace, la
» Cassoubie, on emploie les caractères allemands ; dans l'Illy-
» rie, la Carniole, la Hongrie et la Pologne, on se sert des
» caractères latins. Les Slaves, qui au huitième siècle allèrent
» se fixer dans le Péloponnèse, adoptèrent l'alphabet grec. »

Dans l'histoire de la langue slavonne-russe on peut distinguer trois principales époques où la langue a subi quelques changements. La première renferme l'introduction du Christianisme, sous Vladimir le Grand, 988 ans après J.-C. ; la seconde comprend la domination des Tatares[1], depuis 1224

Complutum), en Espagne, une Bible polyglotte en sept langues, parmi lesquelles se trouve le S'avon. — La forme des anciens caractères fut améliorée par Elie Kopiéwitch, qui, en 1698, établit une imprimerie à Amsterdam ; et Pierre le Grand, en 1717, fit imprimer, avec ces mêmes caractères, toute la Bible, en cinq volumes in-folio, en Hollandais et en Slavon. On en trouve encore un exemplaire dans la bibliothèque de l'Université de Leyde, et à peine pourrait-on en trouver cinq exemplaires dans toute la Russie, les autres ayant été perdus dans un naufrage.

[1] L'Académie française écrit *Tartares ;* mais nous avons préféré *Tatares* pour nous rapprocher de l'orthographe russe qui écrit Татары.

jusqu'en 1462; et la troisième commence vers la fin du dix-septième siècle. — Déjà avant Cyrille, les Varaigues [1] avaient eu quelque influence sur la langue des Slaves; ils avaient mis en usage plusieurs mots scandinaves. Mais c'est surtout lorsque les Russes embrassèrent la religion des Grecs orientaux que l'on introduisit, en traduisant leurs livres canoniques, une quantité de mots grecs concernant le service divin [2]. Depuis ce temps-là il y eut deux langues : celle de l'Église, appelée proprement langue *slavonne*, et celle du peuple, appelée langue *russe*. Celle-ci changea avec le temps, comme toutes les langues vivantes, tandis que l'autre se conserva dans les livres. — Pendant la malheureuse période des Tatares qui dura plus de deux cents ans, l'usage général adopta plusieurs mots mongols et tatares [3]; mais ces mots ne chan-

---

[1] L'an 862, Gostomysle, un des descendants de Slaviane, prince slavon qui fonda Novgorod, sur le lac Ilmen, dans le premier siècle, n'ayant point d'enfant mâle, envoya en Scandinavie (aujourd'hui Suède), chez son gendre, prince russe Varaigue, pour offrir à ses petits-fils la principauté de Novgorod. Ils arrivèrent au nombre de trois, Rurik, Sinéous et Trouvor.

[2] Comme Митрополитъ, un Métropolitain; Іерей, un Prêtre; монастырь, un monastère; трапеза, le réfectoire; схима, le grand habit angélique; мѵро, la sainte huile; ѳѵміамъ, l'encens, etc.

[3] Comme деньги, l'argent; лошадь, un cheval; крестьянинъ, un paysan, parce que les Tatares faisaient payer un double tribut à ceux qui croyaient en Christ, de крестъ, la croix; алтынъ, pièce de trois copecks; башмаки, des souliers; сапоги, des bottes; колпакъ, un bonnet de nuit; кафтанъ, un justaucorps; кушакъ, une ceinture; шляпа, un chapeau; сундукъ, un coffre; анбаръ, un magasin; огурецъ, un concombre (de la province *Ogurza*, dans le pays des Usbecks); казна, le trésor de la Couronne (de $\gamma \acute{\alpha} \zeta \alpha$);

gèrent pas les mots slavons, et ne les exclurent pas de la langue. Pendant cette époque la langue russe s'écarta de plus en plus de la langue slavonne qui resta toujours la même. — Depuis la réforme civile de la Russie, sous Pierre le Grand, la langue russe s'est accrue de différents mots empruntés des autres langues européennes, et concernant le service civil, celui de la guerre et de la marine, ainsi que le commerce, les sciences, les arts et les métiers [1]. Ainsi la langue russe ne diffère de la langue slavonne que par une augmentation de mots tatares, français, allemands et autres, et par de nouvelles terminaisons grammaticales.

La première Grammaire slavonne qui ait paru a été faite par Laurentius Zizanius, et imprimée à Vilna en 1596. — La seconde est celle de Mélétius Smotritsky, imprimée près de Vilna en 1619.

La première Grammaire russe pour les étrangers a été faite en latin, par un Allemand, Henri Wilhelm Ludolf; en voici le titre : *H. W. Ludolfi Grammatica Russica quæ continet et manuductionem quamdam ad Grammaticam Slavonicam; Oxonii* (Oxford), 1696. — La seconde est celle qui se trouve au commencement du Dictionnaire allemand-latin-russe; Saint-Pétersbourg, 1731. — Après cela vient la Grammaire de Michel Gröning, en Suédois; Stockholm, 1750.

Parmi les Grammaires faites pour les Russes on remarque :

сургу́чъ, la cire à cacheter; карандáшъ, un crayon (du Turc *kara*, noir, et *dash*, la réunion), et ainsi plusieurs mots, surtout ceux où л est précédée d'une consonne.

[1] Tels que Камергéръ, un Chambellan (allem. Kammerherr); лейбгвáрдiя, la garde du corps (allem. Leib); фортификáцiя, une fortification; кавалéръ, un chevalier; Академiя, l'Académie; госпитáль, un hôpital; мичманъ, un garde-marine (angl. *midshipman*).

1. La Grammaire de Michel Lomonossow, Saint-Pétersbourg, 1755, laquelle a été réimprimée plusieurs fois, et qui a été suivie pendant très-longtemps. Elle a été traduite en Allemand par J.-N. Stavenhagen, Saint-Pétersbourg, 1764, et en Grec par Anastase, Moskou, 1795 et 1804.

2. Les Éléments de Sokolow, pour les gymnases, Saint-Pétersbourg, 1788, 1792, 1797, 1800, 1808 et 1810.

3. La Grammaire de l'Académie Impériale de Saint-Pétersbourg, 1802, 1809 et 1819. Elle a été traduite en Grec par Panagiota Nitzogla, Moskou, 1810.

4. L'Introduction (Краткое Руководство) à la Littérature russe de J. Born, Saint-Pétersbourg, 1808. Cet ouvrage a été traduit en Français par Jacques Langen, Mittau, 1811.

5. Le Nouveau plan (Новѣйшее Начертаніе) des règles de la Grammaire russe par J. Ornatowsky, Kharkow, 1810.

6. L'Essai (Опытъ) sur les Conjugaisons russes, avec un tableau, de N. Gretsch, Saint-Pétersbourg, 1811. Le même a publié aussi, en 1809, des tableaux de déclinaisons.

Les Allemands sont les seuls étrangers qui, jusqu'à présent, se soient occupés avec succès de la langue russe, et qui aient publié sur cette langue des livres élémentaires qui peuvent être d'une grande utilité pour ceux qui entendent l'Allemand. Tels sont :

1. La Grammaire philosophique d'Auguste Louis Schlözer, Saint-Pétersbourg, 1763. Elle est extrêmement rare.

2. La Grammaire de Jacob Rodde, Riga, 1773, 1778, 1784 et 1789, faite sur celle de Lomonossow.

3. Celle de Jean Heym, Moskou, 1789; Riga, 1794 et 1804. Dans les deux premières éditions il a suivi le système de Lomonossow et de Sokolow, et dans la troisième celui de l'Académie. En 1816 elle a encore été réimprimée à Riga, corrigée et augmentée par Sam. Weltzien.

4. La Grammaire pratique de Jean Severin Vater, avec

des tableaux de déclinaisons et de conjugaisons, Leipzig, 1808 et 1814.

5. La Grammaire théorique et pratique d'Auguste Wilhelm Tappe, Saint-Pétersbourg, 1810, 1811, 1812, 1815, et 1818.

6. La Grammaire pratique de J.-A.-E. Schmidt, Leipzig, 1813.

7. Le Système (Lehrgebäude) de la Langue russe d'Antoine Yaroslaw Puchmayer, Prague, 1820.

Les Grammaires russes écrites en Français sont :

1. Les Éléments de la langue russe de Charpentier, Saint-Pétersbourg, 1768, 1787, 1791, 1795 et 1805. Comme cette Grammaire, faite sur celle de Lomonossow, a été rédigée dans un temps où la langue russe n'était pas encore fixée, elle est très-incomplète, et en même temps très-rare.

2. Les Éléments raisonnés de la Langue russe de Jean-Baptiste Maudru, Paris, an x (1802). Ce n'est autre chose que l'ouvrage de Charpentier transformé en deux gros volumes in-8 au moyen d'un nouveau système de néologie grammaticale, qui peut être très-savant, mais qui est hors de la portée de quantité de personnes qui n'ont pas le temps de faire une étude particulière d'une nomenclature tout à fait nouvelle, et qui ne répand d'ailleurs aucune clarté sur les principes.

3. La Grammaire russe de G. Hamonière, Paris, 1817. Ce n'est autre chose que la traduction de celle de l'Académie.

On voit par là qu'il n'existe, pour les étrangers qui n'entendent pas l'Allemand, aucune Grammaire qui leur facilite l'étude de la langue russe. C'est ce qui m'a engagé à leur offrir les remarques que j'ai faites pour étudier cette langue, et que j'ai puisées dans les meilleurs ouvrages qui aient paru. Je dois une grande reconnaissance à M. Gretsch, qui m'a aidé de ses conseils, m'a fourni tous les secours dont je pouvais avoir besoin dans une entreprise de ce genre, et a bien voulu lire les dernières épreuves tant pour ajouter ce qui manquait que pour corriger les exemples qui n'étaient pas bien choisis, et surtout l'accent prosodique, qui est la partie la plus embarrassante pour les étrangers. Je me croirai bien récompensé si mes efforts peuvent contribuer à faciliter l'étude de la langue russe, et aplanir en quelque façon les nombreuses difficultés que l'on rencontre dans cette langue, qui est aussi remarquable par sa douceur et sa vivacité que par la richesse et l'énergie de ses expressions, et qui deviendra sans doute intéressante par les ouvrages qu'elle a produits, ouvrages qui méritent une place distinguée parmi les classiques de toutes les nations, mais qui jusqu'à présent sont inconnus aux littératures étrangères [1].

R.....

Saint-Pétersbourg, $\frac{6}{18}$ août 1821.

N. B. — La date de l'impression de cette grammaire explique pourquoi tous les ouvrages qui ont paru depuis trente ans sur la langue russe ne se trouvent pas mentionnés depuis cette époque.

L'impossibilité de nous procurer des caractères slavons, et surtout les types des abréviations, nous a engagé à supprimer, dans l'édition de Paris, les quelques pages de supplément qui terminent le travail de M. le professeur Reiff.

---

[1] Les étrangers apprendront sans doute avec plaisir que l'*Histoire de la Littérature russe*, que M. Gretsch publie dans ce moment, sera aussi traduite en Français.

GRAMMAIRE RUSSE.

§ 1. La Grammaire est l'art de parler et d'écrire correctement.

§ 2. *Parler, écrire*, c'est exprimer sa pensée par des *mots*. Les mots sont donc les signes de nos pensées; ce sont ou des sons formés par la bouche, ou des caractères tracés par la main.

§ 3. Dans la grammaire d'une langue quelconque on doit d'abord faire connaître les premières parties de la langue, c'est-à-dire les lettres d'où se forment les syllabes et les mots; ensuite il faut examiner la nature et les variations accidentelles des mots; après cela, faire voir l'ordre de ces mots, ainsi que les règles de leur union, et enfin donner les règles pour les écrire correctement. Ainsi la grammaire se divise en quatre parties :

1. L'étymologie,
2. La lexicologie,
3. La syntaxe,
4. L'orthographe et la ponctuation.

A ces quatre parties, nous en ajouterons une cinquième qui aura pour objet *la théorie de la versification russe*.

PREMIÈRE PARTIE.

ÉTYMOLOGIE DES MOTS.

§ 4. L'étymologie (словопроизведéнie) [1] est la partie de la grammaire dans laquelle on fait connaître les premières parties de la langue, d'où se forment les syllabes et les mots. Elle comprend :
1) les lettres, leur articulation et leur prononciation,
2) la division des syllabes,
3) l'accent prosodique.

CHAPITRE PREMIER.

1. *Nombre et division des lettres.*

§ 5. Les mots se composent de sons que l'on appelle *lettres* (бýквы). Les lettres sont donc les moindres parties des mots ; les Grecs les nommaient γράμματα, d'où vient le nom de *grammaire*.

§ 6. On appelle *alphabet* (азбука) le recueil qu'on a fait, dans une langue, des signes ou lettres qui en représentent les sons. L'alphabet russe renferme trente-quatre lettres, dont on voit la figure, le nom et la valeur dans la table suivante.

---

[1] Du grec ἔτυμος, véritable, et λόγος, discours, mot.

ÉTYMOLOGIE.

	FIGURE.		NOM.	VALEUR.
1	А	а	a	*a* } des autres langues.
2	Б	б	bé	*b* }
3	В	в	vé	*v, f* français.
4	Г	г	gué	*gu, v, h* (aspirée) français, g, h allemands.
5	Д	д	dé	*d.*
6	Е	е	é	*ié, é, io, o.*
7	Ж	ж	jé	*j, ge* français, *ż* polonais.
8	З	з	zé	*z* français, ou *s* entre deux voyelles.
9	И	и	i	*i.*
10	I	i	i	*i.*
11	К	к	ka	*k, qu* ou *c* (devant a, o, u).
12	Л	л	elle	*l* français et *ł* polonais barré.
13	М	м	ème	*m* } n'ont jamais le son nasal.
14	Н	н	ène	*n* }
15	О	о	o	*o, a.*
16	П	п	pé	*p* } des autres langues.
17	Р	р	erre	*r* }
18	С	с	esse	*s, ss, ç* français.
19	Т	т	té	*t.*
20	У	у	ou	*ou* français, *u* latin, *ü* allemand.
21	Ф	ф	effe	*f, ph* français, φ grec.
22	Х	х	kha	allemand, χ grec, *j* espagnol.
23	Ц	ц	tsé	*ts* français, z allemand.
24	Ч	ч	tché	*tch* franç., *ch* anglais et espagnol.
25	Ш	ш	cha	*ch* franç., *sh* anglais, ſch allem.
26	Щ	щ	chtcha	*ch-t-ch.*
27	Ъ	ъ	ierre	*e* muet, répond à l'*e* muet franç.
28	Ы	ы	iéri	*oui* français ou *i* sourd.
29	Ь	ь	ier	*i* muet (son mouillé).
30	Ѣ	ѣ	iati	*yé, ai.*
31	Э	э	é	*e.*
32	Ю	ю	iou	*you.*
33	Я	я	ia	*ya*, et quelquefois *è.*
34	Ѳ	ѳ	fé	*f.*

Première Remarque. Quelques grammairiens ajoutent une trente-cinquième lettre V, ѵ (ijitsa), qui s'emploie dans les livres d'église pour les mots tirés du Grec, et qui s'écrivent par υ (ypsilon). Elle se prononce comme y français après les consonnes ou au commencement des mots, et comme v après une voyelle; ex., мѵро, *myro*, la sainte huile; ѵмнъ, *ymne*, l'hymne; Еѵангелїе, *iévanguélié*, l'évangile. Mais dans le premier cas on écrit maintenant имнъ, et dans le second Евангелїе.

Seconde Remarque. L'alphabet slavon en usage dans les livres d'église contient quarante-deux lettres, comme on peut le voir dans le supplément à la fin de la grammaire.

§ 7. Les lettres russes se divisent en voyelles (гласныя), en consonnes (согласныя), et en muettes (безгласныя).

§ 8. Les *voyelles* sont les lettres qui seules forment une voix, un son. La langue russe a onze voyelles qui sont : а, е, и, і, о, у, ы, ѣ, э, ю, я. Ces onze voyelles se divisent en dures et en douces.

dures.	douces.	
а,	я,	
о,	е, э,	La voyelle ѣ est
у,	ю,	moyenne.
ы,	и, і.	

Remarque. De ces onze voyelles ces quatre ы, ѣ, ю, я peuvent être appelées *diphthongues* (двугласныя)[1], c'est-à-dire qu'elles font entendre le son de deux voyelles par une seule émission de voix. Elles ont le son, ы de ои[2], ѣ de ie, ю de iy, я de ia.

---

[1] Du Grec δὶς, deux fois, et φθόγγος, son.

[2] M. Vostokow dit que ы répond à la diphthongue grecque οι dans les mots οἰκονόμος, un économe, Φοῖβος, Phébus; et quelques

ÉTYMOLOGIE.

§ 9. Les *consonnes* sont les lettres qui ne forment un son qu'avec le secours des voyelles. Il y a en Russe vingt et une consonnes, savoir : б, в, г, д, ж, з, к, л, м, н, п, р, с, т, ф, х, ц, ч, ш, щ, ѳ.

Remarque. Parmi ces consonnes ces trois ц, ч, щ, sont composées, et toutes les autres sont simples; ц est composée de тс; ч de тш, et щ de сшт ou шшт.

§ 10. On divise les consonnes de deux manières.

1) Elles sont douces, dures ou moyennes :

douces.	dures.	moyennes.
б,	п,	л,
в,	ф, ѳ.	м,
г,	к, х,	н,
д,	т,	р.
ж,	ш,	
з.	с.	

Sont aussi dures les consonnes composées ц, ч, щ.

2) Selon l'organe particulier qui contribue le plus à leur formation, elles sont :

1. Labiales (губныя), б, п, в, ф, ѳ, м.
2. Linguales (язычныя), д, т, ц.
3. Gutturales (гортанныя), г, к, х.
4. Palatales (поднёбныя), л, н, р.
5. Sifflantes (свистящія), з, с.
6. Dentales (зубныя), ж, ч, ш, щ [2].

Hellénistes modernes supposent que cette diphthongue n'était point prononcée comme ou, parce que les Latins voulant se rapprocher du son grec, l'exprimaient par oe; oeconomus, Phoebus.

[1] M. Gretsch, de qui j'ai pris cette division, nomme les consonnes з, с, свистящія; et ж, ч, ш, щ, шипящія; en Français

Remarque. Les consonnes linguales, gutturales et sifflantes, dans les divers changements des mots, se changent en dentales, en observant que les douces restent douces, et que les dures restent dures. Ce changement se fait de la manière suivante :

1. г, д, з en ж; ex. Богъ, Dieu, божій, divin; видѣть, voir, вижу, je vois; князь, prince, княжій, de prince.

2. к, т en ч; ex. рука́, la main, руча́юсь, je suis caution; плати́шь, payer, плачу́, je paye.

3. х, с en ш et щ (ou сс), en ч (ou шт); ex. паха́ть, labourer, пашу́, je laboure; проси́ть, demander, прошу́, je demande; оте́цъ, le père, оте́чество, la patrie.

4. ст et aussi т en щ; ex. свиста́ть, siffler, свищу́, je siffle; святи́ть, sanctifier, свящу́, je sanctifie.

§ 11. Les lettres *muettes* sont celles qui ne se prononcent point. Il y a en Russe deux muettes, l'une *dure*, ъ, et l'autre *douce*, ь. Voyez § 33.

Première Remarque. Ces deux lettres s'appellent aussi *demi-voyelles* (полугла́сныя), parce qu'en effet elles sont la moitié d'une voyelle; ъ est la moitié de la voyelle o, et ь la moitié de la voyelle и [1]. A ces demi-voyelles appartient aussi la lettre й, surmontée d'un c renversé (и съ кра́ткою), et qui est aussi la moitié d'un и. Ainsi ь et й ont la même valeur, et la seule diffé-

---

nous n'avons pas d'autre expression que *siffler* pour свиста́ть et шипѣ́ть, tandis qu'en Russe шипѣ́ть se dit du serpent, et свиста́ть de toute autre espèce de sifflement. Voilà pourquoi j'ai été obligé d'admettre une autre division.

[1] Ces deux voyelles muettes, c'est-à-dire prononcées à demi, qui ne sont propres qu'au Slavon et aux langues qui en dérivent, leur sont aussi naturelles que les terminaisons ος et ις des Grecs, us des Latins, o et e des Italiens, l'e muet et les nasales m et n des Français.

rence qu'il y ait entre ces deux lettres, c'est que ъ se place après les consonnes, et й après les voyelles, comme ай, ей, ой, etc.

Seconde Remarque. Quelques grammairiens appellent *diphthongues* la réunion de la demi-voyelle й avec une autre voyelle, et reconnaissent ainsi dans la langue russe dix diphthongues, savoir : ай, ей, ій, ой, уй, ый, ѣй, эй, юй, яй.

2. *Articulation des lettres.*

§ 12. De l'union des voyelles avec les consonnes se forment les *syllabes;* cette union se nomme *articulation* (соединеніе). Le propre des syllabes, quel que soit le nombre des lettres qui les composent, est d'être prononcées en une seule émission de voix ; ex. а, до, три, ство, стриг, etc. Dans chaque syllabe, il doit y avoir nécessairement une voyelle.

§ 13. Dans la formation des syllabes, il faut observer :

1. Que les consonnes dentales ж, ч, ш, щ se joignent seulement avec les voyelles а, е, у, и, et quelquefois avec о.

2. Que la linguale ц se joint seulement avec les voyelles а, е, у, ы, et avec la muette ъ.

3. Que les gutturales г, к, х se joignent seulement avec les voyelles а, о, у, и, et avec la muette ъ.

4. Que la voyelle ѣ peut se mettre après toutes les consonnes, et que seulement elle ne peut se mettre après la voyelle і ; alors elle se change en и ; ex. au lieu de въ Россѣ, en Russie, on dit et on écrit въ Россіи.

5. Que pour joindre la voyelle ю aux consonnes labiales б, в, м, п, on met entre deux la consonne л. Ainsi de говорить, parler, on fait говорю, je parle; mais de любить, aimer, ловить, prendre, томить, tourmenter, топить, chauffer, on fait люблю, ловлю, томлю, топлю. Il y a quelques exceptions, comme on le verra dans la suite.

3. *Prononciation des lettres.*

§ 14. Il faut distinguer la prononciation usitée sur le théâtre et dans le discours soutenu, d'avec la prononciation slavonne qui est pour l'église. Dans celle-ci l'on n'admet point les changements du г en v, de l'е en іо, de l'о en a, mais on prononce toutes les lettres comme elles s'écrivent. Quant à la prononciation du langage ordinaire, chaque province a son dialecte particulier; mais malgré l'étendue de l'empire russe, les dialectes sont beaucoup moins nombreux, et les différences des dialectes moins sensibles que dans d'autres pays.

§ 15. Un *dialecte* (нарѣчіе)[1] est le langage particulier d'une province, dérivé de la langue générale de la nation. La langue russe a trois dialectes principaux, celui de Moskou, celui du nord, et celui de la Petite-Russie.

1. Le dialecte de Moskou est remarquable par sa pureté et par sa douceur; c'est le langage de la cour et de tous les Russes instruits. C'est d'après ce dialecte qu'on prononce l'е ouvert comme io, et o bref comme a; voyez §§ 17 et 19.

2. Dans le dialecte du nord on prononce toujours е et о comme en Français.

3. Dans le dialecte de la Petite-Russie la voyelle ѣ se prononce i, et o se prononce toujours o. De plus on y trouve plusieurs mots étrangers, surtout allemands et polonais.

Remarque. Il y a d'autres dialectes dérivés de ces trois principaux, tels que ceux de Novgorod, d'Iaroslavle, de Souzdale, etc.; mais ils sont si peu importants qu'ils ne méritent pas qu'on y fasse attention.

---

[1] Du Grec διάλεκτος, de λέγω, je parle.

ÉTYMOLOGIE.

Voyelles.

A.

§ 16. Cette voyelle se prononce comme a français, seulement :

1. Si elle est précédée d'une des dentales ж, ч, ш, щ, et que l'accent (§ 36) se trouve dans la syllabe suivante, le son approche de celui de l'e ouvert ; ex. жалѣю, *jèléiou*, j'ai pitié ; часы, *tchessi*, une montre ; шалунъ, *chèloune*, un polisson ; щадить, *chtchèdite*, épargner.

2. Dans la terminaison аго des adjectifs, si elle a l'accent, elle se prononce o, et si elle n'a pas l'accent, elle se prononce a ; ex. большаго, grand, малаго, petit ; on prononce *balchóva, malava*.

Е, Ѣ, Э.

§ 17. 1) La voyelle e se prononce de quatre manières différentes.

1. Au commencement des mots, et après les voyelles, elle se prononce ié ; ex. есмь, *iesm*, je suis ; знаете, *znaiété*, vous savez ; жаркое, *jarkoié*, du rôti.

2. Elle a le son de l'é fermé, lorsqu'elle se trouve après une consonne ; ex. дверь, *dver*, la porte ; сердце, *sertsé*, le cœur ; перецъ, *péretse*, le poivre ; деревья, *dérévia*, les arbres. Il faut excepter les cas suivants :

3. Si, ayant l'accent, la lettre se trouve devant une syllabe formée avec une voyelle dure, а, о, у, ы, ou avec la muette dure ъ, alors elle se prononce io ; ex. берёза, *bérioza*, le bouleau ; нёбо, *niobo*, le ciel ; дёрну, *diornou*, j'arracherai ; блёклый, *blioklie*, fané ; лёдъ, *liode*, la glace. Elle a encore ce son devant les gutturales г, к, х, et devant les dentales ж,

ч, ш, de même que dans les terminaisons des verbes qui ont l'accent sur ю et у, et qui le gardent sur la même syllabe; ex. застёгиваю, *zastioguivaïou*, je boucle; далёко, *dalioko*, loin; отпёхиваю, *atpiokhivaïou*, je repousse; ёжъ, *ioche*, un hérisson; кулёчикъ, *kouliotchike*, un petit sac; дёшево, *diochévo*, à bon marché; даёте, *daioté*, vous donnez, de даю; придётъ, *pridiote*, il viendra, de приду́.

4. Si la consonne qui précède dans ce cas est une des dentales ж, ч, ш, щ, ou la linguale ц, alors е se prononce o; ex. жёлтый, *joltie*, jaune; чёрный, *tchornie*, noir; шёлъ, *chole*, il est allé; щётка, *chtchotka*, une brosse; лицё, *litso*, le visage.

Remarque. La prononciation de l'е en io et o se marque souvent par un tréma (ë); c'est pour cette raison qu'il sera toujours marqué ainsi dans cette grammaire quand il aura cette prononciation.

2) La voyelle ѣ se prononce comme е, c'est-à-dire qu'elle a le son d'ié et d'é; ex. ѣсть, *iest*, manger; ѣхать, *iékhat*, aller. Après les consonnes, l'i se fait moins sentir, et à la fin des mots on prononce é ou è; ex. дѣлать, *diélat*, faire; послѣ, *poslé*, après; на столѣ, *na stalè*, sur la table. Il faut remarquer que la voyelle ѣ ne se prononce jamais io.

3) La voyelle э (l'e retourné) s'emploie au commencement des mots ou après les voyelles, au lieu de е, lorsqu'on doit prononcer é et non pas ié; ex. э́тотъ, *étote*, celui-là; поэма, *poéma*, un poême. Quelques personnes substituent souvent l'е ordinaire.

И, I, Й.

§ 18. И et i ont le son d'i français; la différence est que i ne s'emploie que devant une voyelle, excepté dans le mot мiръ, le monde, pour le distinguer de миръ, la paix. Si и se trouve après ъ, il a un son sourd qui approche de celui de ы (voyez § 21);

ex. въ избѣ, dans la chambre ; отъискáть, retrouver. Quant à й, nous avons dit que c'était la moitié d'и ; ainsi il se prononce très-bref ; ex. мои́, les miens, se prononce *ma-ï*, et мой, le mien, se prononce *moï*, on s'arrête sur l'o et on fait ensuite entendre le son d'un i bref. Prononcez de même ай, ей, ій, уй, ый, ѣй, юй, яй.

O.

§ 19. La voyelle o se prononce comme en Français lorsqu'elle a l'accent et qu'elle se trouve à la fin des mots. Mais si elle n'a pas l'accent, elle se prononce a ; ex. довóльно, *davolno*, assez ; хорошó, *kharacho*, bien ; городá, *garada*, les villes. Il faut remarquer que dans les syllabes qui suivent la syllabe marquée de l'accent, cette prononciation de l'o en a est moins claire que dans celles qui précèdent ; par exemple, dans le mot хýдо, mal, l'o ne se prononce pas précisément a, mais il a un son qui tient entre l'o et l'a.

У, Ю.

§ 20. 1) La voyelle у se prononce comme la voyelle française *ou* ; ex. ýлица, *oulitsa*, la rue ; мужи́къ, *moujike*, un paysan.

2) La lettre ю, au commencement des mots et après une voyelle, a le son de la diphthongue française *iou* dans *chiourme*, ou de la diphthongue anglaise *ew* dans *few* (*fiou*), un peu ; ex. югъ, *iougue*, le midi ; двига́ю, *dvigaïou*, je remue ; пью, *piou*, je bois. Mais après une consonne l'i se fait moins sentir, et le son, difficile pour un étranger, tient de la voyelle *ou* prononcée presque comme un simple u ; ex. люблю́, *lioublou*, j'aime ; дремлю́, *dremlou*, je sommeille ; благодарю́, *blagadarou*, je remercie.

ы.

§ 21. La lettre ы est un i sourd qui, après les consonnes б, в, м, н, ф, approche de la diphthongue française *oui* prononcée très-brève ; ex. быть, *b*^{ou}*il*, être ; вы, *v*^{ou}*i*, vous ; мы, *m*^{ou}*i*, nous ; пыль, *p*^{ou}*il*, la poussière. Mais si cette lettre est précédée d'autres consonnes, il est très-difficile d'en déterminer la véritable prononciation ; les dents supérieures et les inférieures ne se touchent point, et la langue qui s'éloigne aussi des dents, doit se porter à l'endroit de la bouche où l'exige la consonne qui précède. Il faut s'exercer sur les mots мылъ, il lavoit, et милъ, gracieux ; былъ, il était, et билъ, il frappait ; пылъ, la flamme, et пилъ, il buvait ; тынъ, une haie, et тина, le limon ; лысъ, chauve, et лиса, le renard ; сынъ, le fils, et синь, bleu.

я.

§ 22. Au commencement des mots, après une voyelle, et après ь, la lettre я se prononce comme la diphthongue française *ia* dans *diabolique* ; ex. ярмонка, *iarmanka*, la foire ; стоять, *staïat*, être debout ; лгунья, *lgounia*, une menteuse. Mais après une consonne l'i se fait moins sentir, et si я n'a pas l'accent, il a un son qui approche de celui de l'e ouvert français ; ex обязанъ, *abèzane*, obligé ; заяцъ, *zaietse*, un lièvre ; врéмя, *vrémè*, le temps.

Consonnes.

Б, В, Д, Ж, З, К, П, Р, Т.

§ 23. Toutes ces consonnes se prononcent comme en Français b, v, d, j, z, k, p, r, t. Il faut seulement observer que les consonnes douces б, в, г, д, ж, з, lorsqu'elles sont suivies d'une

ÉTYMOLOGIE.

consonne dure ou de la muette dure ъ, se prononcent comme les dures qui leur correspondent (§ 10); ex. бобъ, *bope*, une fève; ровъ, *rofe*, un fossé; вторникъ, *ftornike*, mardi: другъ, *drouke*, un ami; ногти, *nokti*, les ongles; народъ, *narote*, le peuple; ложка, *lochka*, la cuillère; мужъ, *mouche*, un mari; глазъ, *glasse*, l'œil. Il faut encore remarquer que la consonne д, se trouvant entre d'autres consonnes, ne se fait pas sentir; ex. сердце, *sertsé*, le cœur; праздникъ, *praznike*, la fête; et que la consonne т est muette dans стлать, étendre, que l'on prononce *slat*.

Г, X.

§ 24. 1) La consonne г se prononce de différentes manières.

1. Elle a le son de *g* français dans *galerie, gosier*, ou de *gu* dans *guerre, guide;* ex. годъ, *gode*, l'année; голова́, *galava*, la tête; генералъ, *guénérale*, un général.

2. A la fin des mots et devant une consonne dure, elle se prononce k, voyez § 23.

3. Elle a le son du ch allemand, c'est-à-dire d'un k aspiré, au nominatif des mots Богъ, *boch*, Dieu; убогъ, *ouboch*, pauvre; et dans les mots étrangers terminés en ргъ, ex. Петербургъ, *péterbourch*, Pétersbourg.

4. Dans quelques mots slavons usités dans l'église, elle se prononce du gosier, comme h aspirée; ex. Господь, *hospode*, le Seigneur; благословляю, *blahoslovlaïou*, je bénis; de même que dans les différentes terminaisons de Богъ, Dieu, comme Бога, *boha*, de Dieu; Богу, *bohou*, à Dieu.

5. Dans les terminaisons аго, яго, ого, его, des adjectifs et des pronoms, elle se prononce comme v; ex. его, *ievo*, lui; сегодня, *sévodnè*, aujourd'hui; чёрнаго, *tchornava*, noir.

6. Enfin comme elle remplace, dans les mots tirés des langues étrangères, tantôt le g et tantôt l'h, elle se prononce

comme la lettre qu'elle remplace conformément à l'étymologie; ex. губéрнія, *goubernia*, le gouvernement; геогрáфія, *guéographia*, la géographie; госпитáль, *hospital*, un hôpital; герóй, *héroï*, un héros. Dans ce dernier cas, elle répond à l'*esprit rude* des Grecs, comme dans ἥρως.

2) La consonne x est un г dur (ou к) aspiré. Le son de cette lettre s'obtient en retenant son haleine au passage de la gorge, et en ne la poussant que peu à peu contre le palais; ex. хорошó, *kharacho* ou *characho*, bien; хочý, *khatchou*, je veux. C'est exactement le khi (χ) grec, le ch allemand, et le jota (j) ou l'équis (x) espagnol.

Л.

§ 25. La consonne л, au commencement des mots et devant e, o, и, se prononce comme la consonne française; mais devant a, y, ы, ъ et toutes les consonnes, elle a un son qui sera toujours difficile pour les étrangers. On remarquera seulement qu'au moment de la prononciation l'extrémité de la langue, en quittant les dents, doit se replier contre le palais. Le son de cette consonne avec a, y, ы, ъ, répond à celui de l barré (ł) de la langue polonaise. Il faut observer que л ne se fait pas sentir dans сóлнце, le soleil, que l'on prononce *sontsé*.

M, H.

§ 26. Ces deux consonnes se prononcent comme m et n français, en observant seulement qu'elles n'ont jamais le son nasal que l'on trouve dans *embarras*, *encore*; ex. дамъ, *dame*, je donnerai; кармáнъ, *karmane*, la poche.

C.

§ 27. Cette consonne se prononce comme s ou ç français, en remarquant que la consonne russe n'a jamais le son de s entre deux voyelles; ex. сестра, *sestra*, la sœur; красота, *krassata*, la beauté. Lorsqu'elle se trouve devant les consonnes douces б, г, д, ж, з, elle se prononce comme z français; ex. сборъ, *zbore*, l'assemblée; сданіе, *zdanié*, la reddition; сдѣлать, *zdiélat*, faire; сжимаю, *zjimaïou*, je presse; сзади, *zzadi*, par derrière.

Ф, Ѳ.

§ 28. 1) Ф est une consonne prise du phi (φ) grec, et s'emploie pour les mots étrangers qui s'écrivent par f ou ph; ex. фонарь, *fanar*, une lanterne; Февраль, *février*, février; Филиппъ, *Philippe*.

2) La consonne ѳ répond au thita (ϑ) grec, que les Grecs modernes prononcent comme la sifflante th des Anglais [1]. Cette consonne s'emploie pour les mots étrangers qui s'écrivent par th; mais en Russe, elle se prononce f; ex. Аѳины, *afini*, Athènes; Ѳеофилъ, *féophile*, Théophile. Il faut remarquer que les mots grecs que le Russe a pris du Français s'écrivent simplement par т; ex. театръ, le théâtre; тронъ, le trône (Grec θέατρον et θρόνος); l'on trouve aussi ѳеатръ.

Ц.

§ 29. La consonne ц se prononce comme ts; c'est le tsède (ʒ) allemand; ex. цвѣтъ, *tsvéte*, une fleur; царь, *tsar*, le roi; перецъ, *péretse*, le poivre.

---

[1] C'est-à-dire en mettant la langue entre les dents, en la pressant contre les dents supérieures, et en faisant un effort de voix pour la retirer.

Ч.

§ 30. Ч se prononce comme tch. Cette consonne répond au ch anglais et espagnol dans les mots *church*, église, et *noche*, la nuit, de même qu'au c italien devant e et i, comme dans *violoncello*, un violoncelle (on prononce *tchoertch, notché, violontchello*). Ex. часъ, *tchasse*, l'heure; ночь, *notch*, la nuit. Lorsque ч se trouve devant н, on ne fait pas sentir le t; ex. конечно, *kanechno*, certainement; скучно, *skouchno*, ennuyeusement, et de même dans le mot что, *chto*, quoi.

Ш.

§ 31. Ш se prononce comme ch français, sh anglais, et ſch allemand; ex. прошу́, *prachou*, je prie; шпа́га, *chpaga*, une épée; мышь, *m^{ou}ich*, la souris.

Щ.

§ 32. Щ se prononce comme ch-t-ch; c'est un ш suivi d'un ч. Cette consonne est plus difficile à prononcer au commencement et à la fin des mots que lorsqu'elle se trouve au milieu, parce qu'alors on peut séparer cette triple consonne; ex. щипцы́, *chtchiptsi*, les mouchettes; плащъ, *plachtche*, un manteau; защищаю, *zach-tchich-tchaïou*, je protège. Dans le langage ordinaire, on prononce le щ comme un double ш, en faisant très-peu entendre le son d'un ч.

Lettres muettes.

ъ et ь.

§ 33. Tous les mots russes qui finissent par une consonne ont à la fin une de ces deux lettres, dont la première ъ donne un son dur, et la seconde ь donne un son doux à la consonne qui précède.

1) La muette dure ъ rend à peu près le même service que l'e muet français lorsqu'il se trouve à la fin des mots. Elle fait prononcer la consonne qui précède comme si elle était double; et même si cette consonne est douce, elle la change en dure; ex. дамъ, *damme*, je donnerai; носъ, *nosse*, le nez; стулъ, *stoulle*, une chaise; стаканъ, *stakanne*, un verre; живóтъ, *jivotte*, le ventre; ровъ, *roffe*, un fossé; мужъ, *mouche*, un mari. Elle se trouve aussi au milieu de quelques mots composés d'une préposition; ex. отъѣздъ, *attiezte*, le départ; съѣсть, *ssiest*, manger.

2) La muette douce ь est un i muet dont la propriété est d'amollir la consonne qui précède. Elle répond aux sons mouillés français dans les mots *soleil, règne, cigogne, ligne, campagne*; à l'*n con tilde* (ñ) espagnol dans *España*, l'Espagne; *mañana*, demain, que l'on prononce *Espagna, magnana*, ou au *gli* des Italiens, comme *egli*, il (*illi*). Elle donne ce son surtout aux consonnes л, н, д, ш; ex. огонь, *agogne*, le feu; день, *dègne*, le jour; руль, *rouille*, le gouvernail; гвоздь, *gvozd'*, un clou; двигать, *dvigat'*, mouvoir; кровь, *krov'*, le sang; l'i doit, pour ainsi dire, expirer dans la bouche. Cette lettre se trouve aussi au milieu des mots; et, si elle est suivie d'une voyelle, elle se prononce comme un i; ex. столько, *stoïlko*, autant; большій, *baïlchie*, grand; судьба, *soud'ba*, la destinée; копьё, *kapio*, une lance; платье, *platié*, un habit. (Sur l'emploi de ces deux lettres, voyez l'orthographe).

Remarque. 1) Les consonnes françaises c, h, qu, x, qui manquent en Russe, se rendent ainsi : c dans les mots latins et français, lorsqu'il se trouve devant e, i, y, par ц, et lorsqu'il se trouve devant a, o, u, par к; ex. Cicéron, Цицеронъ; le Cynique, Циникъ; le collége, коллегія; un calendrier, календарь; h aspirée se rend par г; ex. un héros, герой; qu par кв; ex. le quartier, квартира; un questeur, квесторъ; x par кс; ex. Alexandre, Александръ.

2) Les voyelles au et eu se rendent la première par ав et la seconde par ев; Auguste, А́вгустъ; un auteur, а́второъ; l'Europe, Европа.

3) Quant aux noms propres étrangers, il faut observer qu'ils s'écrivent en Russe comme ils se prononcent dans la langue à laquelle ils appartiennent, comme Cook, Кукъ; Montesquieu, Монтескьё; Bordeaux, Бордо́; Michel-Ange, Мике́ль-А́нджело, etc.

CHAPITRE DEUXIÈME.

Division des syllabes.

§ 34. Des lettres se forment les *syllabes*[1], et des syllabes les *mots*. Un *mot* est l'assemblage de sons distincts et articulés qui représentent quelque idée. Un mot russe a autant de syllabes qu'il a de voyelles, parce que les voyelles qui se trouvent ensemble ne forment point des diphthongues, excepté la demi-voyelle й (§ 11, *Deuxième Remarque*). Ainsi les mots sont *monosyllabes, dissyllabes, trisyllabes,* suivant qu'ils sont composés d'une, de deux ou de trois voyelles.

§ 35. On est souvent obligé, lorsqu'on écrit, de diviser les polysyllabes en deux parties, dont la seconde se transporte à la ligne suivante, en employant, comme en Français, le trait d'union. Alors, pour ne pas séparer les consonnes qui appartiennent à la même syllabe, il faut faire attention aux règles suivantes:

---

[1] Du Grec συλλαβή, assemblage.

ÉTYMOLOGIE.

1. Dans les mots *dérivés*, c'est-à-dire qui sont formés d'un autre mot, la terminaison qui a été ajoutée au mot simple ne se sépare pas, comme, par exemple, les terminaisons ство, ба, ка, скій, ный, etc. (voyez § 54).

2. Dans les mots composés d'une préposition, les lettres qui appartiennent à cette préposition ne peuvent se séparer. Telles sont les prépositions без-, воз-, вы-, до-, за-, из-, над-, низ-, об-, от-, под-, пред-, при-, раз-, чрез-, etc.

3. Lorsqu'il se trouve dans le milieu d'un mot deux ou plusieurs consonnes, il faut faire attention que les consonnes qu'on transporte à la ligne suivante puissent commencer quelque mot russe; sinon il faut en joindre une à la syllabe précédente.

Ex. сред-ство, об-ще-ство, об-сто-я-тель-ство, град-скій, гнѣв-ный, со-сто-я-ні-е, без-си-ли-е, нѣ-сколь-ко, пре-вос-хо-ди-тель-ство, раз-смо-трю, etc. Au reste, il suffit pour ces minuties de jeter les yeux sur des livres imprimés correctement.

CHAPITRE TROISIÈME.

De l'accent prosodique.

§ 36. L'accent (ударéніе, ὁ τόνος, *accentus*, der Ton), dans l'acception que nous lui donnons ici, est une élévation de la voix dans la prononciation d'une syllabe; par exemple, dans le mot водá, l'eau, la syllabe да se prononce avec une émission de voix plus élevée que la syllabe во. Un mot russe, quelque long qu'il soit, ne peut avoir qu'un seul accent, c'est-à-dire qu'il n'y a qu'une seule syllabe sur laquelle la voix s'élève, et que toutes les autres se prononcent avec un égal abaissement de la voix; tandis qu'il y a des langues, comme le Bohémien et l'Allemand, qui ont deux et trois accents dans un même mot [1]. La syllabe sur laquelle se trouve l'accent se nomme *longue* (долгій), et les autres *brèves* (краткіе).

Remarque. L'accentuation était plus sensible dans les langues grecque et latine qu'elle ne l'est dans les langues modernes, « parce que, comme l'observe Du Marsais, leur prononciation était plus soutenue et plus chantante. » Ce n'est pas à dire qu'elle ne soit point sentie dans les langues modernes ; elle l'est beaucoup dans les langues espagnole, italienne, anglaise, allemande et russe, et moins dans la française. Dans le Slavon, dans le Grec [2] et dans plusieurs livres élémentaires du Latin, on marquait l'accent sur tous les mots ; il serait à désirer qu'on le fît dans toutes les langues, et surtout lorsqu'on écrit pour des étrangers.

§ 37. Dans la langue russe, l'accent peut se placer sur la dernière syllabe, sur la pénultième, sur l'antépénultième, ou même encore plus loin, suivant que la syllabe sur laquelle il est placé dans le primitif se trouve plus ou moins éloignée de la fin, comme dans благодѣтельствующаго (de благодѣтель, un bienfaiteur). Il est donc essentiel de connaître cette partie de la langue russe aussi difficile qu'importante : difficile, parce qu'il

---

[1] Voilà pourquoi ces langues ont trois inflexions de voix ; le ton élevé se nomme accent *aigu* (´), le ton abaissé accent *grave* (`), et le ton élevé et abaissé sur la même syllabe accent *circonflexe* (ˆ), formé par la réunion des deux précédents. En Russe, il n'y a que le ton élevé et le ton abaissé.

[2] Les Grecs ne marquèrent l'accent sur les mots qu'environ 200 ans avant Jésus-Christ, pour fixer la prononciation primitive, altérée par le mélange des nations étrangères. Plutarque rapporte que les Athéniens se moquèrent de Démosthène pour avoir prononcé Ἀσκληπιόν au lieu de Ἀσκλήπιον.

n'y a point de règles fixes pour sa position ; importante, parce que, sans l'accent, on confondrait une foule d'*homonymes* (однонмённыя) [1] dont la signification ne peut se déterminer que par sa position. Voici la table de ces homonymes.

TABLE

des homonymes dont le sens est déterminé par la position de l'accent.

А́тласъ, un atlas.	Атла́съ, du satin.
Бе́регу, dat. de бе́регъ, le rivage.	Берегу́, je garde.
Блю́ду, dat. de блю́до, un plat.	Блюду́, j'observe.
Бѣ́локъ, gén. pl. de бѣ́лка, un écureuil.	Бѣлóкъ, лка́, le blanc de l'œil.
Вéдро, le beau temps.	Ведрó, un seau.
Вéрхомъ, instr. de верхъ, le haut.	Верхóмъ, à cheval.
Вóдопадъ, ди, diminution de l'eau.	Водопáдъ, да, une cataracte.
Вóина, gén. de вóинъ, un guerrier.	Войнá, ны́, la guerre.
Вóлна, ны, la toison.	Волнá, ны́, la vague.
Вóрона, gén. de вóронъ, un corbeau.	Ворóна, ны, une corneille.
	Воронá, fém. de вóронъ, noir.

---

[1] Du Grec ὁμὸς, pareil, et ὄνομα, le nom.

Во́ротъ, а, un cabestan. Воро́тъ, gén. de воро́та, une porte cochère.

Го́ре, int., malheur. Горѣ́, prép. de гора́, une montagne.

Го́спода, gén. de Госпо́дь, le Seigneur. Господа́, messieurs, pl. de господи́нъ.

Гу́ба, бы, la lèvre. Губа́, бы́, une baie.

Доро́га, ги, le chemin. Дорога́, fém. de до́рогъ, cher.

Ду́шу, acc. de душа́, âme. Душу́, j'étrangle.

Желѣ́за, зъ, les fers. Желѣза́, зы, une glande.

Жи́ла, лы, une veine. Жила́, prét. fém. de жить, vivre.

За́мокъ, мка, un château. { За́мокъ, мка́, une serrure.
{ Замо́къ, prét. de замо́кнуть, se mouiller.

Засы́пать, combler. Засыпа́ть, s'assoupir.

Ка́пель, gén. pl. de ка́пля, une goutte. Капе́ль, ли, une gouttière.

Ка́шель, шля, la toux. Коше́ль, ля, une besace.

Ко́злы, зелъ, le siége du cocher. Козлы́, pl. de козёлъ, un bouc.

Кро́ю, je couvre. Крою́, je coupe.

Лу́ка, gén. de лукъ, un arc. { Лука́, ки́, Luc.
{ Лука́, ки́, pommeau de la selle.

Ми́ловать, avoir pitié. Милова́ть, caresser.

Мокро́та, ты, le flegme. Мокрота́, ты́, l'humidité.

Мо́лоть, ша, un marteau. Моло́ть, moudre.

Мо́ю, je lave. Мою́, acc. fém. de мой, mon.

Му́ка, ки, le tourment.
Му́ха, хи, la mouche. } Мука́, ки́, la farine.

Мура́ва, вы, le vernis. Мурава́, вы́, l'herbe verte.

ÉTYMOLOGIE.

Нижу, зишь, j'abaisse.
Пали, prét. pl. de пасть, tomber.
Пары, pl. de пара, une paire.
Парить, battre quelqu'un au bain avec un balai de bouleau.
Платья, pl. de платье, un habit.
Плачу, je pleure.
Подать, ти, l'impôt.
Полку, acc. de полка, le bassinet.
Полонъ, лна, лно, plein.
Полоть, лтя, une flèche de lard.
Порохъ, la poudre.
После, après.
Потомъ, inst. de потъ, la sueur.
Почту, acc. de почта, la poste.
Правило, ла, une maxime.
Пустыня, un ermitage.
Роды, pl. de родъ, le genre.
Рою, je creuse.
Свойство, ва, la propriété.
Свою, je m'approprie.
Слава, вы, la gloire.
Сорока, ки, une pie.

Стою, je coûte.

Нижу́, жешь, j'enfile.
Пали́, impér. de палить, brûler.
Пары́, pl. de паръ, la vapeur.
Пари́шь, planer.
Платя́, gér. de платить, payer.
Плачу́, je paye.
Подать, donner.
Полку́, dat. de полкъ, le régiment.
Полонъ, на, la captivité.
Полоть, sarcler.
{ Порокъ, un vice.
{ Порогъ, une cataracte.
После, prép. de посолъ, сла, un ambassadeur.
Потомъ, ensuite.
Почту́, fut. de почитать, honorer.
Правило, ла, un gouvernail.
Пустыня, un désert.
Роды́, довъ, l'enfantement.
Рою́, prép. de рой, l'essaim.
Свойство́, ва́, la parenté.
Свою́, acc. fém. de свой, son.
Слова́, pl. de слово, le mot.
Сорока́, gén. de сорокъ, quarante.

Стою́, je suis debout.

Смыкаю, je tire çà et là. Смыкаю, je ferme.
Стремя, мени, un étrier. Стремя, gér. de стремить, pousser avec force.
Сѣмя, мени, la semence. Семья, ьи, la famille.
Сѣлъ, prét. neut. de сѣсть, être assis. Село, ла, un village (avec une église).
Таю, таять, dégeler. Таю, таить, cacher.
Тѣшу, je réjouis. Тешу́, j'ébauche.
Тру́сить, avoir peur. Труси́ть, saupoudrer.
Угольный, de charbon. Уго́льный, angulaire.
У́же, plus étroit. Уже́, déjà.
 Уже́, après.
Цѣлую, acc. fém. de цѣлый, entier. Цѣлу́ю, je baise.
Чёрта, gén. de чёрт, le diable. Черта́, ты, un trait.
Щёголь, ля, un petit-maître. Щего́лъ, гла́, un chardonneret.

§ 38. Pour savoir dans les polysyllabes quelle est la syllabe qui a l'accent, il faut remarquer que dans les différentes désinences des déclinaisons et des conjugaisons, de même que dans les dérivés et les composés, l'accent reste ordinairement sur la même syllabe que dans le primitif. Cette règle n'est pas sans exception. Ainsi :

1. Dans les différentes désinences des déclinaisons des monosyllabes, l'accent se place ordinairement sur la dernière syllabe, excepté l'instrumental pluriel où il ne se place presque jamais sur la dernière.

2. Les conjonctions а, да, и, но, es particules же, бы, ли, de même que les prépositions d'une syllabe, sont sans accent. La négation не n'a pas non plus d'accent, ni lorsqu'elle est isolée, ni lorsqu'elle entre en composition avec un autre mot.

Il faut excepter quelques prépositions, entre autres вы, qui prennent l'accent dans les verbes et dans les dérivés.

§ 39. Les règles de l'accentuation dans la langue russe sont très-nombreuses et sujettes à plusieurs exceptions. Cependant les remarques suivantes pourront être de quelque utilité ; c'est à l'usage et à l'exercice de faire le reste.

I. Place de l'accent dans les substantifs.

Nous suivrons l'ordre des déclinaisons (§ 47).

MASCULINS.

1. Les substantifs qui finissent en ъ ont la plupart l'accent sur la dernière syllabe; ex. законъ, une loi; заливъ, un golfe; карманъ, la poche; купецъ, un marchand; орёлъ, un aigle; оселъ, un âne; шатёръ, une tente; языкъ, la langue; de même que les dissyllabes en ецъ, et les diminutifs en екъ et окъ; excepté воинъ, un guerrier; городъ, une ville; образъ, l'image; островъ, une île; парусъ, une voile; способъ, le moyen; вечеръ, le soir; пепелъ, la cendre, et les suivants.

2. Les polysyllabes en ецъ, les diminutifs en ечекъ et очекъ et les primitifs en икъ ont l'accent sur l'avant-dernière; ex. владѣлецъ, le propriétaire; червонецъ, un ducat; земледѣлецъ, le laboureur; лѣсочекъ, un petit bois; сучёчекъ, une petite branche; булыжникъ, un caillou; de même que ceux en объ, окъ, усъ, утъ, слъ, снъ, сръ.

3. Les diminutifs en икъ et les dérivés en никъ et щикъ ont l'accent sur la même syllabe que leur primitif; ex. гвоздикъ, un petit clou; хлѣбникъ, un boulanger; барышникъ, un usurier; каменьщикъ, un maçon (de гвоздь, хлѣбъ, барышъ et камень).

4. Les substantifs qui finissent en ь, en ай, ей, ой, ый ont l'accent sur la dernière, et ceux en ій sur l'avant-dernière; ex. государь, le monarque; огонь, le feu; сарай, une remise; ручей, un ruisseau; покой, le repos; портной, le tailleur ;

злодѣй, un malfaiteur; жребій, le sort; excepté камень, une pierre; кашель, la toux; обычай, la coutume; оратай, le laboureur; etc.

5. Ceux en тель, dérivés des verbes, ont l'accent sur la même syllabe que l'infinitif des verbes dont ils dérivent; ex. законодатель, un législateur; учитель, un précepteur; дѣлатель, un ouvrier; слушатель, un auditeur (de дать, учить, дѣлать et слушать).

NEUTRES.

1. Les substantifs en e ont l'accent sur l'avant-dernière syllabe; ex. сердце, le cœur; солнце, le soleil; поле, le champ; море, la mer; кладбище, le cimetière; excepté лицё, le visage; яйцё, un œuf; etc.

2. Ceux en аніе, еніе, ѣніе, formés des verbes, ont l'accent sur la même syllabe que l'infinitif des verbes dont ils dérivent; ex. плаваніе, la natation (de плавать); ученіе, l'étude (de учить); владѣніе, la domination (de владѣть).

3. Ceux en но et ро ont l'accent au singulier sur la dernière syllabe; mais au pluriel la plupart le placent sur l'avant-dernière; ex. окно, la fenêtre; перо, une plume (pl. перья); ведро, le seau; зерно, le grain; excepté озеро, un lac (pl. озёра); сѣно, le foin; утро, le matin; ведро, le beau temps; etc.

4. Ceux en o précédé d'une autre consonne, ont au singulier l'accent sur l'avant-dernière, et au pluriel sur la dernière; ex. желѣзо, le fer; войско, une armée; дѣло, une affaire; рамо, l'épaule; лѣто, l'été; excepté колесо, une roue (pl. колёса); письмо, une lettre (pl. письма); яблоко, une pomme; стекло, le verre, etc.

5. Les dérivés en ство ont l'accent sur la même syllabe que leur primitif; ex. священство, le sacerdoce; превосходительство, excellence (titre) (de святу et ходить); excepté родство, la parenté; свойство, l'alliance; etc.

6. Ceux en мя ont au singulier l'accent sur l'avant-dernière, et au pluriel sur la dernière; ex. врéмя, le temps; и́мя, le nom; стрéмя, l'étrier; pl. временá, именá, стременá. Il faut excepter знáмя, le drapeau, gén. знáмени, pl. знáмена.

FÉMININS.

1. Un très-grand nombre de substantifs en а ont l'accent sur la dernière syllabe (surtout ceux en зна et сна). Mais plusieurs d'entre eux le placent sur l'avant-dernière à l'accusatif singulier, au nominatif et à l'accusatif plur.; ex. водá, l'eau; горá, la montagne; душá, l'âme; иглá, l'aiguille; ногá, la jambe; рукá, la main; стрѣлá, une flèche; избá, la chambre; стѣнá, la cloison; щекá, la joue, et quelques autres. Dans quelques-uns, comme головá, la tête; сторонá, le côté; бородá, la barbe, l'accent se place sur l'antépénultième à ces trois cas; ex. гóлову, стóрону, бóроду, etc.

2. Ceux qui ont l'accent sur l'avant-dernière sont:

a) Ceux en ка précédé d'une consonne; ex. крáска, la couleur; лáвка, une boutique; пáлка, un bâton; перчáтка, un gant; лóжка, une cuiller.

b) Ceux en са, фа, ха, ча, ша, ща, et les primitifs en ца; ex. вóрса, le poil du drap; áрфа, une harpe; мýха, une mouche; тýча, une nuée obscure; грýша, une poire; пи́ща, l'aliment; пти́ца, un oiseau; excepté блохá, une puce; епанчá, un manteau; овцá, une brebis; свѣчá, la chandelle; ýлица, la rue; кýрица, une poule.

c) Les diminutifs en чка, comme рýчка, une petite main; рѣ́чка, une petite rivière.

d) Les féminins en иха, formés des masculins, comme кузнечи́ха, la femme du forgeron; повари́ха, la cuisinière.

e) Quelques-uns en та, comme охóта, le plaisir; карéта, une voiture; лéнта, un ruban; excepté кóмната, la chambre; красотá, la beauté; etc.

3. Les diminutifs en очка ont l'accent sur l'antépénultième, comme ла́вочка, une petite boutique; де́вочка, une petite fille.

4. Les dérivés en ца ont l'accent sur la même syllabe que leur primitif; ex. башма́шница (de башма́шникъ, un cordonnier); учи́тельница (de учи́тель, un précepteur); excepté цари́ца, la tsarine, et императри́ца, l'impératrice (de царь [1], et импера́торъ).

5. Les substantifs en я ont l'accent sur l'avant-dernière; ex. княги́ня, une princesse; бу́ря, la tempête; во́ля, la volonté; пусты́ня, le désert; excepté заря́, l'aurore; земля́, la terre; змѣя́, un serpent; etc.

6. Ceux en ь ont l'accent sur la dernière syllabe; ex. любо́вь, l'amour; мече́ть, la mosquée; болѣ́знь, la maladie; excepté це́рковь, l'église; па́мять, la mémoire; etc.

7. Ceux en сть, formés des adjectifs ou des verbes, ont l'accent sur la même syllabe que leur primitif; ex. тве́рдость, la fermeté; весё́лость, la joie; учё́ность, la science (de тве́рдый, весё́лый et учё́ный); excepté не́нависть, la haine; за́висть, l'envie.

II. Place de l'accent dans les adjectifs.

1. Les adjectifs primitifs ont ordinairement l'accent sur l'avant-dernière syllabe; ex. чё́рный, noir; бѣ́лый, blanc; го́рдый, fier; excepté дорого́й, cher; слѣпы́й, aveugle; худы́й, mauvais; наги́й, nu; etc.

2. Les adjectifs dérivés ont l'accent sur la même syllabe que leur primitif; ex. ми́рный, pacifique; вре́менный, temporel (de миръ et вре́мя). Il faut excepter :

---

[1] Царь, fém. Цари́ца, étaient les noms des souverains de la Russie avant Pierre le Grand. C'est à tort que l'Académie française écrit *Czar* et *Czarine*, au lieu de *Tsar* et *Tsarine*.

a) Ceux en вый, лый, тый, qui ont l'accent sur l'avant-dernière, comme здоро́вый, sain ; смѣ́лый, hardi ; счастли́вый, heureux ; винова́тый, coupable ; excepté гнилы́й, paresseux ; златы́й, d'or ; ми́лостивый, gracieux, et quelques autres.

b) Ceux en е́йскій, е́йный et я́кій, qui ont l'accent sur les voyelles е et я ; comme суде́йскій, de juge ; бумазе́йный, de futaine ; двоя́кій, double.

c) Ceux en и́ческій, dérivés des langues étrangères, qui ont l'accent sur l'antépénultième ; comme астрономи́ческій, astronomique ; аллегори́ческій, allégorique.

d) Les diminutifs en е́нькій et les augmentatifs en ёхонекъ et о́хонекъ, qui ont l'accent les premiers sur la pénultième et les seconds sur l'antépénultième ; ex. ма́ленькій, un peu petit ; велико́нькій, un peu grand ; бѣлёхонекъ, fort blanc.

e) De plus les adjectifs suivants : водяны́й, aquatique ; двойны́й, double ; зе́мскій, provincial ; морскі́й, marin ; серде́чный, cordial ; смѣшны́й, risible ; сыно́вній, filial ; тѣле́сный, corporel ; голо́дный, affamé, et plusieurs autres en ный.

Remarque. Les adjectifs apocopés (§ 69) auxquels on ajoute une voyelle avant la consonne finale, ont l'accent sur la même syllabe que l'adjectif sans apocope ; ex. чёренъ, noir, de чёрный ; си́ленъ, fort, de си́льный ; бли́зокъ, proche, de бли́зкій ; excepté го́лоденъ, affamé ; хо́лоденъ, froid, et quelques autres.

III. *Place de l'accent dans les verbes.*

1. Les verbes en аю, яю, ѣю, ую et юю ont l'accent sur l'avant-dernière syllabe, et le gardent sur la même syllabe aux autres personnes du présent et aux autres temps ; ex. блиста́ю, je brille ; блиста́ешь, блиста́лъ, блиста́й, блиста́шь, блиста́я, блиста́ющій. Il y a bien des exceptions, comme а́хаю, je gémis ; бѣ́гаю, je cours ; вѣ́даю, je sais ; даю́, je donne ; дви́гаю,

je remue ; думаю, je pense ; кушаю, je mange ; обѣдаю, je dîne ; плаваю, je nage ; слушаю, j'écoute ; трогаю, je touche ; жалую, je gratifie ; мѣряю, je mesure.

2. Ceux en ою, ею, ію ont l'accent sur la dernière, et le gardent sur la même syllabe aux autres personnes et aux autres temps ; ex. крою́, je coupe ; клею́, je colle ; вопію́, je me lamente ; excepté кро́ю, je couvre ; мо́ю, je lave ; стро́ю, je bâtis. Mais à l'impératif l'accent se place sur la voyelle avant й, comme крой, кро́йте, клей, кле́йте.

3. Ceux en дю, лю, ню, рю ont aussi l'accent sur la dernière syllabe ; mais ils ne le gardent pas tous sur la même syllabe aux autres personnes ; ex. дождю́, je fais pleuvoir, дожди́шь ; люблю́, j'aime, лю́бишь ; виню́, je blâme, вини́шь ; говорю́, je parle, говори́шь. Il faut excepter ceux qui, dérivant des substantifs, le gardent sur la même syllabe que leur primitif, comme вѣ́рю, je crois (de вѣ́ра) ; сла́влю, je glorifie (de сла́ва) ; печа́лю, je chagrine (de печа́ль) ; ajoutez encore ме́длю, je tarde.

4. Ceux en у ont la plupart l'accent sur la dernière ; mais tous ne le gardent pas sur la même syllabe ; car presque tous ceux en жу et чу le reculent d'une syllabe aux autres personnes du présent ; ex. беру́, je prends ; зову́, j'appelle ; пишу́, j'écris ; берегу́, je garde ; вожу́, je conduis, во́дишь, во́дитъ, во́димъ, во́дите, во́дятъ ; et de même, плачу́, je paye, пла́тишь, бужу́, j'éveille ; учу́, j'enseigne ; хожу́, je vais ; шучу́, je plaisante. Il y a plusieurs exceptions :

  a) Ceux en ну de deux syllabes ont l'accent sur l'avant-dernière, ainsi qu'aux autres personnes et aux autres temps ; ex. мёрзну, je gèle ; блёкну, je me fane ; excepté тяну́, je tire ; кляну́, je maudis ; тону́, je coule à fond ; etc.

  b) Les suivants ont aussi l'accent sur l'avant-dernière : а́лчу, j'ai faim ; ви́жу, je vois ; зна́чу, je signifie ; кра́ду, je dérobe ; кли́чу, j'appelle ; по́рчу, je gâte ; рѣ́жу, je coupe ; ѣ́ду, je vais ; стра́жду, je souffre ; тѣ́шу, je réjouis ; жа́жду, **j'ai soif, et plusieurs autres.**

5. L'infinitif itératif a l'accent sur l'antépénultième, et de même les verbes qui en sont formés ; ex. говáривать, parler souvent, et de là разговáриваю; кáлывать, piquer souvent, et de là откáлываю. Il faut excepter les infinitifs itératifs de deux syllabes, qui prennent l'accent sur la dernière, comme живáть, vivre habituellement quelque part ; мывáть, laver souvent ; бивáть, battre souvent ; шивáть, coudre souvent, et de même les verbes qui en sont formés : выживáю, вымывáю, убивáю, etc.

6. Les verbes qui commencent par la préposition вы ont à tous les temps parfaits l'accent sur cette préposition ; les substantifs en ніе qui dérivent de ces verbes conservent l'accent sur la préposition вы, comme выучáю, j'apprends, вы́училъ, вы́учу, вы́учи, вы́учить, вы́учивши ; et de là вы́ученіе, l'étude.

IV. *Place de l'accent dans les adverbes.*

Les adverbes en o, formés des adjectifs, ont l'accent sur la même syllabe que l'adjectif apocopé au neutre ; ex. полéзно, utilement ; дóрого, chèrement ; равнó, également ; хорошó, bien, etc. Il faut excepter хýдо, mal.

DEUXIÈME PARTIE.

LEXICOLOGIE.

§ 40. La lexicologie (Аналоґика) est la partie de la grammaire qui consiste à expliquer tout ce qui concerne la connaissance des mots. Tous les mots du discours contribuent, chacun selon sa destination, à exprimer nos pensées : l'un désigne un objet qui s'offre à nos sens; un autre la qualité de cet objet, d'autres enfin des circonstances qui servent à déterminer avec plus de précision ce qu'on veut énoncer. Ainsi tous les mots sont rangés sous différentes classes qu'on appelle *les parties du discours* (часги рѣчи). La langue russe en a neuf, savoir :

1. Le substantif (имя существительное).
2. L'adjectif (имя прилагательное).
3. Le nom de nombre (имя числительное).
4. Le pronom (мѣстоименіе).
5. Le verbe (глаголъ).
6. L'adverbe (нарѣчіе).
7. La préposition (предлогъ).
8. La conjonction (союзъ).
9. L'interjection (междометіе).

Première Remarque. Les cinq premières parties sont sujettes à des changements dans leur terminaison, et s'appellent *variables* (измѣняемыя); les quatre dernières n'étant sujettes à aucun changement, sont *invariables* (неизмѣняемыя).

Seconde Remarque. La langue russe, de même que la langue latine, n'a pas d'*article* (членъ); c'est le sens seul de la phrase qui indique si les substantifs communs doivent être pris d'une manière déterminée ou indéterminée.

CHAPITRE PREMIER.

Du substantif.

§ 41. Le *substantif* est un mot qui sert à nommer une personne ou une chose.

§ 42. Il y a trois sortes de substantifs :

1. Le substantif *propre* (собственное), qui ne convient qu'à une seule personne ou à une seule chose; comme Пётръ, Pierre; Москва́, Moskou.

2. Le substantif *appellatif* ou *commun* (нарица́тельное), qui convient à tous les individus de la même espèce, comme человѣ́къ, un homme; ло́шадь, un cheval.

3. Le substantif *collectif* (собира́тельное), qui exprime la collection ou la réunion de plusieurs objets; comme наро́дъ, le peuple; во́йско, l'armée.

§ 43. Il y a trois choses à remarquer dans les substantifs : 1) le genre, 2) le nombre, 3) le cas.

§ 44. Le *genre* (родъ) est un rapport des mots à l'un ou à l'autre sexe. La langue russe a trois genres : le *masculin* (му́жескій), le *féminin* (же́нскій) et le *neutre* (сре́дній). Les hommes et les animaux mâles sont du genre masculin, comme во́инъ, un guerrier; геро́й, un héros; царь, un roi; ю́ноша, un jeune homme; вити́я, un orateur; Миха́йло, Michel; подмасте́рье, un garçon de métier. Les femmes et les animaux femelles sont du genre féminin, comme Елисаве́тъ, Elisabeth; сестра́, la sœur; княги́ня, une princesse; свекро́вь, une belle-mère. Voilà pour les substantifs *animés* (одушевлённыя); quant aux substantifs *inanimés* (неодушевлённыя), leur genre se reconnaît en Russe par la terminaison. Ils peuvent être terminés de huit manières : en а, е, й, о, ъ, ь, я, мя.

1. Le genre masculin comprend tous ceux qui sont terminés en ъ et й, comme домъ, la maison; сарай, la remise.

2. Le genre féminin comprend ceux qui sont terminés en а, я et ь, comme зима́, l'hiver; постѣля, un lit; честь, l'honneur.

3. Le genre neutre comprend ceux qui sont terminés en о, е et мя; comme лѣто, l'été; по́ле, le champ; время, le temps; ajoutez дитя́, l'enfant.

Première Remarque. Les substantifs suivants terminés en ь sont du genre masculin :

Алта́рь, un autel.
Бортъ, une ruche d'abeilles sauvages.
Буква́рь, un a b c.
Бу́тень, la cicutaire.
Ве́ксель, une lettre de change.
Ви́хорь, un tourbillon.
Вопль, un cri plaintif.
Волды́рь, une échauboulure.
Гвоздь, un clou.
Гри́фель, une touche d'ardoise.
Го́лень, l'os de la jambe.
Гре́бень, un peigne.
Груздь, un mousseron.
Гусь, une oie.
Да́ктиль, un dactyle.
Дёготь, goudron de bouleau.
День, le jour.
Дождь, la pluie.
Жёлудь, le gland de chêne.
Звѣрь, une bête sauvage.
Иверень, un éclat, un morceau.
Имби́рь, le gingembre.
Календа́рь, le calendrier.

Ка́мень, une pierre.
Ка́шель, la toux.
Киль, la quille d'un vaisseau.
Ки́пень, une source d'eau chaude.
Кисе́ль, bouillie aigrelette.
Кисте́нь, courroie armée d'une boule de fer.
Ко́готь, une griffe.
Ко́зырь, un atout.
Коло́дезь, un puits.
Ко́мель, une cheminée.
Ко́петень, le cabaret (plante).
Кора́бль, un vaisseau.
Ко́рень, la racine.
Коса́рь, un grand couteau.
Костыль, une béquille.
Ко́чень, une tête de chou.
Кошель, une besace.
Креме́нь, une pierre à feu.
Кремль, une forteresse intérieure.
Кре́ндель, un craquelin.
Куба́рь, une toupie.
Ку́коль, l'ivraie.

Куль, un sac.
Лагерь, un camp.
Лапоть, une chaussure d'écorce.
Ларь, un coffre pour la farine.
Лежень, une solive.
Ливень, une averse.
Локоть, le coude.
Ломоть, un morceau de pain.
Миндаль, une amande.
Миткаль, espèce de mousseline.
Монастырь, un monastère.
Нашатырь, le sel ammoniac.
Ноготь, l'ongle.
Оборотень, un loup-garou.
Огонь, le feu.
Окунь, la perche (poisson).
Орарь, l'étole.
Панцырь, une cuirasse.
Пень, une souche.
Перечень, un abrégé.
Перстень, une bague.
Пламень, la flamme.
Плетень, une haie de branchages.
Полоть, une flèche de lard.
Поршень, le piston d'une pompe.
Профиль, le profil.

Пузырь, une ampoule.
Пустырь, espace vide entre deux maisons.
Путь, le voyage.
Ревень, la rhubarbe.
Ремень, une courroie.
Рубль, un rouble.
Руль, un gouvernail.
Сбитень, espèce de boisson [1].
Сгибень, espèce de pain blanc.
Складень, un collier.
Словарь, un dictionnaire.
Соболь, la zibeline.
Спектакль, le spectacle.
Стебель, une tige.
Стихарь, l'aube (robe d'ecclésiastique).
Сухарь, le biscuit.
Туфель, une pantoufle.
Уголь, le charbon.
Угорь, une anguille.
Фитиль, une mèche.
Флигель, l'aile d'une maison.
Фонарь, une lanterne.
Хмель, le houblon.
Хрусталь, le cristal.
Червь, un ver.
Шквoрень, la cheville ouvrière.
Щавель, l'oseille.

---

[1] Cette boisson est faite d'eau bouillante mêlée de miel, de poivre et d'autres épices; le peuple la boit en guise de thé.

Щéбень, les décombres.
Якорь, une ancre.
Янтáрь, l'ambre jaune.

Ячмéнь, l'orge.
Ясень, le frêne.

A ces cent trois ajoutez les noms des mois en ь, comme

Январь ou Генвáрь, Janvier.
Феврáль, Février.
Апрѣль, Avril.
Іюнь, Juin.
Іюль, Juillet.

Сентябрь, Septembre.
Октябрь, Octobre.
Ноябрь, Novembre.
Декабрь, Décembre.

Et quelques noms propres, comme Ильмéнь, le lac Ilmen; Рéвель, ville de l'Estonie; Севастóполь, port de la Crimée.

Seconde Remarque. Quelques grammairiens donnent à la langue russe un quatrième genre, l'*épicène* ou *commun* (óбщій), pour les substantifs en а et я qui, d'après le sexe qu'ils désignent, peuvent être ou du genre masculin ou du genre féminin; comme плáкса, un pleureur ou une pleureuse; пустомéль, un babillard ou une babillarde.

§ 45. Le *nombre* (числó) désigne l'unité ou la pluralité des objets. Il y a deux nombres, le *singulier* (едѝнственное), qui indique un seul objet, comme садъ, un jardin; et le *pluriel* (мнóжественное), qui indique deux ou plusieurs objets, comme садьí, les jardins [1].

Première Remarque. D'après cette définition, il est évident que les noms propres n'ont point de pluriel; il en est de même des substantifs appellatifs qui n'expriment qu'une seule idée, tels que les noms des métaux, des vertus, des vices, etc. Cependant, les noms propres de personnes peuvent être mis au plu-

---

[1] L'ancien Slave ou le Slave de l'Eglise a, comme le Grec, un troisième genre, le *duel* (двóйственное).

riel, quand on comprend dans ces noms toutes les personnes qui ressemblent à celles qui les ont portés ; comme Аттилы новыхъ временъ, les Attilas des temps modernes.

Seconde Remarque. Il y a en Russe, comme en Français, des substantifs qui ne s'emploient qu'au pluriel, comme щипцы́, génitif щипцёвъ, les mouchettes ; лю́ди, génitif людéй, les gens ; воро́та, gén. воро́тъ, une porte cochère ; пери́ла, gén. пери́лъ, une balustrade ; устá, gén. устъ, la bouche ; ви́лы, gén. вилъ, une fourche ; но́жницы, gén. но́жницъ, les ciseaux ; носи́лки, gén. носи́локъ, une civière ; сáни, gén. санéй, un traîneau ; грáбли, gén. грáблей, un râteau ; я́сли, gén. я́слей, une crèche.

§ 46. Les substantifs peuvent être considérés sous des rapports de possession, de lieu, de temps, de moyen, etc., et avoir plusieurs terminaisons pour exprimer ces rapports ; ce sont ces terminaisons que l'on nomme *cas* (падежи́). La langue russe a sept cas, savoir :

1. Le *nominatif* (имени́тельный) qui indique la personne ou la chose qui fait le sujet dont on parle. C'est lui qui régit le verbe et les autres cas. Il répond à la question *qui ?* ou *quoi ?* en Russe кто ou что.

2. Le *génitif* (роди́тельный) qui désigne la possession et plusieurs rapports de dépendance, comme d'une partie au tout, de la cause à l'effet, du contenant au contenu. Il répond à la question *de qui ?* ou *de quoi ?* faite sur un substantif ; en Russe чей, чья, чьё ? кого́ ou чего́ ?

3. Le *datif* (дáтельный) qui indique le but vers lequel se dirige une action. Il répond à la question *à qui ?* ou *à quoi ?* en Russe кому́ ? ou чему́ ?

4. L'*accusatif* (вини́тельный) qui désigne l'action faite par le nominatif. Il répond à la question *qui ?* ou *quoi ?* faite après le verbe ; en Russe кого́ ? ou что ?

5. Le *vocatif* (звáтельный) qui indique la personne à laquelle on adresse la parole. Il est indépendant comme le nominatif ; de là vient que ces deux cas sont appelés *cas directs*

(прямы́е падежи́), et les cinq autres *cas obliques* (ко́свенные), parce qu'ils sont toujours régis par un autre mot.

6. L'*instrumental* (твори́тельный) qui indique l'instrument ou le moyen dont on se sert pour parvenir à son but. Il répond aux questions *avec qui?* ou *avec quoi? par qui?* ou *par quoi?* en Russe кѣмъ? ou чѣмъ [1]?

7. Le *prépositional* (предло́жный), ainsi appelé parce qu'il est toujours accompagné d'une préposition [2]. Il répond au *narratif* slavon (сказа́тельный).

On voit par là que le Russe a les cinq premiers cas du Latin, et qu'au lieu de l'ablatif, il a l'instrumental et le prépositional.

§ 47. Les différents cas des substantifs se distinguent par la terminaison ; et la réunion de ces terminaisons forme ce qu'on appelle *déclinaison* (склоне́ніе). Comme le changement de la terminaison n'est pas le même pour tous les substantifs, on a établi trois déclinaisons : la première pour les substantifs masculins, la seconde pour les substantifs neutres, et la troisième pour les substantifs féminins. Voyez le tableau ci-joint.

---

[1] J.-B. Maudru appelle ce sixième cas *factif*. L'instrumental est ordinairement sans préposition ; mais s'il est avec la préposition съ (avec), A. Puchmayer l'appelle *sociatif*, et avec d'autres prépositions *local*.

[2] D'autres grammairiens appellent assez improprement ce septième cas *prépositif*, terme signifiant *qui sert à être mis devant un mot*, ce qui ne rend point le russe предло́жный.

TABLEAU GÉNÉRAL DES TROIS DÉCLINAISONS.

	1re déclinaison ; masculins.		2e déclinaison ; neutres.		3e déclinaison ; féminins.	
			SINGULIER.			
N.	ъ	й	о	е	а	ь
G.	а	я	а	я	ы (и)	и
D.	у	ю	у	ю	ѣ	и
A.	animé, comme le génitif.		о	е	у	ь (и)
	inanimé, comme le nominatif.					
V.	comme le nominatif.					
I.	омъ	емъ	омъ	емъ мене́мъ	ою	ью
P.	ѣ	ѣ	ѣ	ѣ (іи) мени	ѣ	ѣ (и)
			мя меня́ меня́ мя			
			PLURIEL.			
N.	ы (и)	и	а	мена́	ы (и)	и
G.	овъ	ей	ъ	ей (ій) менъ	ъ	ь (й) ей
D.	амъ	ямъ	амъ	ямъ мена́мъ	амъ	ямъ
A.	animé, comme le génitif.					
	inanimé, comme le nominatif.					
V.	comme le nominatif.					
I.	ами	ями	ами	ями мена́ми	ами	ями
P.	ахъ	яхъ	ахъ	яхъ мена́хъ	ахъ	яхъ

Remarque. L'Académie russe admet quatre déclinaisons, et la plupart des grammairiens ont suivi cette division. Schlözer, et après lui Born et Gretsch, sont ceux qui les premiers ont divisé les déclinaisons d'après les genres. Nous avons aussi suivi cette division parce qu'elle nous a paru la plus facile et en même temps la plus naturelle. Si nous avons placé les neutres avant les féminins, c'est que les neutres ont plus de rapport dans leurs terminaisons avec les masculins que les féminins.

ARTICLE PREMIER.

Déclinaisons des substantifs.

§ 48. Avant de passer aux déclinaisons, il faut faire bien attention aux règles suivantes.

Règles générales.

1. L'*accusatif singulier* dans les substantifs masculins, et l'*accusatif pluriel* dans les substantifs des trois genres, sont semblables au *génitif*, quand le substantif désigne un objet *animé*; et au *nominatif*, quand le substantif désigne un objet *inanimé* [1]. (Il y a quelques exceptions.)

---

[1] C'est une propriété de la langue russe et des autres langues dérivées du Slavon, qui ne se trouve dans aucune autre langue européenne. Cette propriété est si générale qu'elle s'étend jusqu'aux noms de choses inanimées, lorsque dans un sens figuré ils désignent des noms d'êtres animés; par ex. болванъ signifie au sens propre *une idole, une statue*, et au figuré *un homme stupide*; alors dans ce dernier cas l'accusatif est semblable au génitif; ex. посмотри на болвáна, regarde cet homme stupide; посмотри на болвáнъ, regarde cette idole.

Remarque. Les substantifs *collectifs* se déclinent toujours comme des objets inanimés, quoiqu'ils désignent la réunion d'objets animés; comme народъ, le peuple; войско, une armée; стадо, le troupeau.

2. Le *vocatif*, dans les deux nombres, est semblable au nominatif. Il faut excepter quelques substantifs qui gardent la terminaison slavonne; comme Богъ, Dieu, voc. Боже; Іисусъ Христосъ, Jésus-Christ, Іисусе Христе; творецъ, le créateur, творче; отецъ, le père, отче; сынъ, le fils, сыне; Господь, le Seigneur, Господи; царь, le roi, царю; Владыка, le maître, Владыко; Дѣва, la sainte Vierge, Дѣво. Ces terminaisons appartiennent principalement au style de l'Église; ailleurs le vocatif est semblable au nominatif.

3. Le *prépositional* ne se met qu'avec les prépositions о, объ, de; въ, во, dans; на, sur; при, auprès de; et по, selon.

4. La lettre ы après г, к, х, ж, ч, ш, щ, se change en и.
5. — я — г, к, х, ж, ч, ш, щ, ц, — en а.
6. — ю — г, к, х, ж, ч, ш, щ, ц, — en у.
7. — о — . . . . . ж, ч, ш, щ, ц, — en е.
8. — е — г, к, х, ... — en о.
9. — ь — г, к, х, ... — en ъ.
10. — ь après une voyelle, ... — en й.
11. — и devant une voyelle. . . . . . . — en i.
12. — ь après i, ... — en и.

Remarque. Les substantifs étrangers en е, и, у, ne se déclinent point en Russe, comme кофе, le café; канапе, un canapé; колибри, le colibri; какаду, un cacadou (espèce de perroquet).

PREMIÈRE

§ 49. La première déclinaison comprend les substantifs masculins terminés en ъ, ь et й. Ils se déclinent d'après les six paradigmes [1] suivants.

SINGU

N.	Во́ин-ъ, le	Враг-ъ,		Муж-ъ,	
G.	Во́ин-а, du	Враг-а́,		Му́ж-а,	
D.	Во́ин-у, au	Враг-у́,	guerrier.	Му́ж-у,	l'homme.
A.	Во́ин-а, le	Враг-а́,		Му́ж-а,	
I.	Во́ин-омъ, avec le	Враг-о́мъ,	l'ennemi.	Му́ж-емъ,	
P.	о Во́ин-ѣ, du	о Враг-ѣ́,		о Му́ж-ѣ,	

PLU

N.	Во́ин-ы, les	Враг-и́,		Му́ж-и [2],	
G.	Во́ин-овъ, des	Враг-о́въ,		Муж-е́й,	
D.	Во́ин-амъ, aux	Враг-а́мъ,	guerriers.	Муж-а́мъ,	les hommes.
A.	Во́ин-овъ, les	Враг-о́въ,		Муж-е́й,	
I.	Во́ин-ами, avec les	Враг-а́ми,	les ennemis.	Муж-а́ми,	
P.	о Во́ин-ахъ, des	о Враг-а́хъ,		о Муж-а́хъ,	

| Ainsi se déclinent les substantifs animés en ъ, excepté les suivants. Mais les inanimés, comme столъ, la table, | Ainsi se déclinent les subst. animés en гъ, къ, хъ. Mais les inanimés, comme сапо́гъ, une botte, | Ainsi se déclinent les subst. animés en жъ, чъ, шъ, щъ. Mais les inanimés, comme ножъ, un couteau, |

diffèrent des paradigmes précédents en ce qu'ils ont l'accusatif semblable au nominatif, dans les deux nombres.

---

[1] *Paradigme* signifie *exemple*, du Grec παρὰ, selon, et δεῖγμα, exemple, modèle.

[2] Si мужъ signifie un *mari*, il fait au plur. мужья́, мужьёвъ, мужья́мъ, мужья́ми, о мужья́хъ.

LEXICOLOGIE.

DÉCLINAISON.

Remarque. Le vocatif, étant semblable au nominatif, a été supprimé dans les déclinaisons.

SINGULIER.

Крестьян-инъ,		Король,		Змѣ-й,	
Крестьян-ина,		Корол-я́,		Змѣ-я,	
Крестьян-ину,	le paysan.	Корол-ю́,	le roi.	Змѣ-ю,	le serpent.
Крестьян-ина,		Корол-я́,		Змѣ-я,	
Крестьян-иномъ,		Корол-ёмъ,		Змѣ-емъ,	
Крестьян-инѣ,		о Корол-ѣ,		о Змѣ-ѣ,	

PLURIEL.

Крестьян-е,		Корол-и́,		Змѣ-и,	
Крестьян-ъ,		Корол-ей,		Змѣ-евъ,	
Крестьян-амъ,	les paysans.	Корол-ямъ,	les rois.	Змѣ-ямъ,	les serpents.
Крестьян-ъ,		Корол-ей,		Змѣ-евъ,	
Крестьян-ами,		Корол-ями,		Змѣ-ями,	
Крестьян-ахъ,		о Корол-яхъ,		о Змѣ-яхъ,	

| Ainsi se déclinent les substant. en янинъ, анинъ, аринъ, яринъ, qui pour la plupart sont des substantifs propres. | Ainsi se déclinent les subst. masc. animés en ь. Mais les inanimés, comme корабль, un vaisseau, | Ainsi se déclinent les subst. animés en й. Mais les inanimés, comme обычай, la coutume, |

diffèrent des paradigmes précédents en ce qu'ils ont l'accusatif semblable au nominatif dans les deux nombres.

D'après le premier paradigme (во́инъ) se déclinent les substantifs en ъ, comme

Бара́нъ, un mouton.
Виногра́дъ, le raisin.
Во́лосъ, le cheveu.
Вѣтръ, le vent.
Гробъ, le cercueil.
Дворъ, la cour.
Зубъ, une dent.
Комаръ, un moucheron.
Мѣсяцъ, le mois, la lune.

Носъ, le nez, le bec.
Прудъ, un étang.
Плодъ, le fruit.
Слонъ, un éléphant.
Стака́нъ, un verre.
Снопъ, une gerbe.
Трактиръ, une auberge.
Туманъ, le brouillard.
Часъ, l'heure.

D'après le second paradigme (врагъ) se déclinent les substantifs en гъ, къ, хъ, comme

Во́здухъ, l'air.
Волкъ, un loup.
Жукъ, un hanneton.
Лукъ, un arc.
Мясни́къ, un boucher.
Пау́къ, une araignée.
Пло́тникъ, un charpentier.
Полкъ, un régiment.

Поро́къ, un vice.
Ракъ, l'écrevisse.
Сундукъ, un coffre.
Супру́гъ, l'époux.
Черто́гъ, une chambre.
Шагъ, un pas.
Языкъ, la langue.
Ящикъ, une caisse.

D'après le troisième paradigme (мужъ) se déclinent les substantifs en жъ, чъ, шъ, щъ, comme

Бичъ, un fouet.
Ёжъ, un hérisson.
Ключъ, une clef, une source.
Лучъ, un rayon.
Мечъ, une épée.
Овощъ, un fruit.

Пала́шъ, un cimeterre.
Плащъ, un manteau.
Сургу́чъ, la cire à cacheter.
Ужъ, une couleuvre.
Чертёжъ, un plan.
Шала́шъ, une cabane.

D'après le quatrième paradigme (крестьянинъ) se déclinent les substantifs en янинъ, анинъ, яринъ, аринъ, comme

Бояринъ, un seigneur [1].
Гражданинъ, un citoyen.
Дворянинъ, un gentilhomme.

Мірянинъ, un laïque.
Мѣщанинъ, un bourgeois.
Поселянинъ, un colon.

D'après le cinquième paradigme (король) se déclinent les substantifs en ь, comme

Голубь, un pigeon.
Жёлудь, un gland.
Звѣрь, une bête sauvage.
Колодезь, un puits.
Медвѣдь, un ours.
Олень, un cerf.
Слесарь, un serrurier.

Соболь, une zibeline.
Руль, le gouvernail.
Тесть, le beau-père.
Фонарь, la lanterne.
Царь, le roi.
Червь, un ver.
Якорь, l'ancre.

D'après le sixième paradigme (змѣй) se déclinent les substantifs en й, comme

Водолей, le verseau.
Герой, un héros.
Злодѣй, un malfaiteur.
Казначей, le trésorier.

Оратай, le laboureur.
Покой, la chambre.
Сарай, la remise.
Случай, l'occasion.

Observations.

1) Sur les substantifs en ь.

1. Les substantifs en ецъ, екъ et окъ, précédés d'une consonne, retranchent e ou o au génitif et aux autres cas; ex. отецъ, le père, отца, отцу, отцы, etc.; творецъ, le créateur,

---

[1] Dans le langage familier бояринъ se contracte en баринъ.

творцá; желу́докъ, l'estomac, желу́дка; чуло́къ, un bas, чулкá; крючёкъ, un crochet, крючкá. Il faut excepter кузне́цъ, le forgeron; жрецъ, le sacrificateur; порокъ, le vice; рокъ, le sort; бокъ, le côté; игро́къ, un joueur; о́трокъ, un jeune homme; уро́къ, la leçon; et en général les noms où, par ce retranchement, il se trouverait trop de consonnes ensemble. Les substantifs suivants perdent aussi e ou o aux autres cas : ковёръ, un tapis, коврá; левъ, un lion, львá; лёдъ, la glace, льда; лёнъ, le lin, льна; лобъ, le front; ове́съ, l'avoine; орёлъ, un aigle; осёлъ, un âne; ровъ, le fossé; ротъ, la bouche; козёлъ, un bouc; сонъ, le sommeil; у́голъ, le coin; хохо́лъ, une huppe, et quelques autres.

2. Dans les substantifs en екъ et ецъ, précédés d'une voyelle, e se change en й aux autres cas; et dans ceux où екъ et ецъ sont précédés de л, e se change en ь; ex. бое́цъ, un lutteur, бойцá; раёкъ, le paradis au théâtre, райкá; зá́ецъ (ou зáяцъ), un lièvre, зáйца; опо́екъ, une peau de veau, опо́йка; кулёкъ, un petit sac, кулькá; валёкъ, un battoir, валькá; стрѣле́цъ, un tireur d'arc, стрѣльцá.

3. Les substantifs de choses inanimées, collectifs, ou marquant la matière, la quantité, le temps et le lieu, de même que ceux qui dérivent des verbes, ont deux terminaisons au génitif singulier, en а et en у; ex. лѣсъ, la forêt, gén. лѣ́са et лѣ́су; бáрхатъ, le velours; полкъ, le régiment; воскъ, la cire; лёдъ, la glace; атлáсъ, le satin; песо́къ, le sable; мостъ, le pont; лугъ, le pré; базáръ, le marché; верхъ, le haut; низъ, le bas; вѣкъ, le siècle; годъ, l'année; попрёкъ, le reproche; взглядъ, le regard (de попрекáшь, взглядѣшь). Mais il faut remarquer que le génitif en у ne s'emploie que dans le langage familier et dans le style simple, et jamais après les nombres двá, три, четы́ре, deux, trois, quatre, ni dans le style élevé, et rarement dans les substantifs qui expriment la construction, l'habillement. Il arrive quelquefois qu'un substantif a les deux génitifs avec une signification différente, comme Свята́го Ду́ха, du Saint-

Esprit, et ро́зовaго ду́хy, d'un parfum de rose; человѣ́ческаго до́лга, du devoir de l'homme, et прошлого́дняго до́лгy, d'une dette de l'an passé.

4. Le prépositional singulier, dans les substantifs de temps et de lieu qui ont le génitif en y, se termine aussi en y, surtout avec les prépositions въ, dans, et на, sur; ex. въ году́, dans l'année; въ низу́, en bas; въ шесто́мъ часу́, entre six et sept heures; на берегу́, sur le rivage; на мосту́, sur le pont; въ песку́, dans le sable. Il faut remarquer que dans ce cas l'accent se place sur y.

5. Le nominatif pluriel se termine en a dans quelques substantifs, au lieu de ы ou de и, et l'accent se place alors sur la dernière syllabe, comme

Бе́регъ, le rivage.
Бокъ, le côté.
Го́родъ, une ville.
Го́лосъ, la voix.
Ко́локолъ, une cloche.
Лугъ, le pré.
Лѣсъ, la forêt.

Мьхъ, la pelleterie.
О́стровъ, une île.
Рогъ, la corne.
Рука́въ, la manche.
Снѣгъ, la neige.
Стругъ, espèce de barque.

Du reste, ils ont les autres cas comme во́инъ. D'autres ont leur nominatif pluriel en ья, le génitif en ьевъ, le datif en ьямъ, etc.; comme

Братъ, le frère.
Брусъ, une solive.
Колъ, un pieu.
Листъ, une feuille (s'il est question de *feuilles de papier*, le pl. est alors листы́, шо́въ).

Ло́скутъ, un chiffon.
Лубъ, l'écorce d'arbre.
Мужъ, un *mari*.
По́лозъ, un patin de traîneau.
Прутъ, une verge.
Стулъ, une chaise.

Cela vient de ce que plusieurs ont un collectif en ье, comme ко́лье, бру́сье, ли́стье. Бато́гъ, un bâton, et сукъ, une branche, font aussi leur pluriel en ья, ьевъ, etc., et changent les gutturales г et к en dentales ж et ч; батожья, сучья.

6. Il est quelques substantifs en ъ dont le pluriel est tout à fait irrégulier, comme

Глазъ, l'œil, nom. pl. глаза́, gén. глазъ, dat. глаза́мъ, etc.

Господи́нъ, monsieur, nom. pl. господа́, gén. господъ, etc.

Другъ, un ami, nom. pl. друзья́, gén. друзе́й, dat. друзья́мъ, etc.

Кумъ, le compère, nom. pl. кумовья́, gén. кумове́й, etc.

Сватъ, un parent, nom. pl. сватовья́, gén. сватове́й, etc.

Сынъ, le fils, nom. pl. сыновья́, gén. сынове́й, etc., dans le style élevé сыны́, сыно́въ, etc.

Хозя́инъ, le maître de la maison, nom. pl. хозя́ева, gén. хозя́евъ, etc.

Шуринъ, le beau-frère, pl. шурья́, шурьёвъ, etc.

Христо́съ, le Christ, gén. Христа́, etc., voc. Христе́.

2) Sur les substantifs en ь.

1. Quelques substantifs en ь retranchent е ou о aux autres cas; comme гре́бень, le peigne, gén. гре́бня; день, le jour, дня; ого́нь, le feu, огня́; ка́мень, une pierre, ка́мня; у́голь, le charbon, угля́; ко́рень, la racine, ко́рня; mais ceux en тель gardent leur е.

2. Quelques-uns font leur pluriel en ья, génitif ьевъ, datif ьямъ, etc.; comme у́голь, le charbon, уго́лья; ко́рень, la racine, коре́нья; ка́мень, une pierre, ка́мни et каме́нья, gén. ка́мней et каме́ньевъ. Зять, le gendre, et князь, le prince, font aussi leur pluriel en ья, mais le génitif est en ей, зяте́й, et князе́й, dat. зятья́мъ et князья́мъ, etc.

3. Les suivants sont irréguliers :

Госпо́дь, le Seigneur, gén. Го́спода, etc., comme un subst. en ъ; voc. Го́споди.

Путь, le voyage, gén., dat. et prép. пути́, inst. путёмъ, pl. пути́, путе́й, etc.

Рубль, un rouble, gén. pl. рубле́й, et dans le langage familier рублёвъ.

3) Sur les substantifs en й.

1. Les substantifs en ей qui dérivent des slavons en ій changent e en ь pour les autres cas; ex. солове́й, le rossignol (sl. сла́вій), соловья́, соловью́, etc.; муравей, la fourmi (sl. мра́вій), муравья́; у́лей, une ruche (sl. у́лій), у́лья; же́ребей, le sort (sl. жре́бій), же́ребья.

2. Les noms monosyllabes de choses inanimées, terminés en й, font, dans le langage ordinaire, le gén. et le prép. sing. en ю; ex. рой, un essaim, gén. ро́ю; чай, le thé, ча́ю; клей, la colle, кле́ю; край, la frontière, кра́ю; рай, le paradis, ра́ю; en remarquant qu'au prépositional l'accent se place sur la dernière, avec les prépositions въ et на; ex. въ клею́, на краю́, etc.

3. Quelques-uns en й se déclinent comme les adjectifs (voyez § 68); ex. портно́й, un tailleur, gén. портна́го, dat. портно́му, pl. портны́е, портны́хъ, etc.; часово́й, une sentinelle, часова́го, etc.

50 LEXICOLOGIE.

SECONDE

§ 50. La seconde déclinaison comprend les substantifs neutres terminés о, е et мя. Ils se déclinent d'après les six paradigmes suivants.

SINGU

N.	Зе́ркал-о,		Мо́р-е,		Мнѣн-іе,	
G.	Зе́ркал-а,		Мо́р-я,		Мнѣн-ія,	
D.	Зе́ркал-у,	le miroir.	Мо́р-ю,	la mer.	Мнѣн-ію,	l'avis.
A.	Зе́ркал-о,		Мо́р-е,		Мнѣн-іе,	
I.	Зе́ркал-омъ,		Мо́р-емъ,		Мнѣн-іемъ,	
P.	о Зе́ркал-ѣ,		о Мо́р-ѣ,		о Мнѣн-іи,	

PLU

N.	Зеркал-а́,		Мор-я́,		Мнѣн-ія,	
G.	Зерка́л-ъ,		Мор-е́й,		Мнѣн-ій,	
D.	Зеркал-а́мъ,	les miroirs.	Мор-я́мъ,	les mers.	Мнѣн-іямъ,	les avis.
A.	Зеркал-а́,		Мор-я́,		Мнѣн-ія,	
I.	Зеркал-а́ми,		Мор-я́ми,		Мнѣн-іями,	
P.	о Зеркал-а́хъ,		о Мор-я́хъ,		о Мнѣн-іяхъ,	

Ainsi se déclinent les subst. en о, et ceux en це et ще, en observant que ceux en це et ще ont емъ à l'instrum. sing.

Ainsi se déclinent les subst. en ле, ре, ье, en observant que ceux en ье ont le gén. pl. en ьевъ et ей. Les animés en ье, comme подмастерье, un garçon de métier, sont masc. et ont l'accus. semblable au gén., dans les deux nombres.

Ainsi se déclinent les subst. en іе, qui pour la plupart se forment des participes apocopés des verbes.

DÉCLINAISON.

Remarque. Ces substantifs sont neutres, à l'exception des augmentatifs en ще et des diminutifs en шко formés des substantifs masculins, qui sont masculins [1].

LIER.

Врé-мя,		Домú-ще,		Домúш-ко,	
Врé-мени,		Домú-ща,		Домúш-ка,	
Врé-мени,	le temps.	Домú-щу,	une grande maison.	Домúш-ку,	une chétive maisonnette.
Врé-мя,		Домú-ще,		Домúш-ко,	
Врé-менемъ,		Домú-щемъ,		Домúш-комъ,	
о Врé-мени,		о Домú-щѣ,		о Домúш-кѣ,	

RIEL.

Вре-менá,		Домú-щи,		Домúш-ки,	
Вре-мéнъ,		Домú-щей,		Домúш-екъ,	
Вре-менáмъ,	les temps.	Домú-щамъ,	de grandes maisons.	Домúш-камъ,	de chétives maisonnettes.
Вре-менá,		Домú-щи,		Домúш-ки,	
Вре-менáми,		Домú-щами,		Домúш-ками,	
о Вре-менáхъ,		о Домú-щахъ,		о Домúш-кахъ,	

Ainsi se déclinent les subst. en мя. Quant aux neutres en я, qui désignent les petits des animaux, voyez les observations.	Ainsi se déclinent les augmentatifs inanimés en ще. Mais les animés, comme мужичище, un gros paysan,	Ainsi se déclinent les diminutifs inanimés en ко et цо. Mais les animés, comme парнишко, un petit garçon,
	diffèrent des paradigmes précédents en ce qu'ils ont l'accusatif semblable au génitif, dans les deux nombres.	

---

[1] D'autres grammairiens rapportent ces augmentatifs et ces diminutifs au genre neutre, surtout ceux qui désignent des objets inanimés.

D'après le premier paradigme (зе́ркало) se déclinent les substantifs en o, et ceux en це et ще, en observant que ceux en це et ще ont l'inst. sing. en емъ, comme

Блю́до, un plat.
Дѣ́ло, une affaire.
Желѣ́зо, le fer.
Колесо́, une roue.
Колѣ́но, le genou.
Лѣ́то, l'été.
О́зеро, un lac.
Свѣти́ло, l'astre.
Сло́во, le mot.

Жили́ще, la demeure.
Зрѣ́лище, un spectacle.
Кладби́ще, un cimetière.
Кольцё, un anneau.
Крыльцё, un perron.
Лицё, le visage.
Се́рдце, le cœur.
Сокро́вище, le trésor.
Яйцё, un œuf.

D'après le deuxième paradigme (мо́ре) se déclinent les substantifs en ле, ре, ье, en observant que ceux en ье ont le génitif pluriel en ьевъ et ей, comme

Бѣльё, le linge.
Верхо́вье, la source.
Го́ре, le malheur.
Жильё, l'étage.
Здоро́вье, la santé.

Копьё, une lance.
Пла́тье, un habit.
По́ле, le champ.
Ружьё, un fusil.
У́стье, l'embouchure.

D'après le troisième paradigme (мнѣ́ніе) se déclinent les substantifs en ie, comme

Бытіе́, l'existence.
Владѣ́ніе, la domination.
Жела́ніе, le souhait.
Зда́ніе, l'édifice.
Зна́ніе, le savoir.
Милосе́рдіе, la compassion.
Наси́ліе, la violence.

Обще́ніе, la communication.
Отча́яніе, le désespoir.
Поня́тіе, la pensée.
Попече́ніе, le soin.
Собра́ніе, l'assemblée.
Сомнѣ́ніе, le doute.
Терпѣ́ніе, la patience.

Теченіе, le cours.
Ученіе, l'étude.
Чтеніе, la lecture.
Явленіе, la vision.

D'après le quatrième paradigme (время) se déclinent les substantifs en мя, comme

Бремя, le fardeau.
Вымя, le pis.
Знамя, le drapeau.
Имя, le nom.
Письмя, une lettre (de l'alphabet).
Пламя, la flamme.
Племя, la race.
Стремя, l'étrier.
Семя, la semence.
Темя, le sommet de la tête.

D'après le cinquième paradigme (домище) se déclinent les substantifs augmentatifs en ще [1], en observant que ceux qui se forment des substantifs neutres ont le nominatif pluriel en a, comme

Дворище, une grande cour (de дворъ).
Избище, une grande chambre (de изба).
Окнище, une grande fenêtre (de окно).
Парнище, un gros garçon (de парень).
Рыбище, un gros poisson (de рыба).
Столище, une grande table (de столъ).

D'après le sixième paradigme (домишко) se déclinent les substantifs diminutifs en ко et цо, en observant que ceux qui se forment des substantifs neutres ont le nominatif pluriel en a et ы (ou и), comme

Зеркальцо, un petit miroir (de зеркало).
Личико, un petit visage (de лицё).

---

[1] Ces augmentatifs ne s'emploient que dans le langage familier; et au contraire les diminutifs sont très-usités.

Мужичи́шко, un petit et misérable paysan (de мужи́къ).
Око́нцо, une petite fenêtre (de окно́).
Столи́шко, une petite et chétive table (de столъ).
У́шко́, une petite oreille (de у́хо).

Observations.

1) Sur les substantifs en o.

1. Les substantifs qui se terminent par la lettre o précédée de deux consonnes adoucissent la désinence du génitif pluriel par l'intercalation de la voyelle e ou o entre les deux consonnes finales; ex. ведро́, un seau, gén. pl. ве́деръ; пятно́, une tache, пя́тенъ; весло́, une rame, ве́селъ; число́, le nombre, чи́селъ et числъ; стекло́, le verre, стёколъ; окно́, la fenêtre, о́конъ; сукно́, le drap, су́конъ, et de même le subst. pl. кре́сла, un fauteuil, кре́селъ. S'il y a un ь entre les deux consonnes, il se change en e; ex. письмо́, une lettre, пи́семъ. Mais les suivants: гнѣздо́, un nid; го́рло, la gorge; ды́шло, le timon; ма́сло, l'huile; ремесло́, le métier, n'ajoutent rien au génitif pluriel.

2. Quelques-uns font leur pluriel en ья, gén. ьевъ, dat. ьямъ, etc., comme перо́, une plume, пе́рья; поле́но, une bûche de bois, поле́нья; крыло́, l'aile, кры́ла et кры́льи, gén. крылъ et кры́льевъ, etc.; де́рево, l'arbre, дерева́ et дере́вья, gén. деревъ et дере́вьевъ, etc. Cela vient de ce que quelques-uns d'entre eux ont un collectif en ье, comme кры́лье, пе́рье; ce qui répond aux collectifs français *plumage, feuillage, branchage.*

3. Les suivants sont irréguliers:

Не́бо, le ciel, nom. pl. небеса́, gén. небе́съ, etc.
Око, l'œil, nom. pl. о́чи, gén. оче́й, etc. (sl. очеса́, оче́съ, etc.)
Плечо́, l'épaule, nom. pl. пле́чи, gén. плечъ, etc.
Су́дно, un navire, nom. pl. суда́, gén. судо́въ, etc.; mais s'il signifie un *vase*, il est régulier, nom. pl. су́дна, gén. су́денъ, etc.

Тѣло, un corps, nom. pl. тѣлеса́, gén. тѣлéсъ, etc., s'il s'agit des *corps célestes;* sinon il est régulier, pl. тѣла́, тѣлъ, etc.

У́хо, l'oreille, nom. pl. у́ши, gén. ушéй, etc.

Чу́до, le miracle, nom. pl. чудеса́, gén. чудéсъ, etc.

Я́блоко, une pomme, nom. pl. я́блока et я́блоки, gén. я́блокъ et я́блоковъ, etc.

2) Sur les substantifs en e.

1. Les substantifs dont la terminaison en це est précédée d'une consonne ajoutent е au génitif pluriel; ex. сéрдце, le cœur, сердéцъ; et si це est précédé de ь, alors ь se change en e; ex. кольцé, un anneau, кóлецъ; крыльцé, un perron, крылéцъ; et de même le subst. plur. пя́льца, un métier (à broder), пя́лецъ. Il faut excepter сóлнце, le soleil, qui fait au pluriel сóлнцы, gén. сóлнцевъ, etc.

2. Ceux en ье ont le gén. plur. en ьевъ et ей; ex. копьё, une lance, копьёвъ et кóней; ружьё, un fusil, ружьёвъ et ру́жей.

3. Ceux en ое se déclinent comme le neutre des adjectifs (voyez § 68); ex. жаркóе, le rôti, gén. жаркáго, dat. жаркóму; морóженое, des glaces, gén. морóженаго; живóтное, un animal, gén. живóтнаго, pl. живóтныя, etc.

3) Sur les substantifs en мя.

1. Autrefois on déclinait les substantifs en мя en mettant à tous les cas la voyelle я au lieu de е, comme врéмяни, времяна́, etc. Cette manière, quoique plus régulière, n'est plus en usage.

2. Quelques substantifs neutres qui désignent les petits des animaux, se terminent en я (ou en a, suivant la consonne qui précède), et changent я en яти pour le génitif, le datif et le prépositional sing., et en яиемъ pour l'instrumental [1]. Si nous n'avons point donné de paradigme pour ces substantifs, c'est qu'ils sont slavons et qu'ils ne s'emploient plus qu'au pluriel; au singulier on se sert des diminutifs en ёнокъ. Ainsi le singulier de ces substantifs est masculin, et appartient à la première déclinaison, tandis que le pluriel est neutre, et par conséquent de la seconde. Ex. ослёнокъ, un ânon, gén. ослёнка, etc., nom. pl. ослята, gén. et acc. ослятъ, dat. ослятамъ, instr. ослятами, prép. объ ослятахъ; et de même

Волчёнокъ, un louveteau, pl. волчата.
Жеребёнокъ, un poulain, pl. жеребята.
Поросёнокъ, un cochon de lait, pl. поросята.
Ребёнокъ, un enfant, pl. ребята.
Телёнокъ, un veau, pl. телята.
Цыплёнокъ, un poulet, pl. цыплята.
Щенокъ, un petit chien, pl. щенята [2].
Ягнёнокъ, un agneau, pl. ягнята.

3. Le substantif дитя, l'enfant, est neutre au singulier, et appartient à cette déclinaison; mais au pluriel il est masculin, et de la première. Il se décline ainsi:

---

[1] Ces substantifs, ainsi que ceux en мя, se distinguent de tous les autres par l'augment qui accompagne tous les cas. On peut les considérer comme *apocopés*, c'est-à-dire des mots auxquels on a retranché une ou deux lettres de la fin. Ainsi имя, le nom, vient peut-être de имянъ et теля, le veau, de телятъ. Cette supposition peut être fondée sur les autres dialectes slavons; par exemple, dans le mot polonais imię, le nom, l'e a un son nasal qui approche beaucoup du mot français *mien*.

[2] Щенокъ se dit non-seulement d'un petit chien, mais aussi du petit d'un quadrupède quelconque; comme le mot latin *catulus*.

	SINGULIER.	PLURIEL.
N.	Дитя́, l'enfant.	Дѣ́ти, les enfants.
G.	Дитя́ти.	Дѣте́й.
D.	Дитя́ти.	Дѣтя́мъ.
A.	Дитя́.	Дѣте́й.
I.	Дитя́темъ [1].	Дѣтя́ми et дѣтьми́.
P.	о Дитя́ти.	о Дѣтя́хъ.

4) **Sur les augmentatifs et les diminutifs.**

1. Les augmentatifs qui se forment des substantifs neutres ont le nominatif pluriel en а, comme окни́ще, une grande fenêtre, окни́ща; личи́ще, un grand visage, личи́ща.

2. Les diminutifs en ко et цо (ou це) qui se forment des substantifs neutres ont le nominatif pluriel en а et ы (ou и pour ceux en ко); ex. зе́ркальце, un petit miroir, pl. зе́ркальца et зе́ркальцы; ушко́, une petite oreille, ушки́.

---

[1] On trouve aussi дитя́тею pour l'instrumental de дитя́; mais aujourd'hui le seul usité est дитя́темъ.

TROISIÈME

§ 51. La troisième déclinaison comprend les substantifs féminins terminés en а, я et ь. Ils se déclinent d'après les six paradigmes suivants.

SINGU

N.	Вод-á,		Рук-á,		Пýл-я,	
G.	Вод-ы́,		Рук-и́,		Пýл-и,	
D.	Вод-ѣ́,	l'eau.	Рук-ѣ́,	la main.	Пýл-ѣ,	une balle (d'arme à feu).
A.	Вóд-у,		Рýк-у,		Пýл-ю,	
I.	Вод-óю, óй,		Рук-óю, óй,		Пýл-ею, ей,	
P.	о Вод-ѣ́,		о Рук-ѣ́,		о Пýл-ѣ,	

PLU

N.	Вóд-ы,		Рýк-и,		Пýл-и,	
G.	Вóд-ъ,		Рýк-ъ,		Пýл-ь,	
D.	Вод-áмъ,	les eaux.	Рук-áмъ,	les mains.	Пýл-ямъ,	des balles.
A.	Вóд-ы,		Рýк-и,		Пýл-и,	
I.	Вод-áми,		Рук-áми,		Пýл-ями,	
P.	о Вод-áхъ,		о Рук-áхъ,		о Пýл-яхъ,	

Ainsi se déclinent les subst. inanimés en а, excepté les suivants. Mais les masc. et fémin. animés, comme воевóда, le gouverneur; вдовá, une veuve,	Ainsi se déclinent les subst. inanimés en га, ка, ха, жа, ча, ша, ща. Mais les masc. et fémin. animés, comme слугá, le serviteur; мýха, la mouche,	Ainsi se déclinent les subst. inanimés en я précédé d'une consonne. Mais les masc. et fém. animés, comme дядя, l'oncle; книги́ня, la princesse,

diffèrent des paradigmes précédents en ce qu'ils ont l'accusa pluriel semblable au génitif.

---

[1] Les substantifs masculins de cette déclinaison qui sont en très-petit nombre, n'ont pas l'accusatif singulier semblable au génitif; mais si, étant à l'accusatif, ils sont accompagnés d'un adjectif,

DÉCLINAISON.

Remarque. Parmi ces substantifs il s'en trouve quelques-uns qui sont masculins [1].

LIER.

	un geai.		l'orateur.		le cheval.
Сó-я,		Вит-ія,		Лóшад-ь,	
Сó-и,		Вит-íи,		Лóшад-и,	
Сó-ѣ,		Вит-íи,		Лóшад-и,	
Сó-ю,		Вит-íю,		Лóшад-ь,	
Сó-ею, ей,		Вит-íею, íей,		Лóшад-ію, ью,	
о Сó-ѣ,		о Вит-íи,		о Лóшад-и,	

RIEL.

	des geais.		les orateurs.		les chevaux.
Сó-и,		Вит-íи,		Лóшад-и,	
Со-й,		Вит-ій,		Лошад-éй,	
Сó-ямъ,		Вит-íямъ,		Лошад-ямъ,	
Со-й,		Вит-íй,		Лошад-éй,	
Сó-ями,		Вит-íями,		Лóшад-ями, ьми,	
о Сó-яхъ,		о Вит-íяхъ,		о Лошад-яхъ,	

Ainsi se déclinent les subst. animés en я, précédé de а, е, ѣ, о, у, ь. Mais les inanimés, comme шéя, le cou,	Ainsi se déclinent les substant. animés en ія. Mais les inanimés, comme импéрія, l'empire,	Ainsi se déclinent les subst. fém. animés en ь. Mais les inanimés, comme мысль, la pensée,

diffèrent des paradigmes précédents en ce qu'ils ont l'accusatif pluriel semblable au nominatif.

---

alors l'accusatif de cet adjectif sera semblable au génitif; ex. они избрáли сегó учéнаго витíю, ils ont choisi ce savant orateur.

D'après le premier paradigme (водá) se déclinent les substantifs en a, comme

Веснá, le printemps.	Пчелá, une abeille.
Головá, la tête.	Рóза, une rose.
Горá, une montagne.	Ры́ба, un poisson.
Женá, une femme.	Сторонá, le côté.
Звѣздá, une étoile.	Травá, l'herbe.
Зимá, l'hiver.	Трубá, la trompette.
Корóва, une vache.	Убíйца, un meurtrier.
Ку́рица, une poule.	Уздá, une bride.
Мéльница, un moulin.	У́лица, la rue.
Побѣ́да, la victoire.	Шля́па, un chapeau.

D'après le second paradigme (рукá) se déclinent les substantifs en га, ка, ха, жа, ча, ша, ща, comme

Блохá, une puce.	Рóща, le bosquet.
Бумáга, le papier.	Рѣкá, une rivière.
Вельмóжа, un seigneur.	Собáка, un chien.
Гру́ша, une poire.	Супру́га, une épouse.
Дорóга, le chemin.	Тарéлка, une assiette.
Душá, l'âme.	Ту́ча, une nuée obscure.
Кни́га, un livre.	Шпáга, une épée.
Кóжа, la peau.	Щекá, la joue.
Ногá, le pied.	Щу́ка, un brochet.

D'après le troisième paradigme (пу́ля) se déclinent les substantifs en я précédé d'une consonne, comme

Бáня, un bain.	Заря́, l'aurore.
Боги́ня, une déesse.	Коню́шня, l'écurie.
Бу́ря, la tempête.	Монáхиня, une religieuse.
Вóля, la volonté.	Недѣ́ля, la semaine.
Дóля, la portion.	Постéля, un lit.
Ды́ня, un melon.	Пусты́ня, un désert.

D'après le quatrième paradigme (со́я) se déclinent les substantifs en я précédé de а, е, ѣ, о, у, ь, en observant que ceux en ья ont le génitif pluriel en ей, comme

Верея́, un poteau.
Збруя́, une armure.
Змѣя́, un serpent.
Игу́менья, une abbesse.
Ке́лья, une cellule.
Лодья́, une nacelle.

Ляѧвея́, la hanche.
Свая́, un pieu.
Свинья́, un cochon.
Семья́, la famille.
Струя́, un torrent.
Судья́, le juge.

D'après le cinquième paradigme (витія́) se déclinent les substantifs en ія, comme

Би́блія, la Bible.
Колле́гія, un collége.
Коме́дія, une comédie.
Ли́лія, un lis.

Ли́нія, une ligne.
Мо́лнія, un éclair.
Стихі́я, l'élément.
Траге́дія, une tragédie.

D'après le sixième paradigme (ло́шадь) se déclinent les substantifs féminins en ь, comme

Болѣ́знь, la maladie.
Вѣтвь, une branche.
Грудь, la poitrine.
Доброде́тель, la vertu.
Кровь, le sang.
Крѣ́пость, une forteresse.
Мече́ть, la mosquée.
Мышь, une souris.

О́сень, l'automne.
Па́мять, la mémoire.
Печа́ть, le cachet.
Свекро́вь, la belle-mère.
Сельдь, un hareng.
Стра́сть, la passion.
Тѣнь, l'ombre.
Честь, l'honneur.

Observations.

1) Sur les substantifs en а.

1. L'instrumental singulier en ой et ей est une apocope (ou abréviation) de ою et ею.

2. Les substantifs en а précédé des dentales ж, ч, ш, щ, et de la linguale ц, ont l'instrumental singulier en ею (au lieu de ою, § 48); ex. ко́жа, la peau, ко́жею; душа́, l'âme, душе́ю; ту́ча, une nuée obscure, ту́чею; ро́ща, le bosquet, ро́щею; овца́, la brebis, овцёю.

3. Les substantifs en жа, ча, ша, précédés d'une consonne, et ceux en ща, ont le génitif pluriel en ей; ex. вожжа́, la rêne, вожже́й; ханжа́, un bigot, ханже́й; ве́кша, un écureuil, ве́кшей; парча́, étoffe d'or, парче́й; ро́ща, le bosquet, ро́щей; et de même les substantifs qui n'ayant point de singulier se terminent ainsi au pluriel, comme брыжжи, une fraise (manchette), брыжже́й; мо́щи, les reliques, моще́й.

4. Les substantifs en ка précédé d'une consonne, de ь ou de й, forment leur génitif pluriel en ajoutant е ou о avant ка, savoir :

 a) Lorsque ка est précédé des dentales ж, ч, ш, on ajoute е; ex. ло́жка, une cuillère, ло́жек; бо́чка, un tonneau, бо́чек; пу́шка, un canon, пу́шек; et de même дро́жки, espèce de voiture, дро́жек.

 b) Si ка est précédé d'autres consonnes que ж, ч, ш, on ajoute о; ex. тру́бка, une pipe, тру́бок; де́вка, une fille, де́вок; во́дка, l'eau-de-vie, во́док; ска́зка, un conte, ска́зок; па́лка, un bâton, па́лок; я́мка, une fossette, я́мок; ша́пка, un bonnet, ша́пок; я́рка, une jeune brebis, я́рок; доска́, une planche, досо́к; у́тка, un canard, у́ток. De même les substantifs pluriels сли́вки, la crème, сли́вок; носи́лки, une civière, носи́лок; чётки, un chapelet, чёток; су́тки, espace de vingt-quatre heures, су́ток.

 c) Si ка est précédé de ь ou de й, alors е prend la place de ces deux lettres; ex. лю́лька, un berceau, лю́лек; ня́нька, une bonne d'enfant, ня́нек; ба́йка, la frise (étoffe de laine), ба́ек; га́йка, un écrou, га́ек.

5. Les substantifs en ба, га, ма, на, ра, ща précédés d'une consonne (autre que г, к, х), de ь ou de й, ajoutent aussi е au

génitif pluriel, ou changent ь et й en е; ex. сосна, un pin, сосенъ; сестра, la sœur, сестёръ; овца, la brebis, овёцъ; судьба, le sort, судёбъ; серьга, une boucle d'oreille, серёгъ; тюрьма, une tour, тюрёмъ; райна, une antenne, раенъ; кайма, une bordure, каёмъ. Si la consonne qui précède est une des gutturales г, к, х, alors on ajoute о; ex. игла, une aiguille, иголъ; игра, le jeu, игоръ; кукла, une poupée, куколъ; икра, le gras de jambe (ou le caviar), икоръ.

2) Sur les substantifs en я.

1. Les substantifs en ля et ня précédés d'une consonne, de ь ou de й, forment leur génitif pluriel en ajoutant е entre les deux consonnes, ou en changeant ь et й en е; ex. земля, la terre, земёль; капля, une goutte, капель; башня, une tour, башень [1]; басня, une fable, басень; водопойня, un abreuvoir, водопоёнь; спальня, une chambre à coucher, спаленъ. Il faut excepter кухня, la cuisine, qui fait кухонь et кухней; клёшня, une serre d'écrevisse, клёшней; цапля, un héron, цаплей et цапель.

2. Les substantifs en дя et ря (et quelques autres en ля et ня) précédés d'une voyelle ont le génitif pluriel en ей; ex. дядя, l'oncle, дядей; буря, la tempête, бурей et буръ; заря, l'aurore, зарей; доля, une portion, долей et долъ; тоня, un coup de filet, тоней.

3. Quelques substantifs en ая se déclinent comme le féminin des adjectifs (voyez § 68); ex. вселённая, l'univers, gén. вселённой ou вселённыя, etc.

---

[1] Quelques grammairiens veulent que les substantifs en ля se terminent en ь au génitif pluriel, et ceux en ня en ъ; mais c'est sans raison. Les substantifs en я prennent à tous les cas des voyelles douces; il n'y a aucune raison pour que quelques-uns d'entre eux prennent la muette dure au génitif pluriel.

3) Sur les substantifs féminins en ь.

1. Quelques substantifs perdent dans tous les cas, excepté à l'instrumental singulier, la voyelle е ou о qui se trouve dans leur dernière syllabe; ex. ложь, le mensonge, gén. лжи, etc., inst. ложію; лесть, la flatterie, gén. льсти, inst. лестію; любовь, l'amour, gén. любви, inst. любовію.

2. L'instrumental singulier en ью, et pluriel en ьми, est une syncope de ію et ями.

3. Ceux en ь précédé des dentales ж, ч, ш, щ, prennent а au lieu de я au datif, à l'instrumental et au prépositional du pluriel; ex. ночь, la nuit, ночамъ, ночами et ночахъ; вещь, la chose, вещамъ, вещами et вещахъ. Ajoutez aussi церковь, l'église, qui fait irrégulièrement, et sans raison, ces trois cas, церквамъ, церквами et церквахъ.

4. Les substantifs мать, la mère, et дочь, la fille (qui dérivent du Slavon), ajoutent dans tous les autres cas la syllabe ер; gén. матери et дочери, inst. матерью et дочерью, etc.

ARTICLE DEUXIÈME.

Déclinaison des substantifs propres.

§ 52. Les substantifs propres, tant ceux de pays et de villes que ceux de personnes, se déclinent comme les substantifs communs auxquels ils ressemblent par leur terminaison. Ainsi Иванъ, Jean, se décline sur воинъ; Кіевъ, la ville de Kiew, sur столъ; Павловичъ, fils de Paul, sur мужъ; Россіянинъ, un Russe, sur крестьянинъ; Ѳома, Thomas, sur воевода; Илія, Élie, sur винія, etc. Il faut excepter les noms de familles et de villes en овъ, евъ, ынъ, инъ, скъ et цкъ, qui se déclinent sur les adjectifs possessifs de personne (§ 73), à l'exception des masculins et des neutres qui ont le prépositional singulier en ѣ (au lieu de омъ). Ils se déclinent d'après les trois paradigmes suivants :

N.	Орлóв ъ,		Бородин-ó,		Мýрин-а,
G.	Орлóв-а,		Бородин-á,		Мýрин-ой,
D.	Орлóв-у,	nom de famille.	Бородин-ý,	nom de village.	Мýрин-ой,
A.	Орлóв-а,		Бородин-ó,		Мýрин-у,
I.	Орлóв-ымъ,		Бородин-ымъ,		Мýрин-ою,
P.	объ Орлóв-ѣ,		о Бородин-ѣ,		о Мýрин-ѣ,

Ainsi se déclinent les noms de famille en овъ, евъ, ынъ et инъ. Mais les noms de ville, comme Ростóвъ, Архáнгельскъ, ont l'acc. semblable au nomin.	Ainsi se déclinent les noms de ville et de village en ово, ево, ыно et ино. *Remarque.* Ceux en скъ et цкъ prennent и au lieu de ы (§ 48).	Ainsi se déclinent les noms de ville et de famille en ова, ева, ына et ина.

Le pluriel se termine, comme celui des adjectifs possessifs (§ 73), en ы, ыхъ, ымъ, ыми et ыхъ.

Première Remarque. Il y a des noms de famille et de ville qui se déclinent comme les adjectifs qualificatifs (§ 68) ; ex. Толстóй, nom de famille, gén. Толстáго, dat. Толстóму, etc.

Seconde Remarque. Il y a des noms de villes composés dont les deux mots se déclinent; comme Нóвгородъ, Novgorod, gén. Новагóрода, dat. Новугóроду, instr. Новымгóродомъ, prépos. Новѣгóродѣ; Царьгрáдъ, Constantinople, gén. Царягрáда, dat. Царюгрáду, inst. Царемгрáдомъ, prép. Царѣгрáдѣ.

§ 53. Les noms propres de personnes, et quelques-uns de pays, qui viennent du Grec et du Latin, subissent en Russe un changement d'après lequel ils se déclinent, savoir :

1. Les noms d'hommes en *es* et *us*, ou en ης et ος, précédés d'une consonne, rejettent ces terminaisons, et prennent ъ à la fin; Людóвикъ (de *Ludovicus*); Дiогéнъ (de Διογένης); Ѳеофúлъ (de Θεόφιλος); Филúппъ (de Φίλιππος); Алексáндръ (de Ἀλέξανδρος).

2. Ceux en *as* ou *ας* précédé d'une consonne retranchent *s;* ex. Лукá (de Λουκᾶς); Ѳомá (de *Thomas*).

Remarque. Si le mot latin est de la troisième déclinaison latine, ou si c'est un féminin en *as* ou en *is* de la même déclinaison, le mot russe se forme alors du génitif en changeant *is* en ъ pour le masculin, et en a pour le féminin; ex. Палла́нтъ, Pallas, nom d'homme (du gén. *Pallantis*); Палла́да, Pallas, nom de femme (du gén. *Palladis*); Ко́лхида, la Colchide, province (du gén. *Colchidis*).

3. Ceux en *as* et *us*, ou en *ας* et *ος*, précédés d'une voyelle, changent ces terminaisons en й; ex. Гора́цій (de *Horatius*); Андре́й (de *Andreas*); Эне́й (de Αἰνείας).

4. Ceux en *o* ajoutent нъ, et ceux en ων, ъ; ex. Цицеро́нъ (de *Cicero*); Плато́нъ (de Πλάτων).

5. Les noms de femme en *ia*, et ceux de pays en *ia* et *ium* changent *a* et *um* en я; ex. Со́фія (de Σοφία); Марія (de *Maria*); А́зія (de *Asia*); Ла́ція (de *Latium*).

Remarque. Ce changement se trouve aussi dans les substantifs communs; ex. Философія (de φιλοσοφία); Колле́гія (de *collegium*).

ARTICLE TROISIÈME.

Formation des substantifs dérivés.

§ 34. Les substantifs *dérivés* sont ceux qui se forment d'autres mots, appelés par cette raison *primitifs* (первообра́зныя), au moyen de certaines terminaisons; comme ча́йникъ, une théière, de чай, le thé; ра́дость, la gaieté, de радъ, gai. Ils se distinguent par les terminaisons suivantes : ачъ, ба, ка, ецъ, ина, никъ, ніе, ня, окъ, ость, ство, тель, тіе, унъ, щикъ, янинъ. Mais il est d'autres substantifs dérivés qui méritent une attention particulière; ce sont :

I. Les féminins formés des masculins ;
II. Les augmentatifs ;
III. Les diminutifs ;
IV. Les substantifs nationaux ;
V. Les substantifs patronymiques.

I. Substantifs féminins dérivés des masculins.

§ 55. Pour distinguer un être féminin d'un être masculin de la même espèce, on a désigné l'un et l'autre par un nom différent ; comme мужъ, un homme, жена́, une femme ; оте́цъ, le père, мать, la mère ; сынъ, le fils, дочь, la fille ; братъ, le frère, сестра́, la sœur ; пѣту́хъ, un coq, ку́рица, une poule ; бара́нъ, un bélier, овца́, une brebis, etc. ; ou bien on les a désignés tous deux par le même nom, comme соро́ка, une pie ; ла́сточка, une hirondelle, soit qu'on parle du mâle ou de la femelle. Mais souvent on a distingué le féminin, en le désignant par un substantif dérivé du masculin avec un changement de la terminaison. Ce changement se fait de la manière suivante :

1. Les masculins polysyllabes en бъ, въ, гъ, дъ, лъ, ръ, тъ, хъ, changent ъ en ка, en observant que la gutturale х se change en dentale ш ; ex. сосѣ́дъ, le voisin, сосѣ́дка, la voisine ; суевѣ́ръ, un superstitieux, суевѣ́рка, une superstitieuse ; хлѣбосо́лъ, un homme hospitalier, хлѣбосо́лка, une femme hospitalière ; пасту́хъ, un berger, пасту́шка, une bergère ; вертопра́хъ, un étourdi, вертопра́шка, une étourdie. Il faut excepter орёлъ, l'aigle, орли́ца, l'aigle femelle ; козёлъ, un bouc, коза́, une chèvre ; по́варъ, un cuisinier, повари́ха, une cuisinière ; осёлъ, un âne, осли́ца, une ânesse.

2. Les monosyllabes en ъ changent ъ en овка ; ex. щеглъ, un chardonneret, щегло́вка, un chardonneret femelle ; чижъ, un serin, чижо́вка, une serine. Il faut excepter кумъ, le compère, кума́, la commère ; волкъ, un loup, волчи́ца, une louve ; левъ, un lion, льви́ца, une lionne ; слонъ, un éléphant, слони́ха, un

éléphant femelle ; сватъ, un parent, сваша, une parente ; mais si сватъ signifie *un entremetteur*, il fait свáха, une entremetteuse.

3. Les masculins en анъ et унъ changent ъ en ья ; ex. губáнъ, un boudeur, губáнья, une boudeuse ; лгунъ, un menteur, лгýнья, une menteuse ; mais болвáнъ, un homme stupide, fait болванúха, une femme stupide.

4. Ceux en инъ changent инъ en ка ; ex. дворянúнъ, un gentilhomme, дворянка, une dame noble ; крестьянинъ, un paysan, крестьянка, une paysanne. Il faut excepter хозяинъ, le maître, хозяйка, la maîtresse ; бояринъ, un seigneur, боярыня, une grande dame (боярышня, la fille d'un seigneur) ; господинъ, monsieur, госпожá, madame ; павлинъ, un paon, пáва, une paonne.

5. Ceux en ецъ et икъ changent ces terminaisons en ица ; ex. старецъ, un moine, старица, une religieuse ; грѣшникъ, un pécheur, грѣшница, une pécheresse. Il faut excepter купéцъ, un marchand, купчиха, une marchande ; старикъ, un vieillard, старуха, une vieille femme ; мéльникъ, un meunier, мéльничиха, une meunière ; самéцъ, un mâle, сáмка, une femelle.

6. Les substantifs étrangers en ъ et ь changent ces terminaisons en ша, en observant que dans ceux en лъ et ръ on ajoute ь avant ша ; ex. генерáлъ, un général, генерáльша ; маіóръ, un major, маіóрьша ; аптéкарь, un apothicaire, аптéкарьша. Il faut excepter графъ, un comte, графиня, une comtesse ; импéраторъ, un empereur, императрица, une impératrice ; гéрцогъ, un duc, герцогиня, une duchesse ; баронъ, un baron, баронéсса, une baronne ; монáхъ, un moine, монáхиня, une religieuse.

7. Les masculins en ь changent ь en иха ; ex. щёголь, un petit-maître, щеголиха, une petite maîtresse ; журáвль, une grue mâle, журавлиха, une grue femelle. Il faut excepter государь, le souverain, государыня, la souveraine ; царь, un tsar, царица, une tsarine ; князь, un prince, княгиня, une princesse

(княжна́, la fille d'un prince); коро́ль, un roi, короле́ва, une reine; медвѣдь, un ours, медвѣдица, une ourse.

Les trois suivants font aussi leur féminin en иха, дьячёкъ, un chantre d'office, дьячи́ха, la femme d'un chantre; за́яцъ, un lièvre, зайчи́ха, une hase; ста́роста, un ancien de village, старости́ха.

8. Les masculins en тель font leur féminin en ajoutant ница; ex. благодѣтель, un bienfaiteur, благодѣтельница, une bienfaitrice; преда́тель, un traître, преда́тельница, une traîtresse.

9. Ceux en й ajoutent ка; ex. злодѣй, un malfaiteur, злодѣйка, une scélérate; негодяй, un vaurien, негодяйка, une méchante femme; excepté герой, un héros, геройня, une héroïne; казначе́й, un caissier, казначе́я, etc.

Remarque. Les noms des femmes d'artisans s'expriment par les terminaisons ница et иха. La terminaison ница indique toujours la profession qu'exerce la femme, comme хлѣбница, la femme qui fait du pain; ша́пошница, une faiseuse de bonnets; tandis que la terminaison иха désigne seulement la femme d'un artisan, et ne s'emploie que dans le langage familier; comme сапо́жниха, la femme d'un cordonnier; портни́ха, la femme d'un tailleur.

II. *Augmentatifs.*

§ 56. Les *augmentatifs* (увеличительныя) sont des substantifs dérivés dont la propriété est de donner une idée de grandeur ou de grosseur [1]. Ils se terminent en ище, ища et ина, et se forment ainsi :

---

[1] La langue française n'a point d'augmentatifs; elle a ses diminutifs, tels que *poutrelle, tourelle, fillette, globule, monticule*, etc.; mais ils sont moins nombreux que ceux de la langue russe; d'ailleurs ils plaisent moins à l'oreille.

1. Les substantifs masculins en ъ, ь et й changent ces terminaisons en ище, et quelques-uns en ина; ex. домъ, une maison, домище et домина, une grande maison; гвоздь, un clou, гвоздище, un gros clou; сарай, une remise, сараище, une grande remise; дѣтина, un garçon, du pluriel дѣти.

2. Les neutres en о et мя changent о et я en ище; ex. окно, une fenêtre, окнище, une grande fenêtre; вымя, le pis, вымище, etc.

3. Les féminins en а, я et ь changent ces terminaisons, les inanimés en ища, et les animés en ище; ex. лапа, une patte, лапища; баня, un bain, банища; кадь, une cuve, кадища; баба, une femme (terme de mépris), бабище.

4. Les substantifs qui ne s'emploient qu'au pluriel forment leurs augmentatifs en ищи; ex. сани, un traîneau, санищи; часы, une montre, часищи.

Remarque. S'il se trouve dans la terminaison les gutturales г, к, х, elles se changent en dentales ж, ч, ш; ex. сапогъ, une botte, сапожище; старикъ, un vieillard, старичище; брюхо, le ventre, брюшище.

Diminutifs.

§ 57. Les *diminutifs* (уменьшительныя) sont des substantifs dérivés dont la propriété est de représenter les objets sous un point de vue de petitesse; ce qui arrive lorsque nous parlons favorablement d'une chose, ou lorsque nous en parlons avec dédain. De là deux sortes de diminutifs : les diminutifs de *politesse* (привѣтственныя), qui emportent dans leur signification une idée agréable, et les diminutifs de *mépris* (уничижительныя), qui emportent dans leur signification une idée désagréable; comme домъ, une maison, домикъ, une maisonnette, une jolie petite maison, et домишко, une vilaine petite maison.

§ 58. Les diminutifs de politesse se terminent :

Les masculins en окъ, икъ, чикъ, екъ, ецъ:

LEXICOLOGIE. 71

Les neutres en цо (ou це), ко, ечко;
Les féminins en ка, ица, et se forment de la manière suivante.

1) MASCULINS.

1. Les masculins en ъ précédé des consonnes б, в, м, н, с, forment leurs diminutifs en changeant ъ en окъ; ex. грибъ, un champignon, грибо́къ; о́стровъ, une île, островокъ; комъ, un monceau, комо́къ; челнъ, une nacelle, челно́къ; лѣсъ, une forêt, лѣсо́къ; зубъ, une dent, зубо́къ et зу́бикъ. Il faut excepter ровъ, un fossé, ро́викъ; левъ, un lion, ле́викъ; заливъ, un golfe, зали́вецъ; черносливъ, un pruneau, черносли́вецъ; кафта́нъ, un habit, кафта́нецъ.

2. Ceux en ъ précédé des dentales ж, ч, ш, щ, et de л, п, р, т, changent ъ en икъ; ex. ножъ, un couteau, но́жикъ; мячъ, une paume, мя́чикъ; шала́шъ, une cabane, шала́шикъ; плащъ, un manteau, пла́щикъ; столъ, une table, сто́ликъ; шаръ, une boule, ша́рикъ; крестъ, une croix, кре́стикъ. Il faut excepter цвѣтъ, une fleur, цвѣто́къ; мо́лотъ, un marteau, молото́къ; заборъ, une haie, заборецъ et забо́рикъ; листъ, une feuille, листикъ et листо́къ; ко́локолъ, une cloche, колоко́льчикъ; de même que ceux en ышъ qui changent ъ en екъ, comme бары́шъ, le gain, барыше́къ.

3. Ceux en ецъ changent ецъ en чикъ; ex. огуре́цъ, un concombre, огу́рчикъ; па́лецъ, un doigt, па́льчикъ.

4. Ceux en ъ précédé des gutturales г, к, х, changent ъ en екъ, et les gutturales en dentales ж, ч, ш; ex. бе́регъ, le rivage, береже́къ; сукъ, une branche, сучёкъ; пѣту́хъ, un coq; пѣтушёкъ. Il faut ajouter quelques-uns en нь qui changent нь en шекъ, comme ка́мень, une pierre, ка́мешекъ; реме́нь, une courroie, реме́шекъ.

5. Ceux en ь et й changent ces terminaisons en екъ; ex. у́голь, le charbon, уголёкъ; руче́й, un ruisseau, ручёкъ. Il faut excepter гвоздь, un clou, гво́здикъ; го́лубь, un pigeon, голубо́къ et голу́бчикъ[1]; кора́бль, un vaisseau, кора́блнкъ; поко́й, une chambre, поко́сцъ; сара́й, une remise, сара́сцъ.

6. Ceux en ъ précédé de д et de з changent ъ en ецъ; ex. заво́дъ, une fabrique, заво́децъ; арбу́зъ, un melon d'eau, арбу́зецъ. Il faut excepter годъ, l'année, го́дикъ et годо́къ; го́родъ, une ville, городо́къ; садъ, un jardin, са́дикъ; глазъ, un œil, гла́зикъ et глазо́къ.

Remarque. Il y a quelques masculins qui ont leurs diminutifs en юшка ou ушка; comme, дя́дя, l'oncle, дя́дюшка; дѣдъ, le grand-père, дѣ́душка; ба́ня (mot vulgaire), le père, ба́тюшка. Ces diminutifs sont des termes d'amitié. L'on trouve aussi des sur-diminutifs, c'est-à-dire des diminutifs formés de diminutifs [2], comme сту́льчикъ, une très-petite chaise; поко́йчикъ, une très-petite chambre; но́жичекъ, un très-petit couteau.

2) NEUTRES.

1. Les neutres en o précédé des consonnes в, д, н, с, т, changent o en цо (ou plus régulièrement en це, § 48); ex. де́рево, un arbre, деревцо́; блю́до, un plat, блю́дце; сѣ́но, le foin, сѣнцо́; колесо́, une roue, колесцо́. Si o est précédé de deux consonnes, on ajoute с ou о, comme гумно́, une aire, гуме́нце[3]; сукно́, le drap, суко́нце. Il faut excepter зерно́, un

---

[1] Le diminutif голу́бчикъ, dont le féminin est голу́бушка, est un terme d'amitié; en Français, *mon cher, mon petit cœur*.

[2] Ces sur-diminutifs se trouvent aussi dans la langue latine; comme *homulus, homullus, homuncio, homunculus*, petit homme, pauvre homme; quatre termes qui peignent nécessairement diverses nuances, vu que dans aucune langue il n'y a de synonymes parfaits.

[3] Le diminutif гуме́нце signifie aussi la *tonsure des religieux*, c'est-à-dire une couronne qu'on leur fait en leur rasant les cheveux en rond au sommet de la tête.

grain, зёрнышко; бревнó, une poutre, бревёшко; мѣ́сто, un endroit, мѣстéчко.

2. Ceux en ло précédé d'une voyelle changent о en ьце, et ceux en ло précédé d'une consonne changent о en еце; ex. жáло, un aiguillon, жáльце; одѣя́ло, une couverture, одѣя́льце; веслó, une rame, веслецó et весéльце; мáсло, l'huile, мáслеце; et de mème ceux en бро, comme серебрó, l'argent, серебрецó. Il faut excepter крылó, l'aile, крылы́шко; ребрó, une côte, рéбрышко.

3. Ceux en ье ajoutent це; ex. копьё, une lance, копьецó; плáтье, un habit, плáтьеце.

4. Ceux en о précédé des gutturales г, к, х, changent о en ко, et les gutturales en dentales ж, ч, ш; ex. и́го, le joug, и́жко; лы́ко, l'écorce, лы́чко; у́хо, une oreille, ушкó. La linguale ц se change aussi en dentale ч, comme яйцé, un œuf, яи́чко. Mais лицé, le visage, fait личикó; сéрдце, le cœur, сердéчко; сóлнце, le soleil, сóлнышко; ajoutez плечó, l'épaule, плéчико.

5. Ceux en мя changent я en ечко; ex. сѣ́мя, la semence, сѣ́мечко. Дитя́, l'enfant, fait дитя́тко.

Remarque. Les neutres ont aussi des sur-diminutifs, comme словéчко, un très-petit mot; сердечу́шко, un très-petit cœur.

3) FÉMININS.

1. Ceux en а précédé d'une consonne et en ь, changent а et ь en ка; ex. ры́ба, le poisson, ры́бка; травá, l'herbe, трáвка; лóшадь, un cheval, лошáдка. Si devant а et ь il se trouve deux consonnes, on ajoute о ou е, comme иглá, une aiguille, игóлка; вервь, une corde, верёвка. Il faut excepter сестрá, la sœur, сестри́ца; кумá, la commère, ку́мушка; мать, la mère, мáтушка; вѣтвь, une branche, вѣ́тка.

2. Ceux en а précédé des gutturales г, к, х, changent а en ка, et les gutturales, comme les masculins et les neutres, en dentales; ex. кни́га, un livre, кни́жка; рѣкá, une rivière, рѣ́чка;

кроха́, une miette, кро́шка. La linguale ц se change aussi en ч, comme пти́ца, un oiseau, пти́чка. Il faut excepter тётка, la tante, тётушка.

3. Ceux en жа, ша et шь, changent а et ь en ица; ex. ко́жа, la peau, ко́жица; ро́ща, le bosquet, ро́щица; вещь, la chose, вещи́ца. Mais рого́жа, une natte, fait рого́жка.

4. Ceux en я ajoutent ка à la terminaison du génitif pluriel; ex. ги́ря, un pendule, ги́рька; ды́ня, un melon, ды́нька; змѣя́, un serpent, змѣйка; семья́, la famille, семейка; ба́шня, une tour, ба́шенька; са́бля, un sabre, са́белька.

Remarque. Les féminins ont aussi des sur-diminutifs, comme кни́жечка, un très-petit livre; голо́вочка, une très-petite tête; ле́нточка, un très-petit ruban.

§ 59. Les diminutifs de mépris se terminent en енко, енце, ишко, енка, енца, ишка; ex. стари́къ, un vieillard, старичёнко et старичёнце; столъ, une table, столи́шко; лицё, le visage, личи́шко; рука́, la main, ручёнка; ба́ба, une femme, бабёнца; ска́терть, une nappe, ска́тертишка, etc.; en attachant toujours à ces diminutifs une idée désagréable.

Première Remarque. On voit par là qu'en Russe comme en Français, les diminutifs sont du même genre que le substantif dont ils dérivent. Il y a cependant quelques exceptions; par exemple, гребёнка, un petit peigne, est féminin, et son primitif гре́бень est masculin; бочёнокъ, un petit tonneau, est masculin, et son primitif бо́чка est féminin.

Seconde Remarque. Les noms propres de personnes ont aussi leurs diminutifs, et c'est là surtout que paraît leur irrégularité qui est telle qu'on a bien de la peine à les reconnaître; ex. Пётръ, Pierre, Петру́ша, Петру́шка; Ива́нъ, Jean, Ваню́ша, Ваню́шка, Ва́ня, Ва́нька; Алекса́ндръ, Alexandre, Алекса́ша, Са́ша, Са́шенька; Елисаве́та, Élisabeth, Ли́за, Ли́зинька; Авдо́тья, Eudoxie, Ду́нька, etc.

LEXICOLOGIE.

IV. *Substantifs nationaux.*

§ 60. Des noms de pays et de villes se forment les noms de leurs habitants. Ils se terminent en

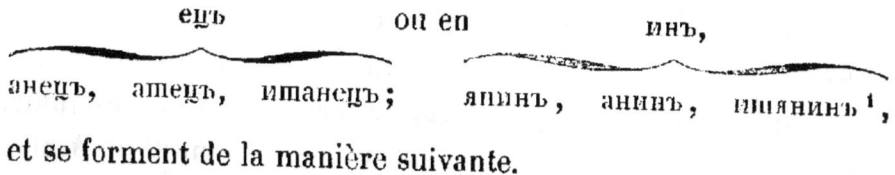

ецъ   ou en   инъ,

анецъ, атецъ, итанецъ;   янинъ, анинъ, итянинъ [1],

et se forment de la manière suivante.

1. Les noms de villes en овъ, дъ, ль, forment leurs substantifs nationaux en changeant ъ et ь en ецъ ; ex. Ростóвъ, Ростóвецъ ; Нóвгородъ, Новгорóдецъ ; Каргопóль (masc.), Каргопóлецъ. De même les suivants se terminent aussi en ецъ : Ярослáвль (masc.), Ярослáвецъ ; Астрахань (fém.), Астрахáнецъ ; Казáнь (fém.), Казáнецъ ; Владúміръ, Владúмірецъ ; Могилéвъ, Могилéвецъ, etc.

2. Les noms de villes en а, ь, гъ, ецъ, скъ, forment leurs substantifs nationaux en инъ ; ex. Москвá, Москвитянинъ ; Тверь (fém.), Тверитянинъ ; Олóнецъ, Олончáнинъ ; Смолéнскъ, Смолянинъ ; et de même les suivants : Россíя, Россіянинъ ; Кіевъ, Кіевлянинъ. Mais de Сибирь (fém. la Sibérie), on fait Сибирякъ ; et de Тула, Тулякъ.

Remarque. Il y a des noms de villes qui ont plusieurs terminaisons pour leurs substantifs nationaux, comme Новгорóдецъ et Новгорóдчанинъ ; Москвитянинъ, Москóвецъ et Москвичъ ; Пермянинъ et Пермякъ. Il y en a d'autres qui n'ont point de substantif national ; alors on fait précéder la ville de la préposition изъ, de, avec le génitif ; comme изъ Нáрвы ; изъ Выборга, etc.

---

[1] Les terminaisons анецъ et янинъ répondent à la terminaison latine *anus*, атецъ à *aticus*, et итанецъ et итянинъ à *itanus*.

3. Les substantifs nationaux étrangers se terminent pour la plupart en ецъ ou en инъ ; comme Австріецъ, un Autrichien, de Австрія ; Испанецъ, un Espagnol, de Испанія ; Китаецъ, un Chinois, de Китай ; Швейцарецъ, un Suisse, de Швейцарія ; Нѣмецъ, un Allemand ; Аѳинянинъ, un Athénien, de Аѳины ; Римлянинъ, un Romain, de Римъ ; Англичанинъ, un Anglais, de Англія ; Датчанинъ, un Danois, de Данія ; Татаринъ (pl. Татары), un Tartare, de Татарія ; Грузинъ (plur. Грузинцы), un Géorgien, de Грузія ; Аравитянинъ, un Arabe, de Аравія. Mais les suivants sont irréguliers : Грекъ, un Grec ; Скиѳъ, un Scythe ; Арапъ, un Nègre ; Жидъ, un Juif ; Французъ, un Français ; Шведъ, un Suédois ; Лопарь, un Lapon ; Полякъ, un Polonais ; Прусакъ, un Prussien ; Турокъ, un Turc ; Камчадалъ, un Kamtchadale.

4. Les substantifs nationaux féminins se forment des masculins, au moyen des terminaisons ка, анка, чка, чанка ; comme Россіянка, une Russe ; Татарка, une Tartare ; Шведка, une Suédoise ; Нѣмка, une Allemande ; Гречанка, une Grecque ; Француженка, une Française ; Китайчанка, une Chinoise ; Жидовка, une Juive ; Полячка, une Polonaise, etc.

V. *Substantifs patronymiques.*

§ 61. Des noms de personnes se forment les *adjectifs possessifs de personnes* (§ 72), au moyen des terminaisons овъ, евъ, инъ ; comme Александровъ, ва, во, qui appartient à Alexandre ; Алексѣевъ, ва во, d'Alexis ; Ѳоминъ, на, но, de Thomas ; ex. Алексѣевъ сынъ, le fils d'Alexis ; Александрова побѣда, la victoire d'Alexandre ; Ѳомино имѣніе, le bien de Thomas.

De ces adjectifs se forment les substantifs *patronymiques* (отчественныя) [1], c'est-à-dire des substantifs dérivés du nom

---

[1] *Patronymique* vient du Grec πατήρ, le père, et ὄνομα, le nom.

du père qui se joignent au nom d'une personne; comme Алексáндръ Ивáновичъ Соколóвъ, Alexandre, fils de Jean, Sokolow; Мáрья Ивáновна Соколóва, Marie, fille de Jean, Sokolow. Ces substantifs se forment

1. Les masculins, en changeant les terminaisons овъ et евъ en овичъ et евичъ, et инъ en ичъ; ex. Алексáндровичъ, fils d'Alexandre; Алексѣевичъ, fils d'Alexis; Григóрьевичъ, fils de Grégoire; Ѳомичъ, fils de Thomas; Лукичъ, fils de Luc.

2. Les féminins, en changeant les terminaisons овъ et евъ en овна et евна, et инъ en ична; ex. Алексáндровна, fille d'Alexandre; Алексѣевна, fille d'Alexis; Григóрьевна, fille de Grégoire; Ѳомична, fille de Thomas; Лукична, fille de Luc.

Première Remarque. Dans le langage familier, les terminaisons овичъ et евичъ se contractent, la première en ычъ et la seconde en ичъ; comme Алексáндрычъ, Алексѣичъ, Григóрычъ. Mais ces contractions ne sont point admises dans le style élevé.

Seconde Remarque. De la même manière on forme de царь, un tsar, les substantifs patronymiques царéвичъ, царéвна, fils, fille de tsar; et de князь, un prince, княжичъ, княжнá, fils, fille de prince.

Les Grecs et les Latins avaient leurs noms patronymiques, comme Πηλείδης, fils de Pélée (Achille); Κρονίδης, fils de Saturne (Jupiter); *Priamides*, fils de Priam; *Priameis*, fille de Priam. — Les Suédois et les Danois ont aussi des noms patronymiques, comme *Peterson*, fils de Pierre; *Thomson*, fils de Thomas; *Knutson*, fils de Knut; *Nilson*, fils de Nicolas; la syllabe *son* ou *sen* répond au mot allemand Sohn, fils.

CHAPITRE DEUXIÈME.

De l'adjectif.

§ 62. L'*adjectif* (имя прилагательное) est un mot qui sert à qualifier les personnes ou les choses dont on parle. La langue russe a deux sortes d'adjectifs ; les adjectifs *qualificatifs*, et les adjectifs *possessifs*.

1. Les adjectifs *qualificatifs* (качественныя) désignent simplement la qualité des objets, comme добрый отéцъ, un bon père ; пріятная книга, un livre agréable.

2. Les adjectifs *possessifs* (притяжáтельныя) marquent la possession des choses. Ces adjectifs, étant propres à la langue russe, s'expriment en Français par le substantif avec la préposition *de*, ou par les périphrases *qui appartient à, qui est propre à ;* comme Цáрскій дворéцъ, le palais des Tsars ; Петрóвъ сынъ, le fils de Pierre ; нарóдное прáво, le droit des gens. On voit qu'ils diffèrent essentiellement des pronoms possessifs.

§ 63. Les adjectifs, devant s'accorder avec les substantifs, ont des terminaisons pour les genres, les nombres et les cas. Voyez ci-joint le tableau des désinences des adjectifs.

TABLEAU DES DÉSINENCES DES ADJECTIFS.

ADJECTIFS QUALIFICATIFS.

SINGULIER.

	Masc.	Neut.	Fém.
N.	ый, ій,	ое, ее	ая (яя), яя
G.	аго, ого	аго, яго	ой, ей (ія)
D.	ому, ему	ому, ему	ой, ей
A.	animé, = G. / inanimé, = N.	ое, ее	ую, юю
I.	ымъ, имъ	ымъ, имъ	ою, ею
P.	омъ, емъ	омъ, емъ	ой, ей

PLURIEL.

	Mas. ые, іе	Neut. et Fém. ыя, ія	Pour les trois genres.
N.	ые, іе	ыя, ія	
G.	ыхъ, ихъ		
D.	ымъ, имъ		
A.	animé, comme le génitif. / inanimé, comme le nominatif.		
I.	ыми, ими		
P.	ыхъ, ихъ		

ADJECTIFS POSSESSIFS.

SINGULIER.

	Masc.	Neut.	Fém.	Masc. ій	Neut. ье	Fém. ья
N.	ъ	о	а			
G.	а		ой	яго	яго	ьей
D.	у		ой	ему	ему	ьей
A.	= G. / = N.	о	у	= G. / = N.	ье	ью
I.	ымъ		ою	имъ	имъ	ьею
P.	омъ		ой	емъ	емъ	ьей

PLURIEL.

	Pour les trois genres.	Pour les trois genres.
N.	ы	ьи
G.	ыхъ	ьихъ
D.	ымъ	ьимъ
A.	animé, comme le génitif. / inanimé, comme le nominatif.	
I.	ыми	ьими
P.	ыхъ	ьихъ

ARTICLE PREMIER.

Adjectifs qualificatifs.

§ 64. Les adjectifs *qualificatifs* peuvent qualifier les objets sans aucun rapport à d'autres objets ou avec rapport à d'autres objets; ce qui établit trois *degrés* de qualification : le *positif* (положительная стéпень), le *comparatif* (сравнительная) et le *superlatif* (превосхóдная).

§ 65. Le *positif* est l'adjectif même sans aucun rapport; comme дóбрый отéцъ, un bon père; пріятная книга, un livre agréable; тёплое врéмя, un temps chaud.

§ 66. Le *comparatif* est l'adjectif avec comparaison d'un degré à un autre. Il résulte de cette comparaison ou un rapport de *supériorité*, ou un rapport d'*infériorité*, ou un rapport d'*égalité*; comme веснá пріятнѣе зимы, le printemps est plus agréable que l'hiver; онъ мéньше богáтъ нéжели вы, il est moins riche que vous; я такъ мóлодъ какъ онъ, je suis aussi jeune que lui. Le comparatif de supériorité se forme en changeant la terminaison du positif.

1. Les adjectifs forment ordinairement leur comparatif en changeant la terminaison ый ou ій du positif en ѣе; ex. слáбый, faible, слабѣе, plus faible; мýдрый, sage, мудрѣе, plus sage; стрáшный, terrible, страшнѣе, plus terrible; свѣтлый, clair, свѣтлѣе, plus clair; свѣжій, frais, свѣжѣе, plus frais; дрéвній, ancien, древнѣе, plus ancien.

2. Ceux dont la terminaison est précédée des gutturales г, к, х, ou de д et ст, prennent seulement е (au lieu de ѣе), et changent ces consonnes en dentales, savoir :

  a) г et д en ж; ex. дорогíй, cher, дорóже; строгíй, sévère, стрóже; молодóй, jeune, молóже; твёрдый, ferme, твéрже; худóй, mauvais, хýже; ajoutez пóзднíй, tardif, пóзже.

b) к en ч; ex. лёгкій, léger, легче; крѣпкій, fort, крѣпче; прыткій, agile, прытче.

c) х en ш; ex. сухо́й, sec, су́ше; плохо́й, mauvais, пло́ше; глухо́й, sourd, глу́ше.

d) ст en щ; ex. чи́стый, propre, net, чи́ще; то́лстый, gros, то́лще; просты́й, simple, про́ще.

Les exceptions à cette règle sont :

a) Ceux qui suivent la règle générale; comme милосе́рдый, miséricordieux, милосе́рдѣе; сѣдо́й, gris, сѣдѣе; de même que ceux en стый qui dérivent des substantifs; comme гори́стый (de гора́), montagneux, гори́стѣе; рѣчи́стый (de рѣчь), éloquent, рѣчи́стѣе.

b) Les sept suivants qui changent дк et зк en ж; га́дкій, vilain, га́же; гла́дкій, uni, гла́же; жидкій, liquide, жи́же; рѣдкій, rare, рѣ́же; бли́зкій, proche, бли́же; ни́зкій, bas, ни́же; у́зкій, étroit, у́же. Mais сла́дкій, doux (au physique), fait сла́ще.

c) De plus, до́лгій, long, до́лѣе; широ́кій, large, ши́рѣе et ши́ре; далёкій, éloigné, да́лѣе et да́льше; го́рькій, amer, го́рчѣе et го́рче; то́нкій, mince, fin, то́нѣе et то́ньше; коро́ткій, court, коро́че; высо́кій, haut, вы́ше; глубо́кій, profond, глу́бже.

d) Les quatre suivants qui forment leur comparatif tout à fait irrégulièrement ; вели́кій, grand, бо́льше ; ма́лый, petit, ме́нѣе et меньше; хоро́шій, bon, лу́чше; мно́гіе (adj. plur.), plusieurs, бо́лѣе et бо́льше. Ajoutez les deux suivants qui ont deux comparatifs avec une signification différente; l'un régulier, et l'autre irrégulier; до́брый, bon, лу́чше; s'il signifie *bienfaisant,* il fait добрѣе; кра́сный, beau, кра́ше, et s'il signifie *rouge,* il fait краснѣе.

Première Remarque. On modifie le comparatif par la préposition по, et on le renforce par l'adverbe гора́здо; comme полу́чше, un peu meilleur; гора́здо лу́чше, beaucoup meilleur.

Seconde Remarque. Les adverbes au comparatif n'ont qu'une terminaison pour les trois genres, et sont indéclinables; ainsi le comparatif des adverbes est semblable à celui des adjectifs.

§ 67. Le *superlatif* exprime la qualité dans le plus haut degré, avec rapport ou sans rapport à un autre objet.

1. Il se forme en changeant la terminaison ый ou ій du positif en ѣйшій, fém. ѣйшая, neut. ѣйшее; ex. свѣтлый, clair, свѣтлѣйшій, ая, ее, le plus clair; твёрдый, ferme, твердѣйшій, ая, ее, le plus ferme; дрѐвній, ancien, древнѣйшій, ая, ее, le plus ancien. Si la terminaison du positif est précédée des gutturales г, к, х, alors elles se changent en dentales ж, ч, ш, et la terminaison en айшій, ая, ее; ex. дорогóй, cher, дорожáйшій, ая, ее; лёгкій, léger, легчáйшій, ая, ее; сухóй; sec, сушáйшій, ая, ее; велúкій, grand, величáйшій, ая, ее; высóкій, haut, высочáйшій, ая, ее. Il faut excepter блúзкій, proche, ближáйшій; нúзкій, bas, нижáйшій; ýзкій, étroit, ужáйшій; худóй, mauvais, хýдшій. Des comparatifs бóльше, мéньше et лýчше se forment les superlatifs бóльшій, le plus grand; мéньшій, le plus petit; лýчшій, le meilleur, et de вя́ще, préférable, se forme вя́щшій.

2. Cette manière de former le superlatif n'est applicable qu'aux adjectifs d'origine slavonne; mais on peut le former aussi en faisant précéder le positif du pronom сáмый, ая, ое, même, ou des adjectifs весьмá, вельмú, óчень, très; ex. сáмый полéзный, le plus utile; весьмá богáтый, très-riche; óчень трýдный, très-pénible.

3. L'adjectif neutre все, et la préposition inséparable пре [1], étant ajoutés au positif, lui donnent aussi la force d'un superlatif; ex. всеблагíй, très-clément; превысóкій, très-élevé.

Première Remarque. Pour donner plus d'énergie au superlatif

---

[1] Cette préposition répond aux prépositions *præ* et *per* que les Latins employaient aussi pour former le superlatif; comme *prædives*, très-riche; *perdoctus*, très-savant.

en ший, on le fait précéder de са́мый, ou on lui joint пре, все [1], ou la particule polonaise наи; ex. кни́га са́мая полезнѣ́йшая, le livre le plus utile; пресвѣтлѣ́йший, illustrissime, sérénissime; всемилостивѣ́йший Госуда́рь, très-gracieux Souverain; она́ наипрекра́снѣйшая же́нщина, elle est la plus belle de toutes les femmes.

Seconde Remarque. En Russe, comme en Français, la plupart des adjectifs qui se forment des substantifs s'emploient seulement au positif. Il en est de même des adjectifs possessifs et des nombres adjectifs.

---

[1] Les Allemands emploient aussi l'adjectif aller, tout, pour renforcer le superlatif; comme das allerbeste, le meilleur de tous.

LEXICOLOGIE.

DÉCLINAISON DES

§ 68. Les adjectifs qualificatifs se terminent au positif en ый ou ій, ая, ое; ій, яя, ее, et au superlatif en ій, ая, ее. Ils se déclinent d'après les quatre paradigmes suivants.

SINGU

	Masc.	Neut.	Fém.	Masc.	Neut.	Fém.
N.	Мудр-ый, sage.	ое,	ая.	Мягк-ій, mou.	ое,	ая.
G.	Мудр-аго,		ой (ыя).	Мягк-аго,		ой (ія).
D.	Мудр-ому,		ой.	Мягк-ому,		ой.
A.	Мудр- {аго, ое↓	ое,	ую.	Мягк- {аго, ій,	ое,	ую.
I.	Мудр-ымъ,		ою, ой.	Мягк-имъ,		ою, ой.
P.	о Мудр-омъ,		ой.	о Мягк-омъ,		ой.

PLU

	Masc.	Neut. et Fém.	Masc.	Neut. et Fém.
N.	Мудр-ые,	ыя.	Мягк-іе,	ія.
G.	Мудр-ыхъ.		Мягк-ихъ.	
D.	Мудр-ымъ.		Мягк-имъ.	
A.	Мудр- {ыхъ, ые,	{ыхъ. ыя.	Мягк- {ихъ. іе.	{ихъ. ія.
I.	Мудр-ыми.		Мягк-ими.	
P.	о Мудр-ыхъ.		о Мягк-ихъ.	

Ainsi se déclinent
1. Les adjectifs qualificatifs en ый, ая, ое.
2. Les participes passifs.
3. Quelques substantifs en ой, ая, ое.
4. Les adjectifs possessifs en ый, ая, ое.

Ainsi se déclinent
1. Les adjectifs qualificatifs en гій, кій, хій, ая, ое.
2. Les adjectifs possessifs en окій, ая, ое.

ADJECTIFS QUALIFICATIFS.

Remarque. Les mêmes règles qui ont été données (§ 48) pour la déclinaison des substantifs, s'observent aussi pour la déclinaison des adjectifs.

LIER.

Masc.	Neut.	Fém.	Masc.	Neut.	Fém.
Хорош-ій, beau, bon.	ее,	ая.	Древн-ій, ancien.	ее.	яя.
Хорош-аго,		ей (ія).	Древн-яго,		ей (ія).
Хорош-ему,		ей.	Древн-ему,		ей.
Хорош- { аго, ій,	ее,	ую.	Древн- { яго, ій,	ее.	юю.
Хорош-имъ,		ею, ей.	Древн-имъ,		ею, ей.
Хорош-емъ,		ей.	о Древн-емъ,		ей.

RIEL.

Masc.	Neut. et Fém.	Masc.	Neut. et Fém.
Хорош-іе,	ія.	Древн-іе,	ія.
Хорош-ихъ.		Древн-ихъ.	
Хорош-имъ.		Древн-имъ.	
Хорош- { ихъ, іе,	{ ихъ, ія.	Древн- { ихъ. іе.	{ ихъ. ія.
Хорош-ими.		Древн-ими.	
о Хорош-ихъ.		о Древн-ихъ.	

Ainsi se déclinent
1. Les adjectifs qualificatifs en жій, чій, шій, щій, ая, ее.
2. Les participes actifs.
3. Quelques substantifs en жій, чій, шій, щій.
4. Tous les superlatifs.

Ainsi se déclinent
1. Les adjectifs qualificatifs en ній, няя, нее.
2. Les adjectifs possessifs en ній, няя, нее.

D'après le premier paradigme (мудрый) se déclinent
1. Les adjectifs qualificatifs en ый, ая, ое, comme

Бѣлый, ая, ое, blanc.
Добрый, ая, ое, bon.
Жёлтый, ая, ое, jaune.
Здоровый, ая, ое, sain.
Слабый, ая, ое, faible.
Слѣпой, ая, ое, aveugle.

Счастливый, ая, ое, heureux.
Толстый, ая, ое, épais.
Хромой, ая, ое, boiteux.
Чёрный, ая, ое, noir.

2. Les participes passifs, comme

Двиганный, ая, ое, remué.
Любимый, ая, ое, aimé.
Мѣрянный, ая, ое, mesuré.

Мытый, ая, ое, lavé.
Питый, ая, ое, bu.
Читанный, ая, ое, lu.

3. Quelques substantifs en ый, ая, ое, comme

Вселенная, l'univers.
Выборный, un député.
Жаркое, le rôti.
Животное, un animal.
Мороженое, des glaces.

Насѣкомое, un insecte.
Портной, un tailleur.
Часовой, une sentinelle.
Чертёжная, la chambre à dessiner.

Et de même quelques substantifs propres, comme Толстой, таго, nom de famille.

D'après le deuxième paradigme (мягкій) se déclinent les adjectifs qualificatifs en гій, кій, хій, ая, ое, comme

Великій, ая, ое, grand.
Высокій, ая, ое, haut.
Ветхій, ая, ое, vieux.
Глухой, ая, ое, sourd.
Горькій, ая, ое, amer.

Дорогой, ая, ое, cher.
Лёгкій, ая, ое, léger.
Прыткій, ая, ое, agile.
Строгій, ая, ое, sévère.
Сухой, ая, ое, sec.

Et de même quelques substantifs propres, comme Трубецкой, каго, nom de famille; Павловское, каго, nom de ville.

D'après le troisième paradigme (хорóшій) se déclinent

1. Les adjectifs qualificatifs en жій, чій, шій, щій, ая, ее, comme

Большóй, áя, ée, grand.
Горячій, ая, ee, chaud.
Дюжій, ая, ес, robuste.
Нищій, ая, ее, pauvre.
Óбщій, ая, ее, commun.

Похóжій, ая, ее, ressemblant.
Пригóжій, ая, ее, joli.
Свѣжій, ая, ее, frais.
Тóщій, ая, ее, à jeun.

2. Les participes actifs, comme

Валящій, renversant.
Валившій, ayant renversé.
Двигающій, remuant.

Двигавшій, ayant remué.
Писавшій, ayant écrit.
Сущій, existant.

3. Quelques substantifs en жій, чій, шій, щій, comme

Кравчій, un échanson.
Подьячій, un copiste.
Пѣвчій, un chanteur.
Прохóжій, un passant.

Пѣшій, un piéton.
Стряпчій, un avocat.
Ясельничій, un écuyer (à la cour des tsars).

Et de même tous les superlatifs.

D'après le quatrième paradigme (древній) se déclinent les adjectifs qualificatifs en ній, няя, нее, comme

Ближній, яя, ee, proche.
Верхній, яя, ee, supérieur.
Нижній, яя, ee, inférieur.
Порóжній, яя, ee, vide.

Послѣдній, яя, ee, dernier.
Прéжній, яя, ee, précédent.
Синій, яя, ee, bleu.
Срéдній, яя, ee, moyen.

Observations.

1. La terminaison ый se change souvent en ой, mais seulement lorsque l'accent est sur la dernière syllabe; ex. слѣпóй au lieu de слѣпый, aveugle; нѣмóй au lieu de нѣмый, muet; про-

стой au lieu de простый, simple. Il en est de même de la terminaison ій, lorsqu'elle est précédée des gutturales г, к, х; ex. дорогой au lieu de дорогій, cher; глухой au lieu de глухій, sourd. La terminaison ій, précédée d'autres consonnes, se change aussi en ей.

2. La terminaison ыя ou ія du génitif singulier ne s'emploie que dans le style élevé et poétique; on se sert ordinairement de la terminaison ой ou ей.

3. La terminaison ой et ей de l'instrumental singulier est une apocope de ою et ею.

4. L'adjectif весь, вся, всё, tout, est irrégulier, et se décline ainsi :

	SINGULIER.			PLURIEL.
	Masc.	Neut.	Fém.	Pour les trois genres.
N.	Весь,	Всё,	Вся.	Всѣ.
G.	Всего,		Всей (всея).	Всѣхъ.
D.	Всему,		Всей.	Всѣмъ.
A.	anim., Всего, inan., Весь,	Всё,	Всю.	anim., Всѣхъ. inan., Всѣ.
I.	Всѣмъ,		Всею, ей.	Всѣми.
P.	о Всёмъ,		о Всей.	о Всѣхъ.

§ 69. Les adjectifs qualificatifs peuvent être joints aux substantifs de deux manières, ou immédiatement; comme новый домъ, une maison neuve; счастливая жена, une femme heureuse; хорошее лѣто, un bel été; ou par le moyen du verbe substantif *être*, qui ordinairement se sous-entend au présent (§ 91); comme этотъ домъ (есть) новъ, cette maison est neuve; она была счастлива, elle était heureuse; горы (суть) высоки, les montagnes sont élevées. Dans le premier cas, les terminaisons sont *entières* (полныя), et dans le second, elles sont *apocopées* (усѣчённыя) [1].

---

[1] D'autres grammairiens appellent cette terminaison *syncopée*,

§ 70. Les terminaisons *entières* des adjectifs ont été données dans le tableau (§ 6). Les terminaisons *apocopées* sont : pour le masculin, ъ, ь ; féminin, а, я ; neutre, о, е ; pluriel, pour les trois genres, ы, и. Elles se forment des entières qui leur correspondent, savoir :

1. Les adjectifs en ый ou ій, ая, ое, font leur apocope en ъ, а, о, plur. ы (ou и après г, к, х) ; ex. добрый, bon, добръ, брá, брó, plur. добры ; дорогóй, cher, дóрогъ, гá, го, plur. дороги ; великій, grand, великъ, кá, ко, plur. велики ; глухой, sourd, глухъ, хá, хо, plur. глухи.

2. Ceux en ій, ая, ее, font leur apocope en ъ, а, е, plur. и ; ex. дюжій, robuste, дюжъ, жа, же, plur. дюжи ; хорóшій, bon, хорóшъ, шá, шё, plur. хороши.

3. Ceux en ній, няя, нее, font leur apocope en ь, я, е, plur. и ; ex. сіній, bleu, синь, иня, ине, plur. сини ; порóжній, vide, порóжень, жня, жне, plur. порóжни ; excepté дрéвній, ancien, дрéвенъ, вня, вне, plur. дрéвни. Il faut observer que

a) S'il y a au masculin dans la terminaison entière deux ou plusieurs consonnes, alors on ajoute о ou е dans la terminaison apocopée ; mais cette addition n'a lieu qu'au masculin ; ex. дóлгій, long, дóлогъ ; крóткій, doux (au moral), крóтокъ ; злый, méchant, золъ ; тяжкій, lourd, тяжекъ ; истинный, vrai, истиненъ, en remarquant que si la dernière consonne est н, on la fait précéder de la lettre е. Il faut excepter quelques adjectifs qui, bien qu'ils soient terminés par deux consonnes, font leur apocope sans addition ;

---

mais la *syncope* est le retranchement d'une lettre ou d'une syllabe au milieu d'un mot, tandis qu'à la fin d'un mot ce retranchement s'appelle *apocope*, et au commencement *aphérèse;* trois termes qui sont empruntés du Grec. — Ces adjectifs apocopés se trouvent aussi dans la langue bohémienne ; voyez Böhmische Grammatik von Johann Neglybe. Prag. 1804, page 163.

comme по́длый, vil, подлъ; на́глый, violent, наглъ, et d'autres qui ont les deux manières ; тёплый, chaud, тёплъ et тёпелъ.

b) Si avant la dernière consonne il se trouve ь ou й, on les change tous deux en е; mais seulement pour le masculin, car au féminin et au neutre, ainsi qu'au pluriel, ils reprennent ь ou й; ex. си́льный, fort, силенъ (ou силёнъ), fém. сильна́; споко́йный, paisible, споко́енъ, fém. споко́йна.

c) Quelques adjectifs en нный retranchent un н dans la terminaison apocopée; mais seulement au masculin; ex. блаже́нный, heureux, блаже́нъ, fém. блаже́нна, etc. Les participes passifs en нный retranchent aussi un н, et cela dans tous les genres; ex. пи́санный, écrit, пи́санъ, сана, сано, plur. пи́саны.

Première Remarque. La terminaison apocopée s'emploie seulement au positif; le superlatif ne saurait l'avoir, et encore moins le comparatif. Il faut encore observer que l'apocope ne se fait pas dans tous les adjectifs possessifs.

Seconde Remarque. La terminaison apocopée s'employant seulement lorsque l'adjectif est séparé de son substantif par le verbe *être* (§ 69), il est clair que les adjectifs apocopés n'ont que le nominatif. Mais en poésie on fait usage de l'adjectif apocopé dans bien des cas où il n'est pas permis d'en faire usage en prose (voyez la versification).

§ 71. Les adjectifs ont aussi leurs augmentatifs et leurs diminutifs.

1. Les augmentatifs se forment en changeant la terminaison ый, ou ій, en ехонекъ et ешенекъ, fém. нька, neut. нько; ex. зелёный, vert, зеленёхонекъ et зеленёшенекъ, bien vert; бѣлый, blanc, бѣлёхонекъ et бѣлёшенекъ, bien blanc. Ces augmentatifs, qui équivalent à un superlatif, ne s'emploient qu'au nominatif et dans la forme apocopée. Lorsqu'ils sont joints à l'instrumental de l'adjectif dont ils se forment, cela donne encore plus de force à leur signification ; comme чёрнымъ чернёхонекъ, tout à

fait noir. On ajoute aussi quelquefois l'instrumental au positif de l'adjectif, comme полнымъ полонъ, ce qui équivaut à полнёхонекъ, bien plein.

2. Les diminutifs se forment en changeant la terminaison en оватый, онькій ои енькій, fém. ая, neut. ое; ex. плохой, mauvais, плоховатый et плохонькій; сырой, cru, сыроватый et сыренькій. Ces diminutifs, dont la forme apocopée est оватъ, et онекъ ou енекъ, ne s'emploient pas l'un pour l'autre.

a) Ceux en оватый marquent un défaut de qualité dans les objets ; ex. этотъ столъ маловатъ, cette table est un peu trop petite ; мои сапоги узковаты, mes bottes sont un peu trop étroites.

b) Ceux en онькій ou енькій s'emploient avec les diminutifs des substantifs, parce qu'il faut que l'adjectif s'accorde en tout avec son substantif; ex. маленькая дѣвочка, une petite fille; чернёнькіе сапожки, de petites bottes noires. Dans la forme apocopée ils s'emploient dans la conversation au lieu de l'adjectif simple, pour adoucir l'expression ; ainsi une mère en parlant de son enfant dira : онъ еще маленекъ ; ему это и простить можно, il est encore un peu petit; on peut lui pardonner cela.

Remarque. Des diminutifs en оватый se forment des substantifs qui ont la même signification ; comme мягковатый, un peu trop mou, мягковатость, un peu trop de mollesse.

ARTICLE SECOND.

Adjectifs possessifs.

§ 72. Les adjectifs *possessifs* sont de deux espèces, les adjectifs possessifs *de personnes*, et les adjectifs possessifs *de familles*.

1. Les adjectifs possessifs *de personnes* (личныя) se terminent en овъ, евъ, ынъ, инъ, fém. а, neut. о, et se forment des sub-

stantifs, en changeant ъ en овъ ; ь et й en евъ ; а, я et ь (fém.) en инъ, et ца en цынъ ; ex. монаховъ, ва, во, qui appartient au moine, de монахъ ; царевъ, ва, во, qui est au tsar, de царь ; Николаевъ, ва, во, qui est à Nicolas, de Николай ; воеводинъ, на, но, du gouverneur, de воевода ; дядинъ, на, но, de l'oncle, de дядя ; свекровинъ, на, но, de la belle-mère, de свекровъ ; птицынъ, на, но, de l'oiseau, de птица.

2. Les adjectifs possessifs *de familles* (родовыя) se terminent en ый, скій, ая, ое ; ній, няя, нее, et ій, ья, ье, et se forment aussi des substantifs ; ex. львиный, ая, ое, qui concerne les lions, de левъ ; женскій, ая, ое, qui est propre aux femmes, de жена ; зимній, няя, нее, de l'hiver, de зима ; рыбій, ья, ье, qui appartient aux poissons, de рыба.

Déclinaison des adjectifs possessifs.

§ 73. Les adjectifs possessifs en овъ, евъ, ынъ et инъ, de même que ceux en ій, ья, ье, se déclinent d'après les deux paradigmes suivants. Ceux en ый, скій et ній se déclinent sur les adjectifs qualificatifs.

SINGULIER.

	Masc.	N.	Fém.	Masc.	N.	Fém.
N.	Попов-ъ, du prêtre.	о,	а.	Рыб-ій, de poisson.	ье,	ья.
G.	Попов-а,		ой.	Рыб-ьяго,		ьей.
D.	Попов-у,		ой.	Рыб-ьему,		ьей.
A.	Попов-{а, ъ,	о,	у.	Рыб-{ьяго, ій,	ье,	ью.
I.	Попов-ымъ,		ою, ой.	Рыб-ьимъ,		ьею, ьей.
P.	о Попов-омъ,		ой.	о Рыб-ьемъ,		ьей.

LEXICOLOGIE.

PLURIEL.

	Pour les trois genres.	Pour les trois genres.
N.	Попо́в-ы.	Ры́б-ьи.
G.	Попо́в-ыхъ.	Ры́б-ьихъ.
D.	Попо́в-ымъ.	Ры́б-ьимъ.
A.	Попо́в- {ыхъ. / ы.	Ры́б- {ьихъ. / ьи.
I.	Попо́в-ыми.	Ры́б-ьими.
P.	о Попо́в-ыхъ.	о Ры́б-ьихъ.

Ainsi se déclinent les adjectifs possessifs de personnes en овъ, евъ, ынъ, инъ, fém. а, neut. о.

Ainsi se déclinent les adjectifs possessifs de familles en ій, ья, ье.

D'après le premier paradigme (Попо́въ) se déclinent les adjectifs possessifs de personnes en овъ, евъ, ынъ, инъ, fém. а, neut. о, comme

Го́рлицынъ, на, но, de la tourterelle, de го́рлица.
Ильи́нъ, на, но, d'Élie, de Илья́.
Купцёвъ, ва, во, du marchand, de купе́цъ.
Мона́ховъ, ва, во, du moine, de мона́хъ.
Отцёвъ, ва, во, du père, de оте́цъ.
Петро́въ, ва, во, de Pierre, de Пётръ.
Пти́цынъ, на, но, de l'oiseau, de пти́ца.
Слуги́нъ, на, но, du serviteur, de слуга́.
Свекро́винъ, на, но, de la belle-mère, de свекро́вь.

D'après le second paradigme (ры́бій) se déclinent les adjectifs possessifs de familles en ій, ья, ье, comme

Велблю́жій, жья, жье, de chameau, de велблю́дъ.
Во́лчій, чья, чье, de loup, de волкъ.
Ко́зій, зья, зье, de chèvre, de коза́.

Овéчій, чья, чье, de brebis, de овца́.
Пти́чій, чья, чье, d'oiseau, de пти́ца.
Собо́лій, лья, лье, de zibeline, de со́боль.

Les adjectifs possessifs de familles en ый, ая, ое, se déclinent sur le premier paradigme (му́дрый) des adjectifs qualificatifs, comme

Гуси́ный, ая, ое, d'oie, de гусь.
Земляно́й, ая, ое, de terre, de земля́.
Льви́ный, ая, ое, de lion, de левъ.
Небéсный, ая, ое, céleste, de нéбо.
Столо́вый, ая, ое, de table, de столъ.

Ceux en скій, ая, ое, se déclinent sur le second paradigme (мя́гкій), comme

Госпо́дскій, ая, ое, de seigneur, de господи́нъ.
Деревéнскій, ая, ое, de village, de дерéвня.
Жéнскій, ая, ое, de femme, de жена́.
Звѣ́рскій, ая, ое, de bête sauvage, de звѣрь.
Человѣ́ческій, ая, ое, humain, de человѣ́къ.

Ceux en ній, няя, нее, se déclinent sur le quatrième paradigme (дрéвній), comme

Домáшній, няя, нее, domestique, de домъ.
Зи́мній, няя, нее, d'hiver, de зима́.
Сынóвній, няя, нее, filial, de сынъ.

Observations.

1. L'adjectif possessif Госпо́день, дня, дне, du Seigneur, prend dans tous les cas les voyelles douces au lieu des dures; gén.

Госпо́дня, fém. дне́й, dat. Госпо́дню, fém. дне́й, etc. plur. Госпо́дни, дних, etc.

2. L'adjectif possessif Бо́жій, de Dieu, fém. жія ou жья, neut. жіе ou жье, prend dans tous les cas i ou ь, et a le génitif sing. masc. et neut. Бо́жія ou жья, et le datif Бо́жію ou жью; les autres cas sont réguliers. Il faut remarquer que des deux terminaisons, celle qui prend i s'emploie de préférence dans le style élevé.

3. Les adjectifs possessifs de personnes diffèrent des adjectifs possessifs de familles, en ce que les premiers n'ont rapport qu'à un seul individu, tandis que les seconds conviennent à tous les individus de la même classe. Exemple, адмира́ловъ домъ signifie *la maison d'un amiral, qui appartient à un amiral*, et адмира́льскій флагъ, signifie *le pavillon amiral, qui appartient à la dignité d'amiral* [1]. Le premier exprime la dépendance de la personne, et le second la dépendance de la dignité.

CHAPITRE TROISIÈME.

Des noms de nombre.

§ 74. Les *noms de nombre* sont des noms qui représentent la quotité ou le calcul. On les distingue en nombres *cardinaux*, nombres *ordinaux*, nombres *collectifs*, nombres *distributifs* ou *fractionnaires* et nombres *proportionnels*.

1. Les nombres *cardinaux* (коли́чественныя) [2] servent à

2. Les nombres *ordinaux* (поря́дочныя) marquent le rang

---

[1] C'est la différence qui existe dans le Latin entre *Aristoteleus* et *Aristotelicus;* le premier concerne seulement Aristote, et s'emploie au lieu du génitif *Aristotelis*, tandis que le second a rapport à tous les sectateurs d'Aristote.

[2] Du Latin *cardo, dinis, gond, pivot;* ainsi appelés parce qu'ils

exprimer la quantité des personnes ou des choses ; ce sont : que les personnes et les choses occupent entre elles. Ils se forment des nombres cardinaux :

Одинъ,	un.	Пе́рвый, ая, ое,	1ᵉʳ.
Два; дво́е, deux; о́ба, tous les deux.		Второ́й, а́я, о́е, Друго́й, а́я, о́е,	2ᵉ.
Три; тро́е,	trois.	Тре́тій, ья, ье,	3ᵉ.
Четы́ре; че́тверо,	quatre.	Четвёртый,	4ᵉ.
Пять; пя́теро,	cinq.	Пя́тый,	5ᵉ.
Шесть,	six.	Шесто́й,	6ᵉ.
Семь,	sept.	Седьмо́й,	7ᵉ.
Во́семь,	huit.	Осьмо́й,	8ᵉ.
Де́вять,	neuf.	Девя́тый,	9ᵉ.
Де́сять,	dix.	Деся́тый,	10ᵉ.
Оди́ннадцать,	onze.	Оди́ннадцатый,	11ᵉ.
Двѣна́дцать,	douze.	Двѣна́дцатый,	12ᵉ.
Трина́дцать,	treize.	Трина́дцатый,	13ᵉ.
Четы́рнадцать,	quatorze.	Четы́рнадцатый,	14ᵉ.
Пятна́дцать,	quinze.	Пятна́дцатый,	15ᵉ.
Шестна́дцать,	seize.	Шестна́дцатый,	16ᵉ.
Семна́дцать,	dix-sept.	Семна́дцатый,	17ᵉ.
Восемна́дцать,	dix-huit.	Восемна́дцатый,	18ᵉ.
Девятна́дцать,	dix-neuf.	Девятна́дцатый,	19ᵉ.
Два́дцать,	vingt.	Двадца́тый,	20ᵉ.
Два́дцать оди́нъ,	vingt-un.	Два́дцать пе́рвый,	21ᵉ.
Два́дцать два,	vingt-deux.	Два́дцать второ́й,	22ᵉ.
Три́дцать,	trente.	Тридца́тый,	30ᵉ.
Со́рокъ,	quarante.	Сороково́й,	40ᵉ.
Пятьдеся́тъ,	cinquante.	Пятидеся́тый,	50ᵉ.

sont les nombres primitifs d'où dérivent les autres ; ils en sont comme les pivots.

Шестьдесятъ,	soixante.	Шестидесятый,	60e.
Се́мьдесятъ,	soixante-dix.	Семидесятый,	70e.
Во́семьдесятъ,	quatre-vingts.	Восьмидесятый,	80e.
Девяно́сто,	quatre-vingt-dix.	Девяно́стый,	90e.
Сто,	cent.	Со́тый,	100e.
Сто оди́нъ,	cent et un.	Сто пе́рвый,	101e.
Двѣ́сти,	deux cents.	Двухсо́тый,	200e.
Три́ста,	trois cents.	Трёхсо́тый,	300e.
Четы́реста,	quatre cents.	Четырехсо́тый,	400e.
Пять-со́тъ,	cinq cents.	Пятисо́тый,	500e.
Шесть-со́тъ,	six cents.	Шестисо́тый,	600e.
Ты́сяча,	mille.	Ты́сячный,	1000e.
Двѣ ты́сячи,	deux mille.	Двухты́сячный,	2000e.
Пять ты́сячъ,	cinq mille.	Пятиты́сячный,	5000e.
Милліо́нъ,	million.	Милліо́нный,	1000000e.

Remarque. Les nombres ordinaux depuis le *onzième* jusqu'au *dix-neuvième*, formés de пе́рвый, вторый, etc., et de на́десять, sont slavons, et s'emploient de préférence dans le style élevé, pour marquer la date du mois, et pour distinguer entre eux les souverains du même nom; ex. Лудо́викъ Шесты́й-на́десять, Louis XVI; сего́ дня пя́тое-на́десять (число́), c'est aujourd'hui le quinze.

3. Les nombres *collectifs* (собира́тельныя) servent à exprimer une quantité déterminée de personnes ou de choses réunies; comme пято́къ, un nombre de cinq; деся́токъ, une dizaine; дю́жина, une douzaine; полдю́жина, une demi-douzaine; со́тня, une centaine; дво́ица, une couple; тро́йка, un attelage de trois chevaux; четвёрка et четверня́, un attelage de quatre chevaux.

4. Les nombres *distributifs* ou *fractionnaires* (дро́бныя) servent à exprimer les différentes parties d'un tout; comme полови́на, la moitié; треть, le tiers; че́тверть, le quart; пяти́на, le cinquième; полтора́, un et demi; полтретья́, deux et

demi; полчетверта́, trois et demi; полпята́, quatre et demi.

5. Les nombres *proportionnels* (помно́женныя) servent à marquer combien de fois une quantité est répétée ; comme двойно́й, сугу́бый, double ; тройно́й, triple ; четверно́й, quadruple ; стократный, centuple ; многокра́тный, répété plusieurs fois.

§ 75. Les noms de nombre sont ou substantifs ou adjectifs. Les substantifs sont ceux qui ont une terminaison pour indiquer leur genre ; tels sont со́рокъ, сто, ты́сяча, милліо́нъ, полови́на, etc. Les nombres три, четы́ре, пять, шесть, семь, во́семь, etc., n'ont ni genre, ni nombre. Les nombres adjectifs sont ceux qui ont des terminaisons pour les genres ; tels sont tous les ordinaux et les proportionnels, les cardinaux оди́нъ, два et о́ба, les distributifs полтора́, полтретья́, etc.

Déclinaison des noms de nombre.

§ 76. Les nombres substantifs se déclinent comme les substantifs auxquels ils ressemblent par leur terminaison ; ainsi со́рокъ, quarante; деся́токъ, une dizaine; милліо́нъ, un million, se déclinent d'après la première déclinaison; сто, cent; девяно́сто, quatre-vingt-dix, d'après la deuxième; et ceux en а, я et ь d'après la troisième. Les nombres composés, comme пятьдеся́тъ, cinquante, se déclinent chacun comme le simple, en observant seulement que l'instrumental du premier est en и au lieu de ью, comme пятидесятью́, et non пятьюдесятью́. Три, trois; четы́ре, quatre; две́сти, deux cents, se déclinent ainsi :

N.	Три, trois.		Четыре, quatre.	Двѣсти,	200.
G.	Трёхъ.		Четырёхъ.	Двухъ сотъ.	
D.	Трёмъ.		Четырёмъ.	Двумъ стамъ.	
A.	Трёхъ. Три.		Четырёхъ. Четыре.	Двѣсти.	
I.	Тремя.		Четырьмя.	Двумя стами.	
P.	о Трёхъ.		о Четырёхъ.	о Двухъ стахъ.	

Les nombres триста, trois cents ; четыреста, quatre cents, se déclinent comme двѣсти ; et de même les suivants, comme пять-сотъ, cinq cents ; шесть-сотъ, six cents, etc. Il en est de même des nombres composés, comme

N. Пять-сотъ шестьдесятъ семь, 567.
G. Пяти сотъ шестидесяти семи.
D. Пяти стамъ шестидесяти семи.
I. Пятью стами шестидесятью семью.
P. о Пяти стахъ шестидесяти семи.

§ 77. Les nombres adjectifs en ый, ая, ое, se déclinent d'après le premier paradigme des adjectifs qualificatifs (§ 68) ; третій, ья, ье, troisième, se décline d'après le second paradigme des adjectifs possessifs (§ 73). Les nombres adjectifs suivants ont une déclinaison particulière.

	SINGULIER.			PLURIEL.	
	Masc.	Neut.	Fém.	Masc. et Neut.	Fém.
N.	одинъ, un.	одно,	одна, une.	одни, les uns.	однѣ, les unes.
G.	одного,		одной.	однихъ,	однѣхъ.
D.	одному,		одной.	однимъ,	однѣмъ.
A.	одного, одинъ,	одно,	одну.	однихъ, одни,	однѣхъ. однѣ.
I.	однимъ,		одною, ой.	одними,	однѣми.
P.	объ одномъ,		объ одной.	объ однихъ,	объ однѣхъ.

Remarque. Le pluriel de одинъ s'emploie comme pronom ; alors il signifie *quelques* ou *les uns*. Одинъ signifie aussi *seul*.

	Masc. et Neut.	Fém.	Masc. et Neut.	Fém.
N.	два,	двѣ,	о́ба,	о́бѣ,
	deux.		tous les deux.	toutes les deux.
G.	двухъ.		обо́ихъ,	обѣ́ихъ.
D.	двумъ.		обо́имъ,	обѣ́имъ.
A.	двухъ,	двухъ.	обо́ихъ,	обѣ́ихъ.
	два,	двѣ.	о́ба,	о́бѣ.
I.	двумя́.		обо́ими,	обѣ́ими.
P.	о двухъ.		объ обо́ихъ,	объ обѣ́ихъ.

Remarque. La différence entre два et о́ба est que два désigne *deux* objets dont l'un peut être employé au lieu de l'autre; tandis que о́ба signifie *l'un et l'autre,* en parlant d'objets distincts. C'est la différence qui existe entre les nombres latins *duo* et *ambo.*

N.	дво́е ou дво́и,	че́тверо ou че́тверы,
	deux.	quatre.
G.	двои́хъ.	четверы́хъ.
D.	двои́мъ.	четверы́мъ.
A.	двои́хъ.	четверы́хъ.
	дво́е, дво́и.	че́тверо, че́тверы.
I.	двои́ми.	четверы́ми.
P.	о двои́хъ.	о четверы́хъ.

Ainsi se décline тро́е ou тро́и, trois. Quant à l'emploi de ces nombres, voyez la syntaxe.

Ainsi se déclinent пя́теро ou ры, cinq; ше́стеро ou ры, six; се́меро ou ры, sept, etc.

	SINGULIER.		PLURIEL.
	Masc. et Neut.	Fém.	Pour les 3 genres.
N.	полтора́,	полторы́,	полу́торы.
	un et demi,	une et demie.	
G.	полу́тора,	полу́торы.	полу́торыхъ.
D.	полу́тору,	полу́торой.	полу́торымъ.
A.	полтора́,	полторы́.	полу́торы.
I.	полу́торымъ,	полу́торою.	полу́торыми.
P.	о полу́торѣ,	о полу́торой.	о полу́торыхъ.

Ainsi se déclinent полчетверта́, trois et demi; полпята́,

quatre et demi, etc. ; et de même полтретья, deux et demi, en observant qu'il garde ь à tous les cas, et qu'il prend les voyelles douces au lieu des dures, gén. полу́третья, dat. полу́трешью, etc.

Remarque. Dans les nombres ordinaux composés, comme пе́рвый-на́десять, второ́й-на́десять, etc., on décline seulement пе́рвый, второ́й, et на́десять reste indéclinable. Dans un nombre ordinal composé de plusieurs nombres, il n'y a que le dernier qui soit ordinal et qui se décline ; les autres sont cardinaux et ne se déclinent pas ; comme въ ты́сяча во́семь-сотъ два́дцать пе́рвомъ году́, Апрѣ́ля два́дцать седьма́го дня, l'an mil huit cent vingt-un, le vingt-sept d'Avril.

CHAPITRE QUATRIÈME.

Du pronom.

§ 78. Le *pronom* (мѣстоимѣ́ніе) est un mot qui se met à la place du nom. On divise les pronoms, d'après leur signification, en huit espèces, savoir :

1. Les pronoms *personnels* (ли́чныя), qui désignent les personnes. Il y a trois personnes; la première est celle qui parle, la seconde celle à qui l'on parle, et la troisième celle de qui l'on parle. Ces pronoms я, je, moi ; ты, tu, toi ; онъ, она́, оно́, il, elle, lui.

2. Le pronom *réfléchi* (возвра́тное), qui marque le rapport d'une personne à elle-même, est себя́, moi, toi, soi. Ce pronom sert pour les trois personnes.

3. Les pronoms *possessifs* (притяжа́тельныя), qui dérivent des pronoms personnels et réfléchi, et qui marquent que la chose dont on parle appartient à la personne qu'ils désignent, sont : мой, моя́, моё, mon, le mien ; твой, твоя́, твоё, ton,

le tien ; свой, своя, своё, mon, ton, son ; нашъ, наша, наше, notre, le nôtre ; вашъ, ваша, ваше, votre, le vôtre.

4. Les pronoms *démonstratifs* (указательныя), qui servent à montrer la personne ou la chose dont on parle ; ce sont сей, сія, сіе, ce, cet ; тотъ, та, то, celui-ci ; этотъ, эта, это, celui-là ; оный, ая, ое, celui ; самый, тотъ, le même.

5. Les pronoms *relatifs* (относительныя), qui ont rapport à un nom ou pronom qui précède, et qu'on appelle par cette raison *antécédent*; ce sont который, ая, ое, qui ; кой, коя, кое, qui, lequel ; кто, celui qui ; что, ce qui.

6. Les pronoms *interrogatifs* (вопросительныя), qui servent à interroger ; ce sont кто? qui? qui est-ce qui? что? que? quoi? чей? чья? чьё? à qui? который? ая, ое, lequel? какой? ая, ое, quel? каковой? ая, ое, de quelle espèce?

7. Les pronoms *indéfinis* (неопредѣленныя), qui ont une signification générale et indéterminée ; ce sont нѣкоторый, ая, ое, quelque ; нѣкій, ая, ое, un certain ; нѣкто, quelqu'un ; нѣчто, quelque chose ; кто-нибудь, кто-либо, quiconque, qui que ce soit ; что-нибудь, что-либо, quelque chose, quoi que ce soit ; каждый, ая, ое, chaque ; всякій, ая, ое, chacun ; другой, ая, ое, autre ; иной, ая, ое, un autre ; нѣсколько, quelque ; таковой, ая, ое, tel ; какой-то, ая-то, ое-то, quelque ; и тотъ и другой, l'un et l'autre.

8. Les pronoms *négatifs* (отрицательныя), qui servent à nier ; ce sont никто, personne ; ничто, rien ; никакой, ая, ое, aucun, nul ; ни одинъ, дна, дно, pas un.

Déclinaison des pronoms.

§ 79. Les pronoms se mettant à la place des noms, ont, comme eux, les genres, les nombres et les cas. Parmi ces pronoms il y en a qui sont purement adjectifs, et qui se déclinent d'après les paradigmes des adjectifs ; tels sont ceux en ый et ій, ая, ое. Les autres se déclinent ainsi :

SINGULIER.

	1re personne. Pour les 3 genres.	2e personne. Pour les 3 genres.	3e personne. Masc.	Neut.	Fém.
N.	я, je, moi.	ты, tu, toi.	онъ, il, lui,	оно́,	она́, elle.
G.	меня́.	тебя́.	его́,		ея́, её.
D.	мнѣ.	тебѣ́.	ему́,		ей.
A.	меня́.	тебя́.	его́,		её.
I.	мно́ю, ой.	тобо́ю, ой.	имъ,		е́ю.
P.	о мнѣ.	о тебѣ́.	о нёмъ,		о ней.

PLURIEL.

	Pour les 3 genres.	Pour les 3 genres.	Masc. et Neut.	Fém.
N.	мы, nous.	вы, vous.	они́, ils, eux.	онѣ́, elles.
G.	насъ.	васъ.	ихъ.	
D.	намъ.	вамъ.	имъ.	
A.	насъ.	васъ.	ихъ[1].	
I.	на́ми.	ва́ми.	и́ми.	
P.	о насъ.	о васъ.	о нихъ.	

A ces pronoms personnels on joint souvent, pour leur donner plus de force, le pronom самъ, сама́, само́, même, qui se décline ainsi :

SINGULIER.   PLURIEL.

	Masc.	Neut.	Fém.	Pour les 3 genres.
N.	самъ, même,	само́,	сама́.	са́ми, mêmes.
G.	самого́,		само́й.	сами́хъ.
D.	самому́,		само́й.	сами́мъ.
A.	самого́,	само́,	саму́.	сами́хъ.
I.	сами́мъ,		само́ю, о́й.	сами́ми.
P.	о само́мъ,		о само́й.	о сами́хъ.

---

[1] L'accusatif pluriel du pronom de la troisième personne est toujours semblable au génitif, et ne met point de différence entre les objets animés et inanimés. De même l'accusatif singulier neutre est

Ce pronom se joint aussi au pronom réfléchi suivant :

N.	Ce pronom est sans nominatif.	Le pronom réflé-
G.	себя́, de moi, de toi, de soi, etc.	chi est des trois per-
D.	себѣ́.	sonnes, des trois gen-
A.	себя́.	res, et des deux nom-
I.	собо́ю, собо́й.	bres. Voyez les obser-
P.	о себѣ́.	vations ci-après.

SINGULIER.   PLURIEL.

	Masc.	Neut.	Fém.	Pour les 3 genres.
N.	мой, mon,	моё,	моя́, ma.	мои́, mes.
G.	моего́,		мое́й, (ея́).	мои́хъ.
D.	моему́,		мое́й.	мои́мъ.
A.	моего́, мой,	моё,	мою́.	мои́хъ. мои́.
I.	мои́мъ,		мое́ю, ей.	мои́ми.
P.	о моёмъ,		о мое́й.	о мои́хъ.

Ainsi se déclinent твой, ая́, оё, ton, le tien ; свой, ая́, оё, mon, ton, son, notre, votre, leur ; кой, о́я, о́е, lequel, en observant que ce dernier garde toujours l'accent sur la première syllabe ; et нѣ́кій, ая, ое, un certain.

SINGULIER.   PLURIEL.

	Masc.	Neut.	Fém.	Pour les 3 genres.
N.	нашъ, notre,	на́ше,	на́ша.	на́ши, nos.
G.	на́шего,		на́шей, (ея).	на́шихъ.
D.	на́шему,		на́шей.	на́шимъ.
A.	на́шего, нашъ,	на́ше,	на́шу.	на́шихъ. на́ши.
I.	на́шимъ,		на́шею, ей.	на́шими.
P.	о на́шемъ,		о на́шей.	о на́шихъ.

Ainsi se décline вашъ, ва́ша, ва́ше, votre, le vôtre, la vôtre.

---

semblable au génitif, au lieu d'être comme le nominatif, ce qui est contre toute analogie. L'usage veut qu'on dise : я́блоко хорошо́ ; приими́те его́ (et non оно́), cette pomme est bonne ; acceptez-la. Ainsi quelques grammairiens se sont trompés en faisant cet accusatif neutre semblable au nominatif.

LEXICOLOGIE.

	SINGULIER.			PLURIEL.
	Masc.	Neut.	Fém.	Pour les 3 genres.
N.	сей, ce, cet,	сié,	сія́, cette.	сія́, ces.
G.	сего́,		сей, (сея́).	сихъ.
D.	сему́,		сей.	симъ.
A.	сего́, / сей,	сié,	сію́.	сихъ. / сія́.
I.	симъ,		се́ю, сей.	си́ми.
P.	о семъ,		о сей.	о сихъ.

Ainsi se décline le pronom interrogatif чей, чья, чьё, appartenant à qui? en observant qu'il prend dans tous les cas ь après ч, gén. чьего́, dat. чьему́, plur. чьи, чьихъ, etc.

	SINGULIER.			PLURIEL.
	Masc.	Neut	Fém.	Pour les 3 genres.
N.	тотъ, celui-ci,	то, ceci,	та, celle-ci.	тѣ, ceux-ci, celles-ci.
G.	того́,		той, (тоя́).	тѣхъ.
D.	тому́,		той.	тѣмъ.
A.	того́, / тотъ,	то,	ту.	тѣхъ. / тѣ.
I.	тѣмъ,		то́ю, ой.	тѣми.
P.	о томъ,		о той.	о тѣхъ.

Ainsi se déclinent э́тотъ, э́та, э́то, celui-là, celle-là, cela, en observant qu'il prend и au lieu de ѣ à l'instrumental singulier, et à tous les cas du pluriel.

SINGULIER.

N.	кто, qui? qui est-ce qui?	что, que? qu'est-ce qui?
G.	кого́.	чего́.
D.	кому́.	чему́.
A.	кого́.	что.
I.	кѣмъ.	чѣмъ.
P.	о комъ.	о чёмъ.

Ces deux pronoms n'ont pas de pluriel.

Ainsi se déclinent les pronoms composés de кто et что; comme кто-нибудь, кто-либо, quelqu'un; что-нибудь, что-либо, quelque chose; никто́, personne; ничто́, rien, en observant que нибудь et либо restent indéclinables, et que никто́ et ничто́, au lieu de faire au prépositif о нико́мъ, о ниче́мъ, transposent la préposition entre la particule négative ни et le pronom, et font ни о комъ, ни о чёмъ; et de même pour toutes les prépositions, et pour tous les cas.

Le pronom indéfini нѣсколько, quelque, est des trois genres et des deux nombres; gén. plur. нѣсколькихъ, dat. нѣсколькимъ, instrum. нѣсколькими, prép. о нѣсколькихъ.

Observations.

1. Lorsque le pronom de la troisième personne est précédé, aux cas obliques, d'une des prépositions въ, къ, съ, для, за, на, о, по, про, у, on ajoute un н; ex. къ нему́, chez lui; для него́, pour lui; у ней, chez elle; съ ними, avec eux. Mais cela n'arrive que lorsque le pronom est le complément de la préposition; ex. для его́ жены́, pour sa femme.

2. Le pronom réfléchi себя́ sert pour les trois personnes et les deux nombres, *me, nous, te, vous, se, soi,* lorsque ces pronoms sont *réfléchis;* et ils sont réfléchis quand ils se rapportent au sujet de la phrase; ex. я защищаю себя, je me défends; ты самъ себя хвалишь, tu te loues toi-même; мы должны ополчать себя терпѣніемъ, nous devons nous armer de patience.

3. Il en est de même de свой. Il signifie *mon, ton, son, notre, votre, leur,* suivant le sujet de la phrase auquel il se rapporte; ex. я беру́ свою́ шля́пу, je prends mon chapeau; почитай своихъ родителей, honore tes parents (père et mère); они мнѣ показали свою библіотеку, ils m'ont montré leur bibliothèque.

4. La terminaison ея et оя du génitif singulier féminin ne s'emploie que dans le style élevé; ordinairement on se sert de la terminaison ей et ой.

5. Les pronoms таковóй, tel, et каковóй? quel? s'emploient aussi dans la forme apocopée, comme les adjectifs, lorsqu'ils sont séparés de leur substantif par le verbe *être;* ex. какова дорóга, comment est le chemin ? этотъ человѣкъ таковъ, какъ вы желáете, cet homme est tel que vous le désirez.

6. Le pronom другóй, autre, se trouve aussi quelquefois dans la forme apocopée; ex. они любили другъ друга, ils s'aimaient l'un l'autre; наróды имѣютъ нужду другъ въ другъ, les nations ont besoin les unes des autres; dans ce cas, il se décline comme un substantif, et s'emploie seulement au singulier. Mais cela n'arrive que lorsqu'il est répété; car on dit одинъ стóитъ другáго, l'un vaut l'autre; они слѣдовали одинъ за другимъ, ils se suivaient l'un l'autre.

CHAPITRE CINQUIÈME.

Du verbe.

§ 80. Le *verbe* (глагóлъ) est un mot dont le principal usage est de signifier l'affirmation. En effet, quand on dit, *la science est utile,* учéніе (есть) полéзно, le mot *science* exprime l'idée à laquelle on affirme que convient la qualité d'*utile*, et le verbe *est* forme cette affirmation. Le mot *verbe* vient du Latin *verbum*, mot [1], parce qu'il est le mot par excellence; il est l'âme de la pensée ou proposition; car ici pensée et proposition sont termes synonymes. Ainsi la plus petite proposition doit avoir au moins trois mots; le *sujet* (подлежáщее), qui est ce dont on affirme quelque chose, le *verbe* (глагóлъ) qui marque l'affirma-

---

[1] En Russe on le nomme aussi глагóлъ, *mot*, terme slavon, d'où le verbe slavon глагóлати, parler.

tion, et l'*attribut* (сказуемое) qui est ce qu'on affirme du sujet. Mais le plus souvent le verbe et l'attribut se trouvent réunis ensemble ; et même dans plusieurs langues un verbe fait à lui seul une proposition entière [1].

§ 81. Les verbes russes se divisent, d'après leur signification, en six espèces que l'on nomme *voix* (залоги), savoir :

1. Les verbes *actifs* (дѣйствительные), qui expriment une action faite par le sujet, et qui passe hors du sujet; comme любить, aimer ; писать, écrire.

2. Les verbes *neutres* (средніе), qui expriment une action qui ne passe pas hors du sujet, ou qui ne tombe pas directement sur un objet : comme ходить, aller ; спать, dormir. Dans les verbes neutres on doit comprendre les verbes *inchoatifs* (начинательные), qui expriment le commencement d'une action ; comme сѣдѣть, devenir gris ; краснѣть, devenir rouge.

3. Les verbes *réfléchis* (возвратные), qui expriment l'action d'un sujet qui agit sur lui-même ; comme мыться, se laver ; хвалиться, se louer. Le verbe réfléchi n'est autre chose que le verbe actif auquel on ajoute le pronom réfléchi себя, et par syncope ся.

4. Les verbes *réciproques* (взаимные), qui expriment l'action de deux ou plusieurs sujets qui agissent les uns sur les autres de la même manière. Ils se terminent de même que les verbes réfléchis ; comme биться, se battre ; бороться, lutter (avec quelqu'un).

5. Les verbes *communs* (общіе), qui, se terminant de même que les verbes réfléchis, ont la signification ou active ou neutre ; comme бояться, craindre ; смѣяться, rire. Ce sont les verbes déponents des Grecs et des Latins.

6. Les verbes *passifs* (страдательные), dont le sujet reçoit

---

[1] Telle est cette lettre si connue de César au Sénat : *Veni, vidi, vici*, je suis venu, j'ai vu, j'ai vaincu, пришёлъ, увидѣлъ, побѣдилъ, où il y a autant de propositions que de verbes.

l'action marquée par le verbe. En Russe, comme en Français, ils se forment du participe passif joint à un autre verbe qu'on nomme par cette raison *auxiliaire* (вспомогáтельный); comme быть любиму, être aimé ; быть хвалиму, être loué.

§ 82. Dans les verbes russes il y a six choses à considérer, savoir : 1) les modes, 2) les temps, 3) les branches, 4) les nombres, 5) les personnes, 6) les genres.

§ 83. Les *modes* (наклонéнія) sont les différentes manières dont on manifeste l'affirmation. Mode est synonyme de manière. Les verbes russes n'ont que trois modes, savoir :

1. L'*infinitif* (неокончáтельное), qui est simplement la dénomination de l'action [1]; ex. любить, aimer ; писáть, écrire ; сказáть, dire.

2. L'*indicatif* (изъявительное), qui affirme d'une manière positive qu'une chose est, qu'elle a été, ou qu'elle sera ; ex. я люблю, j'aime ; ты писáл, tu écrivis ; онъ скáжетъ, il dira.

3. L'*impératif* (повелительное), qui énonce l'action avec l'idée accessoire du commandement; ex. люби, aime ; пиши, écris ; скажи, dis.

Remarque. Les verbes russes n'ont pas le *subjonctif* (сослагáтельное); voyez, § 124, la manière dont ils expriment ce mode.

§ 84. Les *temps* (временá) sont des inflexions des verbes qui désignent à quel temps on doit rapporter ce qu'on affirme d'une

---

[1] Ainsi l'infinitif est un *nom-verbe;* en effet, dans plusieurs langues, il remplace le substantif, en faisant toutes ses fonctions au moyen de l'article neutre ; comme τὸ κατηγορεῖν ἄνευ τοῦ δεικνύναι, λοιδορία ἐστί, une accusation sans preuve est une calomnie (proprement, *le accuser* sans *le prouver*) ; das Vollziehen meines Ge= lübdes, l'accomplissement de mon vœu ; et de même en Français, *le manger* et *le boire*; *le* doux *parler* ne nuit à rien. Les Anglais emploient l'infinitif avec l'article *to*, emprunté du Grec; comme *to write*, écrire.

chose. Or le temps peut être passé, ou présent, ou à venir ; et de là les trois temps que l'on nomme le *présent* (настоящее), le *prétérit* (прошедшее), et le *futur* (будущее). Voyez, Article second, les différentes nuances des temps des verbes russes.

§ 85. Ces modes et ces temps présentent plusieurs points de vue sous lesquels leur signification peut être envisagée ; de là dans les verbes russes les *branches* (виды)[1], qui sont les différentes formes qui caractérisent ces différents points de vue. Ces branches sont au nombre de six, savoir :

1. La branche *indéfinie* (неопредѣленный), qui n'exprime que le fait de l'action, sans rapport essentiel à aucune époque déterminée ; ex. писать, écrire ; ходить, aller ; я хожу, je vais ; я ходилъ, j'allais ; я буду ѣздить верхомъ, je monterai à cheval [2].

2. La branche *définie* (опредѣленный), qui détermine le temps où arrive l'action ; ex. я иду теперь въ театръ, je vais main-

---

[1] M. de Jacob, dans sa Grammaire générale, Leipzig, 1814, dit en parlant des dialectes slavons, page 135 : In den slawonischen Sprachen finden sich, so wie in der griechischen, mehrere Formen aus ähnlichen Wörtern, oder ähnlichen Dialecten, welche anfänglich synonymisch gebraucht werden mochten, in der Folge aber zur Unterscheidung verschiedener Modificationen angewandt wurden, — um theils eine Nebenbestimmung, Vollendung, Anfang, u. s. w. anzudeuten, theils das fehlende Tempus zu ergänzen, weil das Verbum derivatum nicht üblich ist, oder gar nicht existirt. — Page 187. — Die vier (ou plutôt sechs) verschiedenen Formen des Infinitivs in der russischen Sprache drücken gar keine Verschiedenheit der Zeit, sondern andere Nebenbestimmungen der Handlung aus.

[2] Cette branche indéfinie répond à l'*aoriste* des verbes grecs, de ἀ privatif, et ὁρίζειν, déterminer.

tenant au théâtre; она шла сего утра по городу, elle allait ce matin par la ville; я буду ѣхать завтра на сѣрой лошади, je monterai demain un cheval gris.

3. La branche *sémelfactive* (однократный) [1], qui exprime l'action avec l'idée accessoire qu'elle n'est arrivée qu'*une fois*, qu'elle n'a été que de peu de durée, ou qu'elle ne s'est pas répétée; ex. молнія блеснула, il a fait *un* éclair; вѣтръ дунетъ, le vent soufflera *un moment*.

4. La branche *itérative* (многократный), qui exprime une action qui s'est répétée *plusieurs fois;* ex. я хаживалъ, je suis allé plusieurs fois; въ Парижѣ я гуливалъ, je me promenais souvent à Paris.

5. La branche *imparfaite* (несовершённый), qui exprime une action non consommée; ex. я сказывалъ, je disais; я буду переписывать до семи часовъ, je m'occuperai à copier jusqu'à sept heures.

6. La branche *parfaite* (совершённый), qui exprime une action entièrement accomplie; ex. я сказалъ, j'ai dit, j'ai fini de dire; я перепишу всё это до семи часовъ, à sept heures j'aurai achevé de copier tout cela.

Remarque. Toutes les branches ont le prétérit; toutes, excepté

---

[1] La plupart des grammairiens appellent cette branche, particulière à la langue slavonne, *simple;* mais le mot *simple* n'exprime point le russe однократный. Il faudrait, pour rendre однократный et многократный, deux termes qui exprimassent leur sens *d'une fois* et de *plusieurs fois;* de одинъ, un, ou многіе, plusieurs, et du Slavon крата, fois. A défaut de ces termes, j'y ai suppléé par *sémelfactif* et *itératif,* du Latin *semel,* une fois, et *factus,* fait, arrivé, et de *iterare,* répéter. Si je n'ai point appelé la branche многократный, *fréquentative,* c'est pour la distinguer des verbes appelés proprement *fréquentatifs* (учащательные). Au reste les mots ne font rien à la chose; l'essentiel est de les bien définir.

l'itérative, ont le futur, et seulement trois, l'indéfinie, la définie et l'imparfaite, ont le présent.

§ 86. Les *nombres* (числа) sont dans les verbes russes comme dans les verbes français, le *singulier* et le *pluriel;* ex. я пишу́, j'écris; мы пи́шемъ, nous écrivons; ты люби́лъ, tu aimais; вы люби́ли, vous aimiez; онъ ска́жетъ, il dira; они́ ска́жутъ, ils diront.

§ 87. Les *personnes* (ли́ца) sont au nombre de trois, répondant aux trois pronoms personnels; ex. я люблю́, j'aime; ты лю́бишь, tu aimes; онъ лю́битъ, il aime.

Remarque. Sous le rapport des personnes les verbes se divisent en *personnels* (ли́чные), qui ont les trois personnes, et en *unipersonnels* (одноли́чные), qui ne s'emploient qu'à la troisième personne du singulier (voyez Article cinquième).

§ 88. Les *genres* (ро́ды) se trouvent aussi dans les verbes russes, le *masculin*, le *féminin* et le *neutre*. Ils sont dans tous les temps des verbes passifs; mais dans les autres verbes, ils sont seulement dans le singulier des prétérits; ex. онъ люби́лъ, il aimait; она́ люби́ла, elle aimait; et (en parlant d'un substantif neutre) оно́ люби́ло, il aimait.

§ 89. Les verbes russes ont encore deux autres modifications :

1. Le *participe* (прича́стіе), ainsi appelé parce qu'il tient de la nature du verbe et de l'adjectif. Il tient du verbe en ce qu'il en a la signification et le régime; il tient de l'adjectif en ce qu'il qualifie comme lui les objets avec lesquels il s'accorde en genre, en nombre et en cas. Ex. лю́бящій, ая, ее, aimant; люби́вшій, ая, ее, ayant aimé; люби́мый, ая, ое, aimé, étant aimé.

2. Le *gérondif* (дѣеприча́стіе), qui exprime une circonstance présente ou passée, et qui peut être regardé comme un cas de l'infinitif [1]; ex. любя́, en aimant; люби́вши, en ayant aimé.

---

[1] C'est ce que prouve la langue allemande où le gérondif se forme

Remarque. Le participe et le gérondif ont chacun un présent et un prétérit qui tous deux ont les mêmes branches que le présent et le prétérit de l'indicatif.

§ 90. Les changements de terminaisons des verbes dans les modes, les temps, les branches, les nombres, les personnes et les genres, se nomment *conjugaison* (спряжéніе).

Remarque. Les verbes actifs et neutres (aussi bien que les verbes réfléchis, réciproques et communs), ont des règles de conjugaison qui leur sont communes, et qui ne concernent point les verbes passifs; ce qui divise les règles de conjugaison en deux parties. Les verbes réfléchis, réciproques et communs qui se distinguent des autres verbes par l'addition du pronom réfléchi, seront mis dans un article séparé.

Conjugaison du verbe auxiliaire.

§ 91. Le verbe auxiliaire de la langue russe a deux branches, l'une définie, бытъ, être, et l'autre indéfinie ou fréquentative, бывáтъ, être souvent, avoir l'habitude d'être (§ **110**). Ces deux branches se conjuguent ainsi:

Branche définie.	*Branche indéfinie.*
INFINITIF.	
Бытъ, être. infinitif itératif.	Бывáтъ, être souvent. Бывывать, avoir été plusieurs fois.

---

de l'infinitif précédé de l'article avec la préposition in; comme im lieben, pour in dem lieben, en aimant; comme si l'on disait *dans l'aimer, dans l'action d'aimer.*

Branche définie. | *Branche indéfinie.*

PRÉSENT.

	Branche définie			Branche indéfinie	
Sing.	Я есмь,	je suis.	Я бываю,	je suis souvent.	
	Ты еси́,	tu es.	Ты быва́ешь,	tu es.	
	Онъ ⎫	il ⎫	Онъ ⎫	il ⎫	
	Она́ ⎬ есть,	elle ⎬ est.	Она́ ⎬ быва́етъ,	elle ⎬ est.	
	Оно́ ⎭	il ⎭	Оно́ ⎭	il ⎭	
Plur.	Мы есмы́,	nous sommes.	Мы быва́емъ,	nous sommes.	
	Вы есте́,	vous êtes.	Вы быва́ете,	vous êtes.	
	Они́ ⎫ суть,	ils ⎫ sont.	Они́ ⎫ быва́ютъ,	ils ⎫ sont.	
	Онѣ ⎭	elles ⎭	Онѣ ⎭	elles ⎭	

Remarque. La première et la seconde personne, dans les deux nombres, du présent défini sont presque toujours sous-entendues; ex. я здѣсь, je suis ici; бо́ленъ ли ты? es-tu malade? мы здоро́вы, nous sommes en bonne santé; вы счастли́вы, vous êtes heureux. La troisième personne se sous-entend aussi, mais elle s'exprime plus souvent que les deux autres. Le présent indéfini, au contraire, s'exprime toujours, parce qu'il marque la continuation d'un état; ex. онъ безпа́мятенъ signifie *il est* sans mémoire, la mémoire lui manque *dans ce moment*, et онъ быва́етъ безпа́мятенъ signifiera *il est parfois* sans mémoire, *il y a des moments* où la mémoire lui manque. — Il faut encore observer que c'est après ce verbe que s'emploie la forme apocopée des adjectifs et des participes (§ 69).

PRÉTÉRIT.

Я ⎰ былъ, ⎱ была́, ⎱ было, ⎱	j'ai été.	Я ⎰ быва́лъ, ⎱ быва́ла, ⎱ быва́ло, ⎱	je fus souvent.			
Ты былъ, ла, ло,	tu as été.	Ты быва́лъ, ла, ло,	tu fus.			
Онъ былъ, il ⎫		Онъ быва́лъ, il ⎫				
Она́ была́, elle ⎬ a été.		Она́ быва́ла, elle ⎬ fut.				
Оно́ было, il ⎭		Оно́ быва́ло, il ⎭				
Мы бы́ли,	nous avons été.	Мы быва́ли,	nous fûmes.			
Вы бы́ли,	vous avez été.	Вы быва́ли,	vous fûtes.			
Они́ ⎫ бы́ли, ils ⎫ ont été.		Они́ ⎫ быва́ли, ils ⎫ furent.				
Онѣ ⎭ elles ⎭		Онѣ ⎭ elles ⎭				

Remarque. Le neutre de ce prétérit, бывáло ou бы́ло, sert à former un second et un troisième plus-que-parfait (§ 101). — De l'infinitif itératif бы́вывать se forme un prétérit itératif, я бы́вывалъ, j'ai été plusieurs fois. Il se conjugue comme бывáлъ, en intercalant la syllabe вы.

FUTUR.

Я бу́ду, je serai.
Ты бу́дешь, tu seras.
Онъ }
Онá } бу́детъ, elle } sera.
Онó }   il
Мы бу́демъ, nous serons.

Вы бу́дете, vous serez.
Они́ }   ils
Онѣ́ } бу́дутъ, elles } seront.

Я стáну, je deviendrai.
Ты стáнешь, tu deviendras.
Онъ }
Онá } стáнетъ, elle } deviendra.
Онó }   il
Мы стáнемъ, nous deviendrons.

Вы стáнете, vous deviendrez.
Они́ }   ils
Онѣ́ } стáнутъ, elles } deviendront.

Remarque. La branche indéfinie du verbe auxiliaire n'a pas de futur; mais стáну est le futur du verbe стать, devenir. Ce futur sert, ainsi que бу́ду, à la formation du futur indéfini de tous les verbes (§ 102). Le prétérit du même verbe, я сталъ, est aussi en quelque façon auxiliaire; en se joignant à l'infinitif indéfini d'un autre verbe, il a la signification de *commencer;* comme я сталъ писáть, je commençais, je me mettais à écrire.

IMPÉRATIF.

Будь, sois.
Пусть онъ бу́детъ, qu'il soit.
Бу́дьте, soyez.
Пусть они́ бу́дутъ, qu'ils soient.

Бывáй, sois souvent.
Пусть онъ бывáетъ, qu'il soit.
Бывáйте, soyez.
Пусть они́ бывáютъ, qu'ils soient.

PARTICIPES.

Prés.	Су́щій, ая, ее, étant.	Бывáющій, ая, ее, étant souvent.
Prét.	Бы́вшій, ая, ее, ayant été.	Бывáвшій, ая, ее, ayant été.
Futur.	Бу́дущій, ая, ее, devant être.	

Remarque. Le participe сущій est plutôt employé comme adjectif que comme participe ; il signifie alors *vrai, réel ;* comme это сущая правда, c'est la pure vérité ; онъ сущій Христіа́нинъ, c'est un vrai Chrétien.

GÉRONDIFS.

Prés.	Бу́дучи, en étant.	Быва́я ou быва́ючи, en étant souvent.
Prét.	Бы́вши ou бывъ, en ayant été.	Быва́вши ou быва́въ, en ayant été.

ARTICLE PREMIER.

Conjugaison des verbes actifs et neutres.

Remarque. Lomonossow, le premier grammairien russe, en 1755, admettait deux conjugaisons, probablement d'après l'ancienne grammaire slavonne ; la première pour les verbes qui ont la seconde personne du présent en ешь, et l'autre pour ceux qui l'ont en ишь. — Tous les grammairiens après lui ont suivi cette division jusqu'en 1802, où l'Académie Impériale de Saint-Pétersbourg a établi quatre conjugaisons d'après la terminaison de l'infinitif indéfini, à l'exemple des conjugaisons latines ; la première pour les verbes qui ont l'infinitif en ать et ять, la seconde pour ceux qui l'ont en ть précédé de е et ѣ, la troisième pour ceux qui l'ont en ить et ыть, et la quatrième pour ceux qui l'ont en оть et уть. — Cette division a été encore étendue par M. Vater, en 1808, qui admet ces quatre conjugaisons pour les verbes qui ont la première personne du présent en ю, et en joint trois autres pour ceux qui l'ont en у. Il place tous les verbes russes sous dix-sept paradigmes, et donne six formes pour le présent. — MM. Born et Gretsch ne reconnaissent qu'une seule conjugaison [1], et divisent les verbes russes en quatre classes. Cette méthode est la plus simple et la plus facile ; c'est aussi celle que nous suivrons.

§ 92. Tous les verbes russes sont *simples* (простые) ou *composés* (сло́жные). Les premiers sont sans préposition ; comme писа́ть, écrire ; ви́дѣть, voir ; et les autres sont joints à des prépositions ; comme подписа́ть, souscrire ; предви́дѣть, prévoir. Les verbes simples peuvent être *indéfinis*, lorsqu'ils n'ont que deux branches, l'indéfinie et l'itérative ; *complets*, lorsqu'ils ont les trois branches indéfinie, sémelfactive et itérative ; ou *doubles*, lorsqu'ils ont deux branches distinctes de la même signification.

§ 93. C'est sur cette distinction qu'est fondée la division des verbes russes en quatre classes, savoir :

1. Les verbes simples *indéfinis* (неопредѣлённые) ; ils comprennent tous les verbes simples de la langue russe qui n'appartiennent pas aux deux classes suivantes.

2. Les verbes simples *complets* (по́лные), qui diffèrent des autres en ce qu'ils désignent toujours quelque action physique produite par un objet animé ou inanimé. Comme il n'y a que les verbes de cette classe qui expriment l'action arrivée une fois, on les nomme verbes *sémelfactifs* (однокра́тные).

---

[1] M. Gretsch, en 1811, présenta son *Essai sur les conjugaisons russes* (Опытъ о Рускихъ спряже́нiяхъ) à la Société des amateurs de la Littérature, des Sciences et des Arts. Elle chargea un de ses membres, M. Vostokow, de l'examiner ; voyez le jugement qu'il en a porté, ajouté à la fin de cet Essai. — M. de Jacob dit, page 139 : Die Lehre von den russischen Conjugationen würden daher sehr an Deutlichkeit gewinnen, wenn man die verschiedenen Verba von einander trennte, und die Formen, welche blos eine Nebenbedeutung, aber keine eigentliche Zeitbestimmung ausdrücken, von einander separirte.

3. Les verbes simples *doubles* (сугу́бые), qui ont deux branches de la même signification, l'une indéfinie, et l'autre définie. Ces deux branches se conjuguent comme deux verbes séparés. Comme ces verbes indiquent toujours un changement de place, ou une action continuée, on les appelle verbes *fréquentatifs* (учаща́тельные).

4. Les verbes *composés* (сло́жные), qui diffèrent des verbes simples en ce qu'ils se joignent toujours à des prépositions. Comme ces verbes expriment une action entièrement consommée, on les nomme aussi verbes *parfaits* (совершённые) [1].

§ 94. Dans la conjugaison de ces quatre classes de verbes, il faut observer les règles suivantes.

Règles communes de conjugaison.

1. Chaque branche a nécessairement un *infinitif* qui est la base des autres modes et temps, et dont la finale caractéristique est ть ou ти, et quelquefois чь.

2. Chaque branche a un *prétérit* dont la finale caractéristique est лъ, et quelquefois par syncope ъ.

3. Il n'y a que les branches indéfinie, définie et imparfaite qui aient un *présent* avec la finale caractéristique ю ou у, (très-rarement мъ).

4. Les *futurs* n'ont pas une terminaison particulière; car ils se forment de l'infinitif avec l'auxiliaire бу́ду (ou ста́ну), ou bien ils se terminent comme le présent, en remarquant que toutes les branches, excepté la branche itérative, ont un futur.

5. Chaque branche, excepté la branche itérative, a un *impératif* dont la finale caractéristique est и long, c'est-à-dire avec

---

[1] Dans la langue bohémienne les verbes se divisent aussi en *durativa, singularia, frequentativa* et *iterativa.* Voyez Böhmische Grammatik von J. Negledy, page 224.

l'accent, ou и bref, c'est-à-dire ь après une consonne et й après une voyelle (§ 11).

Remarque. On voit que le point principal, dans la conjugaison des verbes, est de former de l'infinitif les temps de l'indicatif, l'impératif, et les participes et gérondifs.

I. *Des verbes simples indéfinis.*

§ 95. Les verbes simples *indéfinis* sont ceux qui expriment une action d'une manière générale et indéterminée. De cette nature sont presque tous les verbes considérés comme simples dans la Grammaire générale; comme дѣлать, faire, machen, *facere, to make.* Ces verbes ont (voyez le tableau)

1. deux infinitifs, l'indéfini et l'itératif;
2. dans l'indicatif, le présent, les prétérits indéfini et itératif, et le futur indéfini;
3. un impératif indéfini;
4. aux participes, et ⎫ le présent, et les prétérits indéfini
5. aux gérondifs,   ⎭ et itératif.

LEXICOLOGIE.

1. INFINITIF	indéfini, ть précédé de а, я, е, ѣ, и, ы, о, у. itératif, ывать, ивать.		
2. INDICATIF	*présent.*	*prétérit indéfini.*	*prétérit itératif.*	*futur indéfini.*
singul.	ю, ешь, етъ,	лъ, ла, ло.	ывалъ, ывала, ывало.	буду, будешь, будетъ, } шь.
	у, ишь, итъ,	..ѣ, ла, ло.		
pluriel	емъ, ете, ютъ,	ли.	ывали.	будемъ, будете, будутъ, } шь.
	имъ, ите, ятъ, у.			

3. IMPÉRATIF indéfini	seconde personne sing. й, ь, й. plur. йте, ьте, йте.		

	présent.	*prétérit indéfini.*	*prétérit itératif.*
4. PARTICIPES.	ющій, ая, ее. ущій, ая, ее. ащій	вшій, ая, ее.	ывавшій, ая, ее.
5. GÉRONDIFS.	я, ючи. а, учи.	вши, въ.	ывавши, ывавъ.

LEXICOLOGIE.

1. INFINITIF.

§ 96. L'infinitif indéfini est la base primitive des autres temps. Il se termine en ть précédé d'une des voyelles а, я, е, ѣ, и, ы, о, у; ex. желáть, désirer; мѣрять, mesurer; терéть, frotter; владѣть, dominer; говорить, parler; мыть, laver; молóть, moudre; блёкнуть, se faner.

Remarque. Les verbes terminés en ть ou ти précédé d'une consonne, et en чь, de même que presque tous les verbes monosyllabes, s'écartent des règles générales de la formation, et sont appelés verbes *irréguliers* (неправильные); voyez Article sixième.

§ 97. L'infinitif itératif se termine en ывать ou ивать, et se forme de l'infinitif indéfini de la manière suivante :

1. Les verbes en ать, оть et ыть changent ces terminaisons en ывать, et ceux en ять, ѣть et ить en ивать, de même que ceux en ать précédé des gutturales г, к, х, ou des dentales ж, ч, ш, щ; ex. дѣлать, faire, дѣлывать; воевáть, faire la guerre, воёвывать; писáть, écrire, писывать; полóть, sarcler, пáлывать; крыть, couvrir, крывáть; мыть, laver, мывáть; мѣрять, mesurer, мѣривать; гулять, se promener, гýливать; смотрѣть, regarder, смáтривать; болѣть, sentir de la douleur, бáливать; говорить, parler, говáривать; лечить, guérir, лéчивать; плáкать, pleurer, плáкивать; держáть, tenir, дéрживать; слýшать, entendre, слýшивать. Il faut excepter кричáть, crier, крикивать; велѣть, ordonner, велѣвáть; глядѣть, regarder, глядывать; вертѣть, tourner, вéртывать; de même que ceux en еть qui changent еть en ирáть; comme мерéть, mourir, мирáть; терéть, frotter, тирáть; перéть, presser, пирáть, et les suivants.

2. Ceux en ить précédé des labiales б, в, м, п, ajoutent la consonne л avant ивать; ex. любить, aimer, любливать; ловить, prendre, лáвливать; кормить, nourrir, кáрмливать;

топи́ть, chauffer, та́пливать. Ajoutez терпѣ́ть, souffrir, дрема́ть, sommeiller; ка́пать, dégoutter; колеба́ть, agiter; трепа́ть, tiller (le chanvre), qui changent aussi ѣть et ать en ливать.

3. Ceux en ить précédé de д, з, т, с, ст, en prenant la terminaison ивать, changent ces consonnes en dentales, savoir д et з en ж, т en ч, с en ш, ст en щ; ex. суди́ть, juger, сужи́вать; грузи́ть, charger, грýживать; плати́ть, payer, пла́чивать; проси́ть, prier, пра́шивать; чи́стить, nettoyer, чи́щивать; et de même сидѣ́ть, être assis, сижи́вать.

Première Remarque. Si dans la formation de l'infinitif itératif l'accent, qui était sur la dernière syllabe, se transporte sur la syllabe précédente où il se trouve un o, alors cet o se change en a; comme ора́ть, labourer, а́рывать; ходи́ть, aller, ха́живать; лома́ть, briser, ла́мывать.

Seconde Remarque. Plusieurs verbes n'ont pas l'infinitif itératif; entre autres ceux en нуть, (excepté тяну́ть, tirer, тя́гивать; со́хнуть, sécher, сыха́ть; гнуть, courber, гиба́ть), et dans d'autres il n'est pas usité. Alors ces verbes n'ont pas les temps itératifs.

2. INDICATIF.

§ 98. La première personne du présent de l'indicatif se termine en ю ou у. Elle se forme de l'infinitif indéfini en changeant ть en ю; ex. жела́ть, жела́ю, je désire; мѣ́рять, мѣ́ряю, je mesure; краснѣ́ть, краснѣ́ю, je deviens rouge. Les exceptions sont les verbes qui changent les terminaisons

1. { ить et ять précédés d'une voyelle, } en ю.
   { ить précédé de л, н, р, et оть, }
2. ить précédé de б, в, м, п, ... en лю.
3. ить précédé de ж, ч, ш, щ, . . . en у.
4. ыть, ... en ою.
5. свать, ... en юю.

6. овать, ... en ую.
7. уть, ... en у.
8. среть, ... en ру.
9. дить, дѣть, зить, зать, ... en жу.
10. тить, тѣть, кать, тать, ... en чу.
11. сить, сѣть, сать, ... en шу.
12. стить, стѣть, скать, ... en щу.

D'après ce tableau on voit clairement que

1. Les verbes en ить et ять précédés d'une voyelle, en ить précédé de л, н, р, et en оть, changent les trois dernières lettres en ю; ex. строить, bâtir, строю; сѣять, semer, сѣю; винить, accuser, виню; говорить, parler, говорю; полоть, sarcler, полю. Les suivants бдѣть, veiller; болѣть, sentir de la douleur; велѣть, ordonner; горѣть, brûler; зрѣть, voir; звенѣть, sonner; смотрѣть, regarder; орать, labourer; глаголать, parler, changent aussi ѣть et ать en ю. Mais сіять, briller, fait сіяю; зіять, ouvrir la gueule, зіяю; мыслить, penser, мышлю; молоть, moudre, мелю.

2. Ceux en ить précédé des labiales б, в, м, п, changent aussi ить en ю, et ajoutent, comme à l'infinitif itératif, la consonne л; ex. любить, aimer, люблю; ловить, prendre, ловлю; томить, fatiguer, томлю; топить, chauffer, топлю. Tous ceux en пѣть qui ne sont pas d'une syllabe, comme терпѣть, souffrir, et les suivants гремѣть, tonner; скорбѣть, s'affliger; шумѣть, faire du bruit; дремать, sommeiller; зыбать, balancer; капать, dégoutter; клепать, accuser faussement; колебать, agiter; сыпать, répandre; трепать, tiller; щипать, pincer, changent aussi ѣть et ать en лю. Mais клеймить, contrôler, fait клеймю; вопить, s'écrier, вопію. Les monosyllabes suivants changent ить en ью, бить, battre, бью; вить, tordre, вью; пить, boire, пью; et de même лить, verser, лью; шить, coudre, шью.

3. Ceux en ить précédé des dentales ж, ч, ш, щ, changent

ишь en у; ex. служи́ть, servir, служу́; учи́ть, instruire, учу́; души́ть, étrangler, душу́; мо́рщишь, rider, мо́рщу. Mais почи́ть, se reposer, fait почи́ю. Les suivants en ать précédé des dentales changent aussi ашь en у, бренча́ть, sonner; брюжжа́ть, gronder; вижжа́ть, gémir; ворча́ть, grommeler; держа́ть, tenir; дрожа́ть, trembler; дыша́ть, respirer; журча́ть, gazouiller; крича́ть, crier; молча́ть, se taire; мыча́ть, mugir; пища́ть, glapir; слы́шать, entendre; пыша́ть, brûler; стуча́ть, heurter; торча́ть, porter dehors; треща́ть, petiller. Mais бѣжа́ть, courir, fait бѣгу́.

4. Ceux en ышь changent ыть en ою; ex. мыть, laver, мо́ю; крыть, couvrir, кро́ю; рыть, creuser, ро́ю. Mais плыть, nager, fait плыву́; слыть, passer pour, слыву́, et de même жить, vivre, живу́.

5. Ceux en вать changent евать en юю; ex. воева́ть, faire la guerre, вою́ю; горева́ть, s'affliger, горю́ю; et de même ночева́ть, passer la nuit, ночу́ю; жева́ть, mâcher, жу́ю; врачева́ть, guérir, врачу́ю, parce que ю après les dentales se change en у (§ 48).

6. Ceux en овать changent овать en ую; ex. тре́бовать, exiger, тре́бую; цѣлова́ть, baiser, цѣлу́ю; слѣ́довать, suivre, слѣ́дую. Mais упова́ть, espérer, fait упова́ю.

7. Ceux en уть changent у́ть en у; ex. блёкнуть, se faner, блёкну; тяну́ть, tirer, тяну́; et de même стона́ть, gémir, стону́; реве́ть, rugir, реву́; жа́ждать, avoir soif, жа́жду; соса́ть, sucer, сосу́. Mais дуть, souffler, fait ду́ю.

8. Ceux en ереть changent ереть en ру; ex. пере́ть, presser, пру; тере́ть, frotter, тру; мере́ть, mourir, мру; et de même спреть ou стереть, étendre, стру.

9. Ceux en дить, дѣть, зить, зать, changent ces terminaisons en жу; ex. ходи́ть, aller, хожу́; ви́дѣть, voir, ви́жу; грузи́ть, charger, гружу́; ма́зать, oindre, ма́жу; et de même глода́ть, ronger, гложу́. Mais твердѣ́ть, devenir dur, (et généralement tous les inchoatifs en ѣть); владѣ́ть, dominer; дерза́ть,

oser; по́лзать, ramper; терза́ть, déchirer, le font régulièrement en changeant ть en ю.

10. Ceux en шить, тѣть, кать, шать, changent ces terminaisons en чу; ex. плати́ть, payer, плачу́; верпѣ́ть, tourner, верчу́; пла́кать, pleurer, пла́чу; мета́ть, jeter, мечу́. Mais потѣ́ть, suer; сверка́ть, étinceler; толка́ть, frapper; болта́ть, babiller; глота́ть, avaler; ката́ть, rouler, le font régulièrement en changeant ть en ю.

11. Ceux en сить, сѣть, сать, changent ces terminaisons en шу; ex. проси́ть, demander, прошу́; висѣ́ть, être pendu, вишу́; писа́ть, écrire, пишу́; et de même ces trois en хать; бреха́ть, aboyer, брешу́; маха́ть, agiter, машу́; паха́ть, labourer, пашу́. Mais броса́ть, jeter; куса́ть, mordre; ужаса́ть, effrayer; каса́ться, concerner (каса́юсь), le font régulièrement en changeant ть en ю.

12. Ceux en стить, стѣть, скать, changent ces terminaisons en щу; ex. чисти́ть, nettoyer, чищу́; блестѣ́ть, briller, блещу́; иска́ть, chercher, ищу́; et de même ces trois en тить; богати́ть, enrichir, богащу́; прети́ть, menacer, прещу́; святи́ть, sanctifier, свящу́; ces quatre en тать; клевета́ть, calomnier, клевещу́; ропта́ть, murmurer, рощу́; скрежета́ть, grincer les dents, скрежещу́; трепета́ть, palpiter, трепещу́; et ces deux en стать; свиста́ть, siffler, свищу́; хлыста́ть, frapper d'une houssine, хлыщу́.

§ 99. La première personne du présent étant formée, la seconde se termine en ешь ou ишь, et de même les autres personnes, d'après les six paradigmes suivants.

Я	Жела́-ю,		Со́хн-у,		Бере-г-у́,
Ты	Жела́-ешь,		Со́хн-ешь,		Бере-ж-ёшь,
Онъ Она́ Оно́	Жела́-етъ,	je désire.	Со́хн-етъ,	je sèche.	Бере-ж-ётъ,
Мы	Жела́-емъ,		Со́хн-емъ,		Бере-ж-ёмъ,
Вы	Жела́-ете,		Со́хн-ете,		Бере-ж-ёте,
Они́ Онѣ́	Жела́-ютъ,		Со́хн-утъ,		Бере-г-у́тъ,

Ainsi se conjuguent 1. Les verbes qui ont la première personne en ю précédé d'une voyelle, et qui n'ont pas l'infinitif en ишь. 2. Ceux qui ont la première pers. en ю précédé d'une consonne, et qui n'ont pas l'infinitif en ишь ou ѣшь. 3. Ceux qui ont la première pers. en ью, et quelques-uns en ію.	Ainsi se conjug. 1. Les verbes qui ont la première pers. en у précédé des consonnes б, в, д, т, з, с, м, н, р, qui pour la plupart sont des verbes monosyllabes. 2. Ceux qui, ayant l'infinitif en ать précédé de з, к, ш, с, ск, changent ces consonnes en dentales, savoir : з en ж, к et т en ч, с en ш, ск en щ, pour toutes les personnes du présent.	Ainsi se conjuguent les verbes qui ont la première pers. en у précédé des gutturales г et к, et qui sont des verbes irréguliers parce qu'ils ont l'infinitif en чь. Ces verbes changent ces consonnes en dentales, savoir : г en ж, к en ч, pour les autres personnes du présent, excepté la troisième du pluriel qui reprend la consonne de la première.

LEXICOLOGIE.

Remarque. Les verbes qui s'écartent dans quelques personnes de la conjugaison de ces six paradigmes, sont signalés à l'article des verbes irréguliers.

Говор-ю́, Говор-и́шь, Говор-и́тъ, Говор-и́мъ, Говор-и́те, Говор-я́тъ,	je parle.	Служ-у́, Служ-и́шь, Служ-и́тъ, Служ-и́мъ, Служ-и́те, Служ-а́тъ,	je sers.	Про-ш-у́, Про́-с-ишь, Про́-с-итъ, Про́-с-имъ, Про́-с-ите, Про́-с-ятъ,	je prie.

Ainsi se conjuguent
1. Les verbes qui ont la première pers. en ю précédé d'une consonne et l'infinitif en ить ou ѣть.
2. Ceux qui ont la première pers. en ю précédé de la voyelle o, et l'infinitif en ить ou ять.
3. Ceux qui, ayant l'infinitif en ить ou ѣть, ajoutent la consonne л à la première pers.; mais ils la retranchent aux autres personnes.

Ainsi se conjuguent les verbes qui, ayant l'infinitif en ить précédé des dentales ж, ч, ш, щ, gardent à la première pers. la consonne de l'infinitif. Ces verbes ne diffèrent des précédents qu'à la première pers. du singulier et à la troisième du pluriel, en prenant y au lieu de ю, et a au lieu de я (§ 48).

Ainsi se conjuguent les verbes qui, ayant l'infinitif en ить ou ѣть précédé de д, з, т, с, ст, changent à la première pers. ces consonnes en dentales, savoir :
    д et з   en ж,
    т   en ч,
    с   en ш,
    ст   en щ,
mais aux autres personnes ils reprennent la consonne de l'infinitif.

D'après le premier paradigme (желáю) se conjuguent

1. Les verbes qui ont la première pers. en ю précédé d'une voyelle, et qui n'ont pas l'infinitif en ить, comme

Дýмать, penser, маю.
Кýшать, manger, шаю[1].
Мѣшáть, mêler, шáю.
Питáть, nourrir, тáю.
Уздáть, brider, дáю.
Лáять, aboyer, лáю.
Чáять, s'attendre à, чáю.
Чýять, sentir, чýю.
Гуля́ть, se promener, ля́ю.
Мѣ́рять, mesurer, ря́ю.
Блея́ть, bêler, лею́.
Вѣ́ять, souffler, вѣ́ю.
Сѣ́ять, semer, сѣ́ю.
Владѣ́ть, dominer, дѣ́ю.
Грѣ́ть, chauffer, рѣ́ю.
Имѣ́ть, avoir, мѣ́ю.
Выть, hurler, вóю.

Крыть, couvrir, крóю.
Мыть, laver, мóю.
Рыть, creuser, póю.
Вѣ́ровать, croire, рую.
Дѣ́йствовать, agir, вую.
Жáловать, gratifier, лую.
Ми́ловать, avoir pitié, лую.
Слѣ́довать, suivre, дую.
Торговáть, trafiquer, гую.
Чýвствовать, sentir, вую.
Цѣловáть, baiser, лую.
Врачевáть, guérir, чую.
Воевáть, faire la guerre, воюю.
Дневáть, être de service pour la journée, дню́ю.
Горевáть, s'affliger, рюю.

2. Ceux qui ont la première pers. en ю précédé d'une consonne, et qui n'ont pas l'infinitif en ить ou ѣть, comme

Борóть, lutter, рю́.
Молóть, moudre, мелю́.
Полóть, sarcler, лю́.
Порóть, découdre, рю́.

Глагóлать, parler, óлю.
Орáть, labourer, рю́.
Дремáть, sommeiller, млю́.
Зыбáть, balancer, блю.

---

[1] Le verbe кушать est un terme de politesse qui se dit aussi bien pour le boire que pour le manger, au lieu de ѣсть, manger, et пить, boire ; comme онъ кýшаетъ, il dîne, ou il soupe ; кýшали ли вы чай, avez-vous pris le thé?

Колебать, agiter, блю.
Сыпать, répandre, плю.

Трепать, tiller, плю.
Щипать, pincer, плю.

3. Ceux qui ont la première pers. en ью, comme

Бить, battre, бью, бёшь.
Вить, tordre, вью.
Лить, verser, лью.

Пить, boire, пью.
Шить, coudre, шью.

De même ces trois en ію,

Гнить, pourrir, гнію.
Вопить, s'écrier, пію.

Почить, se reposer, чію.

D'après le second paradigme (сохну) se conjuguent

1. Les verbes qui ont la première personne en у précédé de б, в, д, т, з, с, м, н, р, qui pour la plupart sont des verbes monosyllabes, comme

Блёкнуть, se faner, кну.
Вянуть, se flétrir, яну.
Гаснуть, s'éteindre, сну.
Тонуть, couler à fond, ону.
Тянуть, tirer, яну.
Чахнуть, devenir étique, хну.
Переть, presser, пру.

Тереть, frotter, тру.
Жить, vivre, живу.
Плыть, nager, плыву.
Слыть, passer pour, слыву.
Реветь, rugir, ву.
Жаждать, avoir soif, жду.
Сосать, sucer, сосу.

Et de même les verbes irréguliers qui ont une de ces consonnes à la première personne.

2. Ceux qui, ayant l'infinitif en ать précédé de з, к, т, с, ск, changent ces consonnes en dentales ж, ч, ш, щ, pour toutes les personnes du présent, comme

Вязать, lier, яжу.
Казать, montrer, ажу.
Рѣзать, couper, ѣжу.
Плакать, pleurer, ачу.

Лепетать, balbutier, ечу.
Топтать, fouler, пчу.
Хохотать, rire aux éclats, очу.

Писа́ть, écrire, пишу́.
Пляса́ть, danser, пляшу́.
Иска́ть, chercher, ищу́.
Клевета́ть, calomnier, ещу́.

Ропта́ть, murmurer, пщу́.
Скрежета́ть, grincer, ещу́.
Трепета́ть, palpiter, ещу́.

Et de même глода́ть, ronger, гложу́; блестѣть, briller, блещу́; свиста́ть, siffler, свищу́, en observant que ces deux derniers ont à la seconde personne блéщешь ou блестишь, свищешь ou свистишь, etc.

D'après le troisième paradigme (берегу́) se conjuguent les verbes qui ont la première personne en у précédé des gutturales г et к, et qui sont tous des verbes irréguliers; voyez Article sixième.

D'après le quatrième paradigme (говорю́) se conjuguent

1. Les verbes qui ont la première personne en ю précédé d'une consonne, et l'infinitif en ить ou ѣть, comme

Благодари́ть, remercier, рю.
Вини́ть, accuser, ню.
Клейми́ть, contrôler, мю.
Кури́ть, fumer, рю.
Моли́ть, prier, лю.
Пали́ть, brûler, лю.
Хвали́ть, louer, лю.

Бдѣть, veiller, бдю.
Болѣть, avoir mal, лю.
Велѣть, ordonner, лю.
Горѣть, brûler, рю.
Звенѣть, ню.
Зрѣть, voir, зрю.
Смотрѣть, regarder, рю.

Et de même мы́слить, penser, qui change с en ш pour la première personne; mais qui reprend la consonne de l'infinitif aux autres personnes, мы́шлю, мы́слишь, etc.

2. Ceux qui ont la première personne en ю précédé de la voyelle о, et l'infinitif en ить ou ять, comme

Дои́ть, traire, дою́.
Крои́ть, tailler, рою́.

Поко́ить, apaiser, кою.
Пои́ть, abreuver, пою́.

Стро́ить, bâtir, ро́ю.   Стоя́ть, être debout, тою́.
Сто́ить, coûter, то́ю.

Et de même

Кле́ить, coller, лею.   Таи́ть, cacher, таю́.

3. Ceux qui, ayant l'infinitif en ить ou ѣть, ajoutent la consonne л à la première personne; mais qui la retranchent aux autres personnes, comme

Гра́бить, piller, блю, бишь.   Кипѣ́ть, bouillir, плю́.
Дыми́ть, fumer, млю́.   Сопѣ́ть, ronfler, плю́.
Корми́ть, nourrir, млю́.   Скорбѣ́ть, s'affliger, блю́.
Лови́ть, prendre, влю́.   Терпѣ́ть, souffrir, плю́.
Люби́ть, aimer, блю́.   Хрипѣ́ть, être enroué, плю́.
Топи́ть, chauffer, плю́.   Шумѣ́ть, faire du bruit, млю́.

Et de même ceux qui ayant la consonne л à l'infinitif, la gardent à toutes les personnes, comme скобли́ть, raboter, скоблю́, бли́шь; ма́слить, graisser, слю, слишь; ме́длить, différer, ме́длю, дли́шь.

D'après le cinquième paradigme (служу́) se conjuguent les verbes qui, ayant l'infinitif en ить ou ать précédé des dentales ж, ч, ш, щ, gardent à toutes les personnes la consonne de l'infinitif, comme

Верши́ть, décider, ршу́.   Визжа́ть, gémir, жжу́.
Должи́ть, prêter, лжу́.   Держа́ть, tenir, ржу́.
Души́ть, étrangler, ушу́.   Дрожа́ть, trembler, ожу́.
Лощи́ть, polir, ощу́.   Журча́ть, gazouiller, рчу́.
Лечи́ть, guérir, счу́.   Молча́ть, se taire, лчу́.
Мо́ршить, rider, ршу́.   Пища́ть, glapir, ищу́.
Утю́жить, repasser, южу́.   Слы́шать, entendre, ышу.
Учи́ть, instruire, учу́.   Стуча́ть, heurter, учу́.

D'après le sixième paradigme (прошу́) se conjuguent les verbes qui, ayant l'infinitif en ить ou ѣть précédé de д, з, т, с, ст, changent à la première pers. ces consonnes en dentales ж, ч, ш, щ; mais qui, aux autres personnes, reprennent la consonne finale de l'infinitif, comme

Будить, éveiller, ужу́.
Гасить, éteindre, ашу́.
Грузить, charger, ужу́.
Мстить, venger, мщу.
Платить, payer, ачу́.
Судить, juger, ужу́.
Чистить, nettoyer, ищу.
Шутить, badiner, учу́.

Вертѣть, tourner, рчу́.
Видѣть, voir, ижу.
Висѣть, être pendu, ишу́.
Глядѣть, regarder, яжу́.
Ненавидѣть, haïr, ижу.
Летѣть, voler, ечу́.
Сидѣть, être assis, ижу́.
Хрустѣть, craquer, ущу́.

§ 100. Le prétérit indéfini a deux finales caractéristiques, et se conjugue d'après les deux paradigmes suivants.

Я	жела́-лъ, ла, ло,		
Ты	жела́-лъ, ла, ло,		ou je désirai.
Онъ		лъ,	je désirais,
Она́	жела́-	ла,	
Оно́		ло,	
Мы	жела́-ли,		
Вы	жела́-ли,		
Онѣ	жела́-ли,		
Они́			

Я	берёг-ъ, ла́, ло́,		
Ты	берёг-ъ, ла́, ло́,		ou je gardai.
Онъ		ъ,	je gardais,
Она́	берег-	ла́,	
Оно́		ло́,	
Мы	берег-ли́,		
Вы	берег-ли́,		
Онѣ	берег-ли́,		
Они́			

Ainsi se conjuguent tous les verbes réguliers, en changeant ть de l'infinitif indéfini en лъ, fém. ла, neut. ло, plur. pour les trois genres ли; ex.

Тяну́ть, tirer, тяну́лъ, ла.
Говори́ть, parler, говори́лъ.
Мыть, laver, мылъ.
Мѣрять, mesurer, мѣрялъ.
Молоть, moudre, моло́лъ.
Цѣлова́ть, baiser, цѣлова́лъ.

Ainsi se conjuguent les verbes irréguliers qui ont au présent бу, гу, ку, зу, су, en changeant y en ъ, f. ла, n. ло, plur. pour les trois genres ли; ex.

Гребу́, je rame, грёбъ, бла́.
Пеку́, je cuis, пёкъ.
Грызу́, je ronge, грызъ.
Несу́, je porte, нёсъ.
En ajoutant la consonne л au fém., au neut. et au plur.

Remarque. 1) Les verbes en ерсть font leur prétérit par apocope en ръ, рла, рло; ex. тере́ть, frotter, тёръ, рла, рло, plur. тёрли; пере́ть, presser, пёръ, рла, рло, plur. пёрли. Ce dernier fait aussi au prétérit пралъ, ла, ло.

2) Dans les verbes en нуть le prétérit se forme en retranchant la syllabe нулъ; ex. га́снуть, s'éteindre, гасъ (au lieu de га́снулъ); со́хнуть, sécher, сохъ (au lieu de со́хнулъ); гря́знуть, s'embourber, грязъ (au lieu de гря́знулъ); et de même dans les composés, comme воскре́съ, je suis ressuscité (au lieu de воскре́снулъ); dans ce cas on ajoute aussi la consonne л au féminin et au neutre. Le verbe вя́нуть, se flétrir, a au prétérit вя́нулъ et вялъ.

§ 101. Le prétérit itératif se forme de l'infinitif itératif en changeant ть en лъ, ла, ло, et se conjugue comme le prétérit indéfini; ainsi de гова́ривать on forme гова́ривалъ, ла, ло, j'ai parlé plusieurs fois; de ха́живать, ха́живалъ, ла, ло, j'avais l'habitude d'aller. — Ce prétérit désignant une action qui s'est répétée plusieurs fois, et qui a eu lieu dans un temps passé éloigné, se nomme aussi *plus-que-parfait* (давнопроше́дшее).

Remarque. Il y a encore deux autres prétérits appelés, d'après Lomonossow, second et troisième plus-que-parfaits. L'un se forme du prétérit indéfini auquel on joint l'auxiliaire быва́ло, ou бы́ло, qui est invariable; et l'autre du prétérit itératif joint à l'auxiliaire быва́ло; ex. я быва́ло броса́лъ, j'avais jeté; они́ ворвали́сь бы́ло, ils avaient pénétré; я быва́ло ха́живалъ, j'ai eu jadis la coutume d'aller très-souvent.

§ 102. Le futur indéfini ne présente aucune difficulté; il se forme en faisant précéder l'infinitif indéfini de l'auxiliaire бу́ду ou ста́ну[1], et se conjugue ainsi

---

[1] Cette manière de former le futur est un slavonisme qui répond au germanisme ich werde sprechen.

Я	бу́ду (ou ста́ну) говори́ть,	
Ты	бу́дешь (ou ста́нешь) говори́ть,	
Онъ ⎫ Она́ ⎬ Оно́ ⎭	бу́детъ (ou ста́нетъ) говори́ть,	je parlerai.
Мы	бу́демъ (ou ста́немъ) говори́ть,	
Вы	бу́дете (ou ста́нете) говори́ть,	
Они́ ⎫ Онѣ́ ⎭	бу́дутъ (ou ста́нутъ) говори́ть,	

Remarque. La différence entre бу́ду et ста́ну est que celui-ci désigne un futur plus proche et plus déterminé, et qu'il s'emploie plus souvent dans le langage ordinaire.

3. IMPÉRATIF.

§ 103. L'impératif n'a point de première personne au singulier, et a trois finales caractéristiques pour la seconde. Il se forme de la seconde personne du présent en changeant

1) ешь ou ишь en й, si l'accent est sur la dernière syllabe à la première personne du présent ;

2) ешь ou ишь en ь, si l'accent n'est pas sur la dernière syllabe ;

3) ешь ou ишь en й, s'il y a une voyelle avant ешь ou ишь ;

d'après les trois paradigmes suivants :

Singulier. Говор-и́, parle.	Вѣр-ь, crois.	Жела́-й, désire
Pluriel. Говор-и́те.	Вѣр-ьте.	Жела́-йте.
Ainsi des verbes qui ont l'accent sur la dernière syllabe à la première personne du présent: excepté les verbes en ю précédé d'une voyelle et avec l'accent sur la dernière, qui changent ешь ou ишь en й ; ex. крою́, je coupe, 2ᵉ pers. кро́ишь, impér. крой ; даю́, je donne, даёшь, impér. дай.	Ainsi tous les verbes qui n'ont pas l'accent sur la dernière syllabe.	Ainsi tous les verbes qui ont une voyelle avant ешь ou ишь.

Les troisièmes personnes de l'impératif s'expriment par celles du présent que l'on fait précéder de пусть, пускай ou пущай, (laisse) ; comme пусть онъ говоритъ, qu'il parle ; пускай они желаютъ, qu'ils désirent ; et quelquefois aussi de la particule да ; comme да святится имя Твоё, que Ton nom soit sanctifié. La première personne du pluriel est semblable à celle du présent [1].

Remarque. 1) Les verbes qui ont la première pers. du présent en ью forment leur impératif de cette première pers. en changeant ью en ей ; comme бью, je bats, бей ; пью, je bois, пей. Mais ceux en ію le font en ій ; comme вопію, je m'écrie, вопій.

2) Les verbes irréguliers en гу et ку le forment aussi de la première pers. en changeant у en и ; comme берегу, je garde, береги ; бѣгу, je cours, бѣги ; пеку, je cuis, пеки.

4. PARTICIPES.

§ 104. 1. Le présent des participes se forme de la troisième personne du pluriel du présent de l'indicatif, en changeant тъ en щій, щая, щее ; ex. желаютъ, ils désirent, желающій, ая, ее, désirant ; говорятъ, ils parlent, говорящій, parlant ; служатъ, ils servent, служащій, servant ; берегутъ, ils gardent, берегущій, gardant.

2. Le prétérit indéfini des participes se forme du prétérit de l'indicatif, en changeant

a) лъ en вшій, ая, ее ; ex. желалъ, je désirais, желавшій, ayant désiré ; служилъ, je servais, служившій, ayant servi ;

---

[1] Dans le langage vulgaire on ajoute quelquefois à cette première personne du pluriel la syllabe те ; comme пойдёмъ-те, allons ; et de même à la seconde personne du singulier la syllabe ка ; comme послушай-ка, écoute.

et de même le prétérit itératif; comme говáривалъ, je parlais souvent, говáривавшій.

b) ъ de la seconde finale du prétérit (§ 100) en шій, ая, ее; ex. грызъ, je rongeais, грызшій, ayant rongé; пёкъ, je cuisais, пёкшій; тёръ, je frottais, тёршій; et de même les verbes en ду et ту, quoiqu'ils aient leur prétérit en лъ, changent у du présent en шій; ex. веду́, je conduis (prét. вёлъ), ве́дшій; плету́, je tresse (prét. плёлъ), плётшій; ajoutez вя́ну, je me flétris (prét. вя́нулъ et вялъ), qui fait вя́нувшій et вя́дшій. Mais краду́, je dérobe (prét. кралъ), fait кра́вшій.

Remarque. Les participes se déclinent comme les adjectifs; mais ils n'ont pas les degrés de qualification, et ceux des verbes actifs n'ont pas la forme apocopée.

5. GÉRONDIFS.

§ 105. Le présent des gérondifs se forme de la seconde personne du singulier du présent de l'indicatif, en changeant ешь ou ишь en я ou а (suivant la consonne qui précède) pour le style élevé, et en ючи ou учи pour le langage ordinaire; ex. жела́ешь, tu désires, желая ou желаючи, en désirant; слу́жишь, tu sers, служа́ ou слу́жучи, en servant.

Première Remarque. Plusieurs verbes, entre autres ceux en лю précédé d'une consonne, n'ont pas la terminaison ючи, tandis que les monosyllabes n'ont pas la terminaison я.

Seconde Remarque. Le prétérit se forme comme celui des participes en mettant ши au lieu de шій; ex. жела́вши, et par apocope жела́въ, en ayant désiré; говáривавши et говáривавъ, en ayant parlé souvent; ве́дши, en ayant conduit; грызши, en ayant rongé.

II. *Des verbes simples sémelfactifs*.

§ 106. Les verbes simples *sémelfactifs* sont ceux qui, outre les branches des verbes simples indéfinis, ont encore la branche *sémelfactive*. Ces verbes diffèrent des précédents en ce qu'ils désignent ordinairement quelque action physique produite par un objet animé ou inanimé, en un mot une action qui concerne un de nos cinq sens. Ils indiquent pour la plupart un mouvement momentané, un bruit qui a été de courte durée, ou qui ne s'est pas répété; comme j'ai toussé, j'ai éternué *une fois*, j'ai fait *un* signe de tête. Cette branche, qui est particulière à la langue russe (ou slavonne), se traduit en Français et dans les autres langues par des adverbes ou par des périphrases qui expriment que l'action n'est arrivée qu'*une fois;* ex. увидѣвъ его я крикнулъ, en le voyant j'ai fait *un* cri; громъ грянулъ, il y a eu *un* coup de tonnerre (es erfolgte ein Donnerschlag).

107. Les verbes de cette classe ont, outre les temps des verbes simples indéfinis (voyez le tableau),

1. Un infinitif sémelfactif;
2. Dans l'indicatif, un prétérit et un futur sémelfactifs;
3. Un impératif sémelfactif;
4. Aux participes, et
5. Aux gérondifs } un prétérit sémelfactif,

en observant que les temps indéfinis et itératifs se forment de la même manière que ceux des verbes précédents.

1. INFINITIF *sémelfactif,* нуть.		
2. INDICATIF.	*prétérit sémelf.*	*futur sémelf.*
Sing. Plur.	нулъ, ла, ло. нули.	ну, нешь, нетъ, немъ, нете, нутъ.
3. IMPÉRATIF *sémelf.*	2ᵉ pers. sing. ни, нь. — plur. ните, ньте.	
4. PARTICIPE *prétérit sémelf.* нувший, ая, ее.		
5. GÉRONDIF *prétérit sémelf.* нувши ou нувъ.		

Remarque. Cette branche n'a point de présent, parce qu'une action qui n'arrive qu'une fois, semblable à un point mathématique, ne saurait occuper une place dans le présent.

§ 108. Les temps de la branche sémelfactive se forment de la manière suivante :

1. L'infinitif se forme de l'infinitif indéfini en changeant les trois (et quelquefois les quatre) dernières lettres en нуть, et si devant ces lettres, il se trouve un л, on ajoute alors un ь; ex. кликать, appeler, кликнуть; двигать, mouvoir, двигнуть ou двинуть; колоть, piquer, кольнуть. Il y a plusieurs exceptions, comme on peut le voir dans la liste des verbes de cette classe.

2. Les autres temps se forment de cet infinitif en changeant

a) нуть en нулъ, ла, ло, pour le prétérit ;

LEXICOLOGIE. 139

b) нуть en ну, нешь, etc., pour le futur;

c) нуть en ни́ avec l'accent, ou en нь sans l'accent, pour l'impératif;

d) нуть en нувший, pour le prétérit des participes;

e) нуть en нувши ou нувъ, pour le prétérit des gérondifs.

EXEMPLE.

Prétérit semelfactif.	*Futur semelfactif.*	*Impér. semelfact.*
Я Ты Онъ } Коль-ну́лъ, f. ла, n. ло. Мы Вы Они́ } Коль-ну́ли, j'ai piqué une fois.	Коль-ну́, Коль-нёшь, Коль-нётъ, Коль-нёмъ, Коль-нёте, Коль-ну́тъ, je piquerai une fois.	Коль-ни́, pique. Коль-ни́те. ou Дви-нь, remue. Дви́-ньте.
Ainsi tous les prétérits de la branche semelfactive.	Ainsi tous les futurs de la branche semelfactive.	Ainsi les impératifs selon qu'ils ont l'accent sur la dernière ou sur la pénultième.

§ 109. L'Académie, dans sa grammaire (§ 224), dit que cette branche se trouve dans les verbes simples terminés en бать, тать, кать, пать, хать. Mais comme cette règle n'est pas sans exceptions, et que plusieurs des verbes dans lesquels se trouve cette branche, admettent quelques changements pour sa formation, nous donnons ici la liste alphabétique des verbes de cette classe.

Infinitif indéfini.	*Infin. semelfact.*	*Présent.*
А́хать, soupirer,	а́хнуть,	а́хаю, ешь.
Блева́ть, vomir,	блю́нуть,	блюю́, ешь.
Блесть́ть, briller,	сснуть,	ещу́, е́щешь et ести́шь.

Infinitif indéfini.	Infin. sémelfact.	Présent.
Бости́, frapper des cornes,	бодну́ть,	боду́, ёшь,
Болта́ть, babiller,	лпну́ть,	лпа́ю, ешь.
Бреха́ть, aboyer,	хну́ть,	сшу́, шешь.
Брызгать, rejaillir,	ызнуть,	ызжу́, жешь.
Брыка́ть, ruer,	кну́ть,	ка́ю, ешь.
Верга́ть, jeter,	гну́ть,	га́ю, ешь.
Верте́ть, tourner,	рну́ть,	рчу́, тишь.
Виля́ть, tergiverser,	львну́ть,	ля́ю, ешь.
Вороши́ть, fouiller,	рохну́ть,	ошу́, шишь.
Глота́ть, avaler,	глону́ть,	та́ю, ешь.
Гляде́ть, regarder,	гляну́ть,	яжу́, дишь.
Греме́ть, tonner,	гря́нуть,	млю́, мишь.
Грызть, ronger,	зну́ть,	ызу́, зёшь.
Дави́ть, presser,	давну́ть,	влю́, вишь.
Дви́гать, mouvoir,	дви́гнуть et дви́нуть,	гаю, ешь.
Дёргать, arracher,	дёрнуть,	гаю, ешь.
Дерза́ть, oser,	зну́ть,	за́ю, ешь.
Дрожа́ть, trembler,	о́гнуть,	ожу́, жишь.
Дуть, souffler,	ду́вуть,	ду́ю, ешь.
Дыша́ть, respirer,	дохну́ть,	дышу́, шишь.
Жева́ть, mâcher,	жевну́ть,	жую, ешь.
Журча́ть, gazouiller,	ркнуть,	журчу́, чишь.
Зѣва́ть, bâiller,	зѣвну́ть,	вáю, ешь.
Ика́ть, avoir le hoquet,	икну́ть,	ика́ю, ешь.
Ка́пать, dégoutter,	ка́пнуть et ка́нуть,	пл́ю, лешь.
Ка́ркать, croasser,	ка́ркнуть,	каю, ешь.
Каса́ться, concerner,	косну́ться,	са́юсь, ешься.
Кача́ть, bercer,	чну́ть,	ча́ю, ешь.
Ка́шлять, tousser,	ляну́ть,	ля́ю, ешь.
Ква́кать, coasser,	а́кнуть,	ка́ю, ешь.

Infinitif indéfini.	*Infin. sémelfact.*	*Présent.*
Кивать, faire signe,	кивнуть,	ваю, ешь.
Кидать, jeter,	кинуть,	даю, ешь.
Клевать, becqueter,	клюнуть,	клюю, ёшь.
Кликать, appeler,	януть,	кличу, чешь.
Ковырять, curer,	рнуть,	ряю, ешь.
Козырять, jouer atout,	рнуть,	ряю, ешь.
Колебать, ébranler,	бнуть,	éблю, лешь.
Колоть, piquer,	льнуть,	лю, лешь.
Колупать, éplucher,	пнуть,	паю, ешь.
Колыхать, agiter,	хнуть,	ышу, ешь.
Конать, creuser,	пнуть,	паю, ешь.
Кричать, crier,	кнуть,	чу, чишь.
Лизать, lécher,	знуть,	ижу, жешь.
Локать, laper,	кнуть,	чу, чешь.
Лопать, crever,	пнуть,	паю, ешь.
Лягать, ruer,	гнуть,	гаю, ешь.
Мазать, oindre,	знуть,	жу, жешь.
Макать, tremper,	кнуть,	чу, чешь.
Марать, salir,	рнуть,	раю, ешь.
Махать, agiter,	хнуть,	шу, шешь.
Мелькать, passer rapi- dement,	кнуть,	каю, ешь.
Метать, jeter,	тнуть,	чу, чешь.
Мигать, cligner,	гнуть,	гаю, ешь.
Миновать, s'écouler,	минуть,	ную, ешь.
Мотать, secouer,	тнуть,	таю, ешь.
Нырять, plonger,	рнуть,	ряю, ешь.
Нюхать, flairer,	хнуть,	хаю, ешь.
Обыкать, s'accoutumer,	кнуть,	каю, ешь.
Пикать, piauler,	кнуть,	каю, ешь.
Пихать, pousser,	хнуть,	хаю, ешь.
Плевать, cracher,	плюнуть,	плюю, ешь.
Плескать, faire rejaillir,	плеснуть,	ещу, щешь.

Infinitif indéfini.	*Infin. semelfact.*	*Présent.*
Полоскать, rincer,	оснуть,	ощу́, щешь.
Порхать, voltiger,	хнуть,	ха́ю, ешь.
Присягать, prêter serment,	гнуть,	га́ю, ешь.
Прыгать, sauter,	гнуть,	гаю, ешь.
Прыскать, arroser,	ыснуть,	ы́щу, щешь.
Прядать, bondir,	нуть,	даю, ешь.
Пугать, effrayer,	гнуть,	га́ю, ешь.
Пырять, frapper,	рнуть,	ря́ю, ешь.
Пышать, brûler,	ыхнуть,	шу́, тишь.
Рвать, arracher,	рвануть,	рву, вёшь.
Рыгать, roter,	гнуть,	га́ю, ешь.
Рычать, rugir,	кнуть,	чу́, чи́шь.
Рѣять, pousser,	ринуть,	рѣю, ешь.
Сверкать, étinceler,	кнуть,	ка́ю, ешь.
Свистать, siffler,	снуть,	ищу́, и́щешь et свисти́шь.
Скакать, sauter, galoper,	скокнуть,	ачу́, чешь.
Скользить, glisser,	льзнуть,	льзи́шь, *unip.*
Скрипѣть, craquer, crier,	пнуть,	плю́, пишь.
Сморкать, se moucher,	кнуть,	ка́ю, ешь.
Совать, pousser,	су́нуть,	су́ю, ешь.
Стегать, fouetter,	гнуть,	га́ю, ешь.
Стрекать, aiguillonner,	кнуть,	ка́ю, ешь.
Стричь, tondre,	стригнуть,	игу́, жёшь.
Стрѣлять, tirer de l'arc, ou d'une arme à feu,	льнуть,	ля́ю, ешь.
Стучать, heurter,	у́кнуть,	учу́, чи́шь.
Такать, consentir,	кнуть,	каю, ешь.
Тиснить, serrer,	снуть,	сню, ишь.
Толкать, frapper,	кнуть,	ка́ю, ешь.
Топать, trépigner des pieds,	пнуть,	паю, ешь.

Infinitif indéfini.	Infin. sémelfact.	Présent.
Торгáть, arracher,	гнуть,	гáю, ешь.
Трещáть, petiller,	existнуть,	щу́, щишь.
Трóгать, toucher,	трóнуть,	гаю, ешь.
Трясти́, secouer,	тряхну́ть,	ясу́, сёшь.
Ты́кать, enfoncer,	ткнуть,	ы́чу, чешь.
Ужасáть, effrayer,	снуть,	сáю, ешь.
Улыбáться, sourire,	бну́ться,	бáюсь, ешься.
Хапáть, emporter,	пнуть,	паю, ешь.
Хáркать, cracher,	ркнуть,	каю, ешь.
Хлебáть, manger à la cuiller,	бну́ть,	бáю, ешь.
Хлестáть et Хлыстáть, { frapper d'une houssine, rejaillir, }	снуть,	щу́, щешь.
Хлóпать, claquer,	пнуть,	паю, ешь.
Храпѣть, ronfler,	пну́ть,	плю, пишь.
Цáрапать, égratigner,	апнуть,	паю, ешь.
Чéрпать, puiser,	черпну́ть,	паю, ешь.
Чесáть, peigner,	чесну́ть,	ешу́, сешь.
Чихáть, éternuer,	чихну́ть,	хáю, ешь.
Чкать, frapper contre,	чкнуть,	чкáю, ешь.
Шагáть, enjamber,	шагну́ть,	гáю, ешь.
Шáстать, marcher avec bruit,	стнуть,	шаю, ешь.
Шатáть, secouer,	шатну́ть,	тáю, ешь.
Швырять, lancer,	швырну́ть,	ряю, ешь.
Шевели́ть, remuer,	льну́ть,	слю, ли́шь.
Шептáть, chuchoter,	пну́ть,	пчу́, чешь.
Шибáть, jeter,	бну́ть,	бáю, ешь.
Шипѣть, siffler comme le serpent,	пнуть,	плю́, пишь.
Шлёпать, claquer,	пнуть,	паю, ешь.
Шорóшишь, faire du bruit.	рóхнуть,	óшу, шишь.

Infinitif indéfini.	*Infin. sémelfact.*	*Présent.*
Щелкáть, donner des chiquenaudes,	кнуть,	кáю, ешь.
Щепáть, fendre,	пнуть,	плю́, лешь.
Шмкáть, moucher,	кнуть,	кáю, ешь.
Щипáть, pincer, cueillir,	пнуть,	плю́, лешь.

Première Remarque. Les verbes composés qui dérivent de ces verbes ont aussi la branche sémelfactive, voyez § 115.

Seconde Remarque. Il est quelques verbes composés qui ont cette branche sémelfactive, quoique leurs primitifs ne l'aient pas ; comme прибѣгнуть, accourir, de бѣгать ; встрепенýться, frissonner, de трепетáть ; помянýть, faire mention, de мнить.

III. *Des verbes simples fréquentatifs.*

§ 110. La langue russe a une autre espèce de verbes simples que nous ne trouvons dans aucune autre langue ; ce sont les verbes *fréquentatifs* [1], qui diffèrent des autres verbes simples en ce qu'ils indiquent toujours un changement de place, ou une action continuée. Ces verbes ont deux branches distinctes, l'une *indéfinie* ou *illimitée*, et l'autre *définie* ou *limitée*, avec la différence que la branche définie montre l'action comme étant sur le point d'arriver, et détermine le temps où elle arrive, tandis que la branche indéfinie désigne une action qui arrive habituellement, qui a coutume d'arriver ; ex. я идý въ садъ, je vais *en ce*

---

[1] La langue latine a bien des verbes fréquentatifs ; mais ces verbes répondent à la branche que nous avons appelée *itérative*, comme *cursitare*, courir souvent ; *fugitare*, fuir à différentes reprises. Il en est de même de quelques verbes français, tels que *criailler*, *craqueter*, *clignoter*.

moment dans le jardin, ou *je suis en chemin* pour aller dans le jardin, et я хожу́ въ салъ, *j'ai l'habitude* d'aller dans le jardin; бѣгу́, je cours *maintenant, je suis* en course, et бѣгаю, *j'ai l'habitude* de courir.

§ 111. Chacune de ces deux branches se conjugue comme un verbe simple particulier, en remarquant qu'il n'y a que la branche indéfinie qui puisse avoir l'infinitif itératif. Les verbes de cette classe sont les suivants.

Branche indéfinie.	*Branche définie.*
Блистáть, стáю.	Блестѣть, ещу́, briller.
Бодáть, дáю.	Бостú, боду́, frapper des cornes.
Бродúшь, ожу́, дишь.	Брести, еду́, errer, rêver.
Брызгать, гаю.	Брести, брызжу́, жешь, rejaillir.
Бывáть, вáю.	Быть, есмь, есú, être.
Бѣгать, гаю.	Бѣжáть, ѣгу́, жúшь, courir.
Валя́ть, я́ю.	Валúть, лю́, renverser.
Величáть, чáю.	Велúчить, ичу́, чишь, exalter.
Вергáть, гáю.	Вéрзить, ржу, зишь, jeter.
Видáть, дáю.	Вúдѣть, ижу, дишь, voir.
Водúть, ожу́, дишь.	Вести, веду́, conduire.
Возúшь, ожу́, зишь.	Везтú, везу́, transporter.
Ворóчать, чаю.	Воротúть, очу́, тишь, tourner.
Вѣшать, шаю.	Вѣсить, ѣшу, сишь, suspendre.
Глотáть, тáю.	Глотáть, очу́, тишь, avaler.
Гнѣвать, ваю.	Гнѣвить, влю, irriter.
Гоня́ть, ня́ю.	Гнать, гоню́, chasser.
Двúгать, гаю.	Двúзать, ижу, жешь, mouvoir.
Дыхáть, хáю.	Дышáть, шу́, шúшь, respirer.
Имáть, мáю.	Яшь, éмлю, лешь, prendre [1].

---

[1] Le verbe имáть est slavon et n'est usité que dans les composés; voyez § 114.

| *Branche indéfinie.* | *Branche définie.* |

Катать, таю. Катить, ачу́, тишь, rouler.
Кланяться, яюсь. Клониться, ню́сь, saluer.
Корошать, таю. Коротить, о́чу, тишь, abréger.
Кривлять, ляю. Кривить, влю́, courber.
Кусать, саю. Кусить, кушу́, сишь, mordre.
Лазить, ажу, зишь. Лѣзть, ѣ́зу, grimper.
Летать, таю. Летѣть, ечу́, тишь, voler.
Ломать, маю. Ломить, млю́, rompre, briser.
Мѣнять, няю. Мѣнить, ню́, changer.
Мѣрять, ряю. Мѣрить, рю́, mesurer.
Носить, ошу́, сишь. Нести́, несу́, porter.
Плавать, ваю. Плыть, плыву́, nager.
Ползать, заю. Ползти́, зу́, ramper.
Равнять, няю. Равнить, ню́, aplanir.
Ронять, няю. Ронить, ню́, faire tomber.
Сажать, жаю. Садить, ажу́, дишь, planter.
Слыхать, — Слышать, шу, шишь, entendre.
Спать, сплю, пишь. Снуть, сну, dormir, s'assoupir.
Стенать, наю. Стонать, ону́, gémir.
Страдать, даю. — стражду, дешь, souffrir.
Строгать, гаю. Стружить, жу́, жишь, raboter.
Таскать, каю. Тащить, щу́, щишь, tirer.
Тискать, каю. Тиснить, ню́, serrer.
Труждать, даю. Трудить, ужу́, дишь, incommoder.
Тягаться, гаюсь. Тяжиться, жу́сь, être en procès.
Ходить, ожу́, дишь. Итти́, иду́, дешь, aller.
Читать, таю. Честь, чту, тёшь, lire.
Ѣздить, зжу, дишь. Ѣхать, ѣ́ду, дешь, aller.

Remarque. La différence qui existe entre итти и Ѣхать est que итти signifie aller *à pied*, et Ѣхать, aller *à cheval, en voiture, en bateau,* ou de toute autre manière qu'à pied. Il en est de même de вести et везти : веду́, je conduis *à pied*, et везу́, je conduis *en voiture, à cheval*, etc.

IV. *Des verbes composés ou parfaits.*

§ 112. Les verbes *composés* ou *parfaits* sont ceux qui se forment des verbes simples dont nous venons de parler, et d'une préposition qui modifie plus ou moins le sens du verbe primitif, l'altère souvent, ou en accroît l'énergie. Il arrive quelquefois que le primitif est perdu, tandis que les composés sont très-usités ; comme воскресать, ressusciter ; исчезать, disparaître ; попрекать et упрекать, reprocher ; получать, recevoir, etc.

§ 113. Les prépositions qui entrent dans la composition des verbes parfaits sont les suivantes :

1. Безъ, безо [1] (sans) marque une *privation;* ex. безпоко́ить, priver du repos, incommoder ; безобра́зить, défigurer. Cette préposition est quelquefois précédée de о ; comme обезче́стить, déshonorer ; обезси́лить, énerver.

2. Во, въ (dans) exprime une action qui passe *au dedans* d'une chose ; ex. войти́, entrer ; вста́вить, insérer ; влить, verser dedans ; вовле́чь, entraîner ; вонзи́ть, enfoncer.

3. Возъ, взъ, взо (en haut) marque une action qui passe *de bas en haut;* ex. восходи́ть, monter ; вознести́ся, s'élever ; взлѣзть, grimper sur. Dans quelques verbes elle marque un *commencement;* ex. возъимѣть, commencer à avoir ; возненави́дѣть, concevoir de la haine ; возлюби́ть, concevoir de l'amour. Cette préposition est quelquefois précédée de пре ; alors

---

[1] Les prépositions terminées par une consonne ajoutent ordinairement la voyelle о en se joignant aux verbes qui commencent par deux consonnes, afin d'adoucir la prononciation ; et de même avec le verbe итти́.

elle désigne la *supériorité*; ex. превзойти, surpasser; превозноситься, s'exalter.

4. Вы (dehors) marque 1) une action qui passe *au dehors*; ex. выйти, sortir; вывлечь, extraire; вынести, emporter; выбрать, élire, choisir; выплюнуть, mépriser [1]; 2) une *perfection*; ex. выкрасить, peindre tout; выбѣлить, blanchir entièrement; вымыть, bien laver; 3) une *acquisition*, un *gain*; ex. выплакать, obtenir à force de pleurer; выльстить, obtenir par des flatteries; выиграть, gagner au jeu.

5. До (jusqu'à) exprime la *borne* ou la *fin*; ex. доходить, parvenir; дописать, écrire jusqu'au bout; додѣлать, achever; доиграть, finir de jouer; доѣсть, manger tout.

6. За (derrière) exprime 1) un *commencement*; ex. заговорить, commencer à parler; засвистать, commencer à siffler; закипѣть, commencer à bouillir; 2) l'action de *couvrir*; ex. задѣлать, boucher; закласть, murer; закрасить, couvrir de couleur; 3) un *éloignement*, un *écart*; ex. зайти, s'écarter; заѣхать, entrer en passant (étant à cheval ou en voiture); забыть, oublier; 4) un *excès*; ex. заговориться, aller trop loin dans son discours; заспаться, dormir trop; зацѣловать, accabler de baisers; залгать, abuser par des mensonges.

7. Изъ (de) a la signification de вы, et s'emploie dans le style élevé; ex. изгнать, bannir; избрать, élire. Elle indique aussi l'*entier emploi* d'une chose; ex. издержать, consommer, dépenser; износить, user en portant; исписать, consommer en écrivant; изорвать, mettre en pièces en déchirant.

8. На (sur) indique 1) l'action de *combler* ou de *remplir*; ex. набросить, jeter en un tas; накласть, mettre une certaine quantité; накормить, donner amplement à manger; 2) quelque

---

[1] De плюнуть, cracher; ce verbe signifie le peu de cas que l'on fait d'une chose; on la compare à ce qui sort de la bouche; en Latin *despuere*, et en Français *conspuer*.

accident ou *perte;* ex. наспа́ть, s'attirer une maladie à force de dormir; напляса́ть, avoir des durillons à force de danser; 3) simplement une action *achevée;* ex. написа́ть, avoir écrit; нарисова́ть, avoir fini un dessin; 4) avec le pronom réfléchi, une *suffisance;* ex. наигра́ться, jouer suffisamment; наговори́ться, parler à son aise; напляса́ться, danser beaucoup; навида́ться, être las de voir.

9. Надъ (dessus) marque une action produite *d'en haut* à l'égard de celle qui est en bas; ex. наддави́ть, presser d'en haut; надстро́ить, bâtir au-dessus; надписа́ть, intituler.

10. Низъ (en bas) marque une action dirigée *de haut en bas*, et s'emploie dans le style élevé au lieu de съ; ex. низходи́ть, descendre; низве́ргнуть, précipiter, au lieu de сходи́ть et све́ргнуть.

11. О, объ, обо (de, autour) exprime 1) une action produite *autour* de quelque chose; ex. обня́ть, embrasser; обойти́, faire le tour; обста́вить, entourer; огляде́ться, regarder autour de soi; 2) un *examen* ou une *explication* dans tous les sens; ex. обду́мать, examiner mûrement; описа́ть, décrire; обольсти́ть, séduire.

12. Отъ (de) marque 1) le *retranchement* d'une partie; ex. отби́ть, détacher en cassant; оторва́ть, arracher; 2) un *éloignement* de soi; ex. оттолкну́ть, repousser; отклони́ть, détourner; отста́вить, placer de côté; 3) une *discontinuation;* ex. отписа́ть, cesser d'écrire; отде́лать, mettre la dernière main; отку́шать, finir de manger; отпла́кать, cesser de pleurer; 4) avec le pronom réfléchi, une *délivrance;* ex. отде́латься, se débarrasser; отговори́ться, s'excuser; отпла́каться, éviter par des pleurs.

13. Пере, пре (sur) signifie 1) l'action d'*outre-passer* la mesure; ex. перепо́лнить, remplir trop; переспе́ть, être trop mûr; 2) un *changement* de place; ex. перели́ть, transvaser; перевести́, transporter; 3) une action *renouvelée;* ex. переписа́ть, récrire; переде́лать, refaire; 4) l'action de passer par-

dessus ou *à travers ;* ex. перѣхать, traverser ; перейти, passer par-dessus ; прсставившися, mourir ; c'est-à-dire passer le terme de la vie (en Latin *perire*) ; 5) réunie à une autre préposition, пре marque la *supériorité ;* ex. превознестися, s'exalter ; превзойти, surpasser. — Dans le style élevé, пре s'emploie au lieu de пере.

14. По indique le *peu de durée*, et se traduit par *un peu ;* ex. поиграть, jouer un peu ; поговорить, parler un peu ; погостить, être peu de temps en visite ; побыть, être quelque temps.

15. Подъ (dessous) exprime 1) une action produite *par-dessous ;* ex. подложить, mettre dessous ; подставить, poser dessous ; 2) un *rapprochement ;* ex. подбѣжать, accourir ; подъѣхать, aborder ; подойти, s'approcher.

16. Предъ (avant) marque l'action de passer *devant* ou *avant ;* ex. предстоять, être devant ; предсказать, prédire ; предъиграть, préluder ; предписать, prescrire ; предупредить, devancer.

17. При (auprès de) exprime 1) un *rapprochement ;* ex. пристать, aborder ; приѣхать, arriver ; прибѣжать, se réfugier ; прибрать, mettre à sa place, arranger ; 2) une *addition ;* ex. прилить, verser davantage ; присоединить, joindre ; приплясать, danser, joindre la danse à la musique.

18. Про (pour, devant) marque 1) une action qui passe *par* une chose ou *au travers* d'une chose ; ex. прорвать, trouer ; пронзить, percer d'une épée ; просѣять, cribler ; протечь, couler à travers ; 2) la *continuation* d'une action ; ex. простоять, rester quelque temps ; пробыть, séjourner ; 3) une *perte* ou une *privation ;* проспать, perdre, négliger en dormant ; пропить, dépenser en buvant ; проиграть, perdre au jeu ; проглядѣть, ne pas remarquer ; 4) avec le pronom réfléchi, une *faute* ou une *erreur ;* ex. проговориться, se méprendre en parlant.

19. Противъ (contre) marque une *opposition* ou une *contrariété ;* ex. противустоять, s'opposer ; противоположить, objecter ; противорѣчить, contredire.

20. Разъ (séparément) marque 1) une *division*, une *séparation*; ex. разобрáть, démontrer, défaire; разрѣзать, couper en morceaux; разорвáть, déchirer; разлáть, verser dans toutes les tasses; разспáвишь, mettre en différents endroits; 2) avec le pronom réfléchi, la *continuation* et l'*augmentation* de l'action; ex. разговорúться, avoir un flux de paroles intarissable; разоспáться, dormir d'un long et profond sommeil; раскричáться, crier longtemps à tue-tête.

21. Со, съ (avec) désigne 1) le *rassemblement* des parties; ex. составить, composer; сплести, entrelacer; сотворить, créer; 2) l'action d'*ôter de dessus* quelque chose; ex. стерéть, ôter en frottant, effacer; 3) une action qui passe *de haut en bas*; ex. сойтú, descendre; сбросить, jeter en bas, précipiter; стащить, tirer de haut en bas; 4) simplement un *accomplissement*; ex. сдѣлать, faire, avoir fait.

22. У (chez) exprime 1) un *éloignement*; ex. унестú, emporter; уѣхать, partir; улетѣть, s'envoler; 2) un *arrangement*; ex. убрáть, mettre en ordre; уклáсть, emballer; устáвить, mettre à sa place; устрóить, arranger, disposer; 3) la *diminution* d'une petite partie; ex. убыть, décroître; урвáть, arracher un peu; уструга́ть, emporter avec le rabot ce qui est de trop; 4) une *résistance*; ex. устоять, tenir ferme; удержáть, contenir; 5) une *persuasion*; ex. уговорить, engager; упросить, fléchir par des prières; убѣдить, convaincre; 6) un *meurtre*; ex. убúть, tuer; удавúть, étrangler; умертвúть, assassiner (prés. умерщвляю); 7) simplement un *accomplissement*; ex. умыться, se laver; увидѣть, voir; усмотрѣть, apercevoir.

§ 114. Les deux exemples suivants font voir les différentes acceptions que prennent les verbes selon les différentes prépositions dont ils sont composés.

De ходи́ть ou итти́ (Sl. ити́), aller.

В-ходи́ть, entrer.
Вос- ⎫
Вс- ⎭ ходи́ть, monter, sortir de terre, se lever.
Вы-ходи́ть, sortir.
До-ходи́ть, parvenir.
За-ходи́ть, s'écarter.
Ис-ходи́ть, sortir.
На-ходи́ть, trouver.
Низ-ходи́ть, descendre.
Об-ходи́ть, parcourir.
От-ходи́ть, partir.
Пере-ходи́ть, traverser.
По-ходи́ть, ressembler.
По-йти́, aller.
Под-ходи́ть, s'approcher.
Пре-вос-ходи́ть, surpasser.

Пред-ходи́ть, précéder.
При-ходи́ть, arriver.
Про-ис-ходи́ть, provenir.

Про-ходи́ть, s'écouler.
Рас-ходи́ться, se séparer.

Du slavon има́ти ou я́ти, prendre.

В-н-има́ть [1], entendre.
Вз-ять, prendre.
Вос-при-я́ть, prendre, tenir sur les fonts de baptême.
Вы-нима́ть, aveindre.
До-нима́ть, prendre tout.
За-нима́ть, emprunter.
Из-нима́ть, excepter.
На-нима́ть, prendre à louage.

Об-нима́ть, embrasser.
От-нима́ть, ôter.
Пере-нима́ть, intercepter.
По-нима́ть, comprendre.
По-йма́ть, attraper.
Под-нима́ть, soulever.
Пред-при-нима́ть, entreprendre, se charger de.

При-нима́ть, accepter.
При-под-нима́ть, élever, exhausser.
Про-нима́ть, percer.
Рас-нима́ть, séparer, disséquer.

---

[1] Cette consonne н, ajoutée entre la préposition et le verbe, est une consonne euphonique, pour éviter l'hiatus, comme s en Français dans dé-s-espérer, dé-s-honorer.

С-ходи́ть, descendre. | С-нима́ть, tirer en bas, ôter.
С-низ-ходи́ть, condescendre. |
У-ходи́ть, s'en aller. | У-нима́ть, arrêter.

§ 115. Les verbes composés ou parfaits ont (voy. le tableau) :

1. Deux infinitifs, l'imparfait et le parfait ;
2. Dans l'indicatif, le présent, les prétérits imparfait et parfait, et les futurs imparfait et parfait ;
3. Deux impératifs, l'imparfait et le parfait ;
4. Aux participes, et ⎫ le présent et les prétérits impar-
5. Aux gérondifs, ⎭ fait et parfait.

Première Remarque. Les verbes composés, formés des verbes simples qui ont la branche sémelfactive, ont deux prétérits et deux futurs parfaits ; voyez-en la signification § 122.

Seconde Remarque. Les verbes composés dont le simple n'a pas l'infinitif itératif terminé en ывать ои ивать, ont leur infinitif imparfait terminé comme l'infinitif itératif ; ex. велѣть, ordonner, infinitif imparfait повелѣва́ть ; мере́ть, mourir, умира́ть ; тере́ть, frotter, стира́ть.

154 LEXICOLOGIE.

1. INFINITIF		imparfait, ꙗвать ou ивать (par sync. ꙗпь ou апь). parfait, comme l'infin. indéf. du verbe simple.			
2. INDICATIF	présent.	prétérit imparfait.	prét. parf.	futur imparfait.	fut. parf.
singul.	ꙗваю. п - ешь. - етъ.	ꙗвалъ, ла, ло. п — — — ваал.	comme le prét. indéf. du verbe simple.	буду будешь будетъ } п ꙗвашь	comme le présent du verbe simple.
plur.	- емъ. - ете. - ютъ.	— — — —		будемъ будуть } п ꙗвать	
3. IMPÉRATIF.	imparf. —ваи. —ваине.		parfait. comme l'impératif indéfini du verbe simple.		
4. PARTICIPES.	présent. ꙗвающiи, ая, ее. п	prétérit imparfait. ꙗвавшiи, ая, ее. п		prétérit parfait. comme le prét. indéf. du verbe simple.	
5. GÉRONDIFS.	ꙗвая, ваючи. п	ꙗвавши, вавъ. п			

§ 116. 1. L'infinitif des verbes composés se forme de l'infinitif des verbes simples. De la préposition et de l'infinitif indéfini se forme l'infinitif *parfait;* de la préposition et de l'infinitif itératif se forme l'infinitif *imparfait;* ex.

дѣлать,	*inf. imp.*	отдѣлывать,	*inf. parf.*	отдѣлать;
faire,		achever,		
колоть,	—	закалывать,	—	заколоть;
piquer,		immoler,		
гулять,	—	прогуливать,	—	прогулять;
se promener,		se promener,		
смотрѣть,	—	усматривать,	—	усмотрѣть;
regarder,		observer.		

Mais dans les verbes composés dont le simple est en ить, l'infinitif imparfait, au lieu d'être en ивать, se syncope en ять, et se contracte en ять ou ать (suivant la consonne qui précède, § 48); ex.

любить,	*inf. imp.*	возлюблять,	*inf. parf.*	возлюбить;
aimer,		concevoir de l'amour,		
томить,	—	утомлять,	—	утомить;
fatiguer,		accabler,		
грузить,	—	нагружать,	—	нагрузить;
charger,		embarquer,		
гасить,	—	погашать,	—	погасить.
éteindre,		éteindre.		

Remarque. Cette contraction n'a pas lieu dans tous les verbes en ить; elle se fait surtout dans ceux en бить, вить, мить, дить, тить, зить et сить, et encore avec quelques exceptions, comme on le verra § 120.

2. Dans l'indicatif les temps *imparfaits* se forment de l'infinitif imparfait en changeant ть en ю, ешь, etc., pour le *présent;* en лъ, ла, ло, pour le *prétérit;* et en ajoutant l'auxiliaire буду

(ou стáну) pour le futur. Les temps *parfaits* sont comme les temps des verbes simples : le présent joint à une préposition devient un *futur* parfait, et le prétérit indéfini avec la même préposition devient un *prétérit* parfait.

3. Les impératifs *imparfait* et *parfait* se forment comme dans les verbes simples. Il en est de même des participes et des gérondifs.

Remarque. Les temps des verbes composés se conjuguant comme ceux des verbes simples, il est inutile d'en donner des paradigmes.

§ 117. Les verbes simples qui n'ont pas l'infinitif itératif forment différemment leurs composés.

1. Ceux en ю précédé d'une voyelle gardent la terminaison du verbe simple dans les composés; ex. вергáю, présent composé повергáю, je renverse; касáюсь, прикасáюсь, je concerne; (имáю, *inus.*), понимáю, je comprends. Il en est de même de quelques autres, comme выхожý, je sors, de хожý, je vais; возношý, j'élève, de ношý, je porte.

2. Ceux en ю précédé d'une consonne changent ю en ляю pour leurs composés; ex. веселю́, présent composé увеселя́ю, je divertis; багрю́, обагря́ю, je teins en pourpre; далю́, удаля́ю, j'éloigne. Mais de борю́ on fait побора́ю, je combats, et de горю́, выгора́ю, сгора́ю, je brûle.

3. Ceux en ну changent ну en аю pour leurs composés; ex. гúбну, présent composé погибáю, je péris; мёрзну, замерзáю, je gèle; (чéзну, *inus.*), исчезáю, je disparais; (креснý, *inus.*), воскресáю, je ressuscite; excepté вя́ну, увядáю, je me flétris. Mais гну, сóхну et шя́ну, qui ont l'infinitif itératif, font сгибáю, je courbe; посыхáю, je sèche; вытя́гиваю, je tire dehors.

4. Ceux en жу, qui dérivent des slavons, quoiqu'ils aient l'infinitif itératif, changent у en даю pour leurs composés; ex. сужý, разсуждáю, je juge; нýжу, принуждáю, je contrains; бужý, разбуждáю, j'éveille; et de même побѣждáю, je vaincs; досаждáю, je chagrine.

§ 118. En général, pour former le prétérit et le futur parfaits d'un verbe simple, il ne faut qu'ajouter une préposition au présent et au prétérit de ce verbe. Mais quelle est la préposition qui doit être jointe dans ce cas à chaque verbe? — Les verbes simples qui ont des composés empruntent leurs temps parfaits d'un de ces composés qui a à peu près la même signification; mais pour ceux qui n'ont point de composé, il n'y a que l'usage qui puisse faire connaître la préposition qu'ils prennent pour former leurs temps parfaits. On observera seulement que

1. Les verbes qui expriment une action produite subitement, ou parvenue au dernier degré d'accomplissement, prennent возъ ou въ pour former leurs temps parfaits; tels sont алкать, avoir faim; бунтовать, se révolter; бѣситься, être enragé; волновать, agiter; вопить, s'écrier (inf. parf. возопить); гнушаться, avoir en horreur; гордиться, s'enorgueillir; лелѣять, dorloter; мужать, atteindre l'âge viril; потѣть, suer; препятствовать, mettre des obstacles; чувствовать, sentir.

2. Ceux qui expriment un changement dans l'extérieur des objets prennent вы; comme золотить, dorer; лудить, étamer; лощить, polir; синить, bleuir; утюжить, repasser avec le fer; чеканить, ciseler.

3. Ceux qui expriment une action renforcée prennent за; comme владѣть, dominer; клеймить, contrôler; ржавѣть, se rouiller; et d'autres разъ; comme богатѣть, s'enrichir; бухнуть, s'enfler; свирѣпѣть, devenir farouche; сердиться, se fâcher.

4. Les verbes prennent изъ pour marquer une action poussée au dernier point; comme баловать, polissonner; ходатайствовать, intercéder; чахнуть, devenir étique; тупить, émousser.

5. Ceux qui expriment quelque image prennent на; comme рисовать, dessiner; чертить, esquisser.

6. Les verbes neutres qui désignent le passage d'un état à un autre prennent о ou объ; comme бородатѣть, commencer avoir de la barbe; брюзгнуть, avoir un visage défait; блѣднѣть,

devenir pauvre; ветшáть, vieillir; злиться, se fâcher; зябнуть, avoir froid; каменѣть, se pétrifier; рáдоваться, se réjouir; робѣть, perdre courage; тощáть, maigrir.

7. Ceux qui marquent un séjour déterminé prennent пере (ou пре); comme годовáть, demeurer l'espace d'une année; днeвáть, passer la journée, être de service; зимовáть, passer l'hiver; ночевáть, passer la nuit.

8. La plus grande partie des verbes qui n'ont point de composé forment leurs temps parfaits avec по; comme алѣть, devenir rouge; багровѣть, devenir couleur de pourpre; божиться, jurer; бурѣть, devenir alezan (roux fauve); русѣть, devenir blond; рыжѣть, devenir roux; темнѣть, devenir sombre; краснѣть, devenir rouge; голубѣть, devenir bleu; дѣйствовать, agir; жáловать, gratifier; жалѣть, regretter; желáть, désirer; жéртвовать, sacrifier; корыстовáться, s'approprier; миловáть, avoir pitié; линять, se ternir, muer; тýскнуть, se troubler; яснѣть, s'éclaircir.

9. Quelques-uns ajoutent со ou съ; comme брéдить, rêver; варить, cuire, bouillir; хоронить, cacher. D'autres у; comme вязнуть, s'embourber; жáлить, piquer; старѣть, vieillir; et quelques autres про; comme длить, différer; гóрькнуть, devenir amer.

§ 119. Quelques verbes simples forment leurs temps parfaits sans préposition; on les appelle verbes *parfaits simples* (совершéнные простые). Tels sont les suivants:

Inf. indéf.	Inf. parf.	Présent.	Futur.
Бросáть, jeter,	брóсишь,	сáю,	óшу.
— ordonner,	велѣть,	—	велю́.
Давáть, donner,	дать,	даю́,	дамъ.
Дѣвáть, mettre,	дѣть,	вáю,	дѣну.
— marier,	женить,	—	женю́.
Кончáть, finir,	кóнчишь,	чáю,	нчу.
— acheter,	купить,	—	куплю́.

LEXICOLOGIE.

Inf. indéf.	Inf. parf.	Présent.	Futur.
Лежать, être couché,	} лечь,	жу́,	} ля́гу.
Ложи́ться, se coucher,		жусь,	
Лиша́ть, priver,	лиши́ть,	ша́ю,	лишу́.
Обижа́ть, offenser,	оби́дѣть,	жа́ю,	и́жу.
Па́дать, tomber,	пасть,	па́даю,	паду́.
Плѣня́ть, captiver,	плѣни́ть,	ня́ю,	плѣню́.
Проща́ть, pardonner,	прости́ть,	ща́ю,	прощу́.
Пуска́ть, } laisser,	пусти́ть,	ска́ю,	} пущу́.
Пуща́ть,		ща́ю,	
Ражда́ть, engendrer,	роди́ть,	ражда́ю,	рожу́.
Рѣша́ть, décider,	рѣши́ть,	ша́ю,	рѣшу́.
Свобожда́ть, délivrer,	свободи́ть,	жда́ю,	ожу́.
Сади́ться, s'asseoir,	} сѣсть,	сажу́сь,	} ся́ду.
Сидѣть, être assis,		сижу́,	
Скака́ть, sauter, galoper,	скочи́ть,	ачу́, ешь,	очу́, ишь.
Става́ть, se placer,	} стать,	стаю́, *inus.*,	} ста́ну.
Станови́ться, devenir,		влю́сь,	
Стрѣля́ть, tirer,	стрѣли́ть,	ля́ю,	ѣлю́.
Стрѣча́ть, aller à la rencontre,	стрѣтить,	ча́ю,	ѣчу́.
Ступа́ть, marcher,	ступи́ть,	па́ю,	плю́.
Хвата́ть, saisir,	хвати́шь,	ша́ю,	хвачу́.
Явля́ть, montrer,	яви́ть,	явля́ю,	явлю́.

Première Remarque. Le verbe брать, prendre, emprunte ses temps parfaits de взима́ть, inf. parf. взять, fut. parf. возьму́, мёшь, etc.

Seconde Remarque. Parmi les verbes précédents ceux qui n'ont pas l'infinitif indéfini n'ont point de présent; mais ils l'empruntent d'un de leurs composés; ex. велѣть, commander, prés. повелѣва́ю; купи́ть, acheter, покупа́ю.

§ 120. Les temps parfaits étant ordinairement rangés par les lexicographes avec les verbes composés en ываю, иваю, яю et аю, lorsque l'on rencontre le prétérit ou le futur d'un verbe parfait, il faut chercher le présent sans la préposition d'après les règles §§ 96 et 118, ou bien observer la table suivante :

Prét. parf.	Fut.	Prés. comp.	Prét. parf.	Fut.	Prés. comp.
билъ,	блю,	бляю.	залъ,	жу,	зываю.
вилъ,	влю,	вляю.	калъ,	чу,	киваю.
милъ,	млю,	мляю.	талъ,		тываю.
пилъ,	плю,	пляю.	салъ,	шу,	сываю.
дилъ,		ждаю.	скалъ,	шу,	скиваю.
зилъ,	жу,	жаю.	..лъ,	..ю,	ываю 2. и
жилъ,		живаю.			
шилъ,	чу,	чиваю.	бъ,	бу,	баю.
чилъ,			гъ,	гу,	гаю.
силъ,	шу,	шиваю.	къ,	ку,	каю.
шилъ,		шаю.	зъ,	зу,	заю.
стилъ,	щу,	щиваю.	съ,	су,	саю.
щилъ,		щаю.	..лъ,	ду,	даю.
..плъ,	..ю,	иваю. яю 1.		шу,	шаю 3.

EXEMPLES.

Prét. parf.	Futur.	Présent composé.
Возлюбилъ,	блю,	люблаю, je chéris.
Погубилъ,	блю,	гублаю, je ruine.
Оставилъ,	влю,	ставляю, j'abandonne.

---

[1] S'il se trouve devant илъ une autre consonne que les précédentes, la même consonne se trouve au futur et au présent composé.

[2] S'il se trouve devant лъ une autre voyelle que les précédentes, alors le présent composé se termine en ываю ou иваю.

[3] Quelquefois лъ se change en ду ou шу pour le futur, et en даю ou шаю pour le présent composé, en gardant la voyelle qui se trouve devant лъ.

Prét. parf.	*Futur.*	*Présent composé.*
Опправилъ,	влю́,	правля́ю, j'expédie.
Воскормилъ,	млю́,	кормля́ю, je nourris.
Утомилъ,	млю́,	томля́ю, je fatigue.
Натопилъ,	плю́,	топля́ю, je chauffe.
Облупилъ,	плю́,	лупля́ю, je pèle.
Разбудилъ,	бужу́,	бужда́ю, j'éveille.
Вынудилъ,	нужу,	нужда́ю, j'extorque.
Нагрузилъ,	ужу́,	гружа́ю, je charge.
Угрозилъ,	ожу́,	грожа́ю, je menace.
Услужилъ,	ужу́,	слу́живаю, je sers.
Одолжилъ,	лжу́,	должа́ю, je prête.
Заплатилъ,	ачу́,	пла́чиваю, je paye.
Навинтилъ,	нчу́,	винчиваю, je visse.
Выучилъ,	учу,	у́чиваю, j'enseigne.
Полечилъ,	лечу́,	ле́чиваю, je guéris.
Загасилъ,	гашу́,	гаша́ю, j'éteins.
Упросилъ,	ошу́,	пра́шиваю, je fléchis.
Совершилъ,	ршу́,	верша́ю, j'accomplis.
Устрашилъ,	ашу́,	страша́ю, j'effraye.
Отмстилъ,	мщу́,	мща́ю, je venge.
Обольстилъ,	льщу́,	льща́ю, je séduis.
Вылощилъ,	лощу,	ла́щиваю, je polis.
Сморщилъ,	рщу,	мо́рщиваю, je ride.
Разговорилъ,	рю́,	гова́риваю, je parle avec.
Выпалилъ,	лю,	па́ливаю, je brûle.
Исполнилъ,	ню,	полня́ю, je remplis.
Раздѣлилъ,	лю́,	дѣля́ю, je partage.
Отрѣзалъ,	рѣжу,	рѣзываю, je coupe.
Показалъ,	кажу́,	ка́зываю, je montre.
Оплакалъ,	плачу,	пла́киваю, je déplore.
Скликалъ,	кличу,	клика́ю, j'appelle.
Затопталъ,	пчу́,	та́птываю, j'écrase.
Выметалъ,	мечу,	ме́тываю, je jette dehors.

Prét. parf.	*Futur.*	*Présent composé.*
Списа́лъ,	пишу́,	пи́сываю, je tire copie.
Вы́чесалъ,	чешу́,	чёсываю, je peigne.
Отыска́лъ,	ищу́,	и́скиваю, je trouve.
Наплеска́лъ,	лещу́,	пле́скиваю, j'arrose.
Переде́лалъ,	лаю,	де́лываю, je refais.
Вы́игралъ,	раю,	и́грываю, je gagne.
Прогуля́лъ,	ляю,	гу́лываю, je me promène.
Вы́мылъ,	мою,	мыва́ю, je lave.
Уколо́лъ,	колю́,	ка́лываю, je pique.
Посмотрѣ́лъ,	трю́,	сма́триваю, je regarde.
Нагрёбъ,	гребу́,	греба́ю, je mets en tas.
Вы́скребъ,	скребу́,	скреба́ю, je ratisse.
Помо́гъ,	могу́,	мога́ю, j'aide.
Пренебрёгъ,	брегу́,	брега́ю, je méprise.
Вы́пекъ,	пеку́,	пека́ю, je cuis.
Отсѣ́къ,	сѣку́,	сѣка́ю, je coupe.
Влѣзъ,	лѣзу,	лѣза́ю, je grimpe.
Сгры́зъ,	грызу́,	грыза́ю, je ronge.
Потря́съ,	трясу́,	тряса́ю, je secoue.
Запа́съ,	пасу́,	паса́ю, j'approvisionne.
Соблю́лъ,	блюду́,	блюда́ю, je conserve.
Напря́лъ,	пряду́,	пряда́ю, je file.
Укра́лъ,	краду́,	кра́дываю, je dérobe.
Сплёлъ,	плету́,	пле́шаю, j'entrelace.
Отцвѣ́лъ,	цвѣту́,	цвѣта́ю, je défleuris.
Смя́лъ,	мяту́,	мята́ю, je trouble.

Remarque. Les verbes suivants composés sont formés des verbes simples monosyllabes qui ont leur infinitif itératif irrégulier ; voyez § 135.

Prét. parf.	*Futur.*	*Présent composé.*
Избра́лъ,	изберу́,	избира́ю, je choisis.
Назва́лъ,	назову́,	называ́ю, j'appelle.

Prét. parf.	*Futur.*	*Présent composé.*
Вы́лгалъ,	вы́лгу,	вылыга́ю, j'obtiens par des mensonges,
Прижа́лъ,	прижму́,	прижима́ю, je presse.
Пожа́лъ,	пожну́,	пожина́ю, je moissonne.
На́чалъ,	начну́,	начина́ю, je commence.
Узна́лъ,	узна́ю,	узнава́ю, je connais.
Посла́лъ,	пошлю́,	посыла́ю, j'envoie.
Постла́лъ,	постелю́,	постила́ю, j'étends.
Смялъ,	сомну́,	смина́ю, je froisse.
Распя́лъ,	распну́,	распина́ю, je crucifie.
За́нялъ,	займу́,	занима́ю, j'emprunte.
Уби́лъ,	убью́,	убива́ю, je tue.
Вы́пилъ,	вы́пью,	выпива́ю, je bois tout.
Пережи́лъ,	переживу́,	пережива́ю, je survis.
Прослы́лъ,	прослыву́,	прослыва́ю, je passe pour.
Запѣ́лъ,	запою́,	запѣва́ю, j'entonne.
Призрѣ́лъ,	призрю́,	призира́ю, j'inspecte.
За́перъ,	запру́,	запира́ю, je ferme.
Утёръ,	утру́,	утира́ю, j'essuie.
Простёръ,	простру́,	простира́ю, j'étends.
Разду́лъ,	разду́ю,	раздува́ю, je souffle.
Обу́лъ,	обу́ю,	обува́ю, je chausse.
Согну́лъ,	согну́,	сгиба́ю, je courbe.

ARTICLE DEUXIÈME.

Emploi des modes et des temps des verbes russes.

Remarque. Nous avons vu §§ 83 et 84 que les verbes russes n'avaient que trois modes, l'infinitif, l'indicatif et l'impératif, et trois temps, le présent, le prétérit et le futur, mais avec des branches différentes qui modifient leur signification.

§ 121. L'*infinitif* n'a point de temps en Russe, mais il peut être, sous les six branches (§ 85) : ex. *indéfini*, ходить, aller habituellement ; *défini*, итти, aller actuellement ; *sémelfactif*, шагнуть, faire un pas ; *itératif*, хаживать, aller plusieurs fois ; *parfait*, ему нынѣ прислать вѣдомости, il doit maintenant envoyer les gazettes ; *imparfait*, и впредь всегда присылать, et dorénavant il doit toujours les envoyer.

§ 122. L'*indicatif* énonce l'action avec la distinction des trois temps qui ont chacun différentes branches.

1. Le présent peut avoir les branches indéfinie, définie et imparfaite. Les présents *indéfini* et *imparfait* répondent au présent des autres langues ; ex. онъ беретъ арфу, настроиваетъ, играетъ, и каждый изъ насъ поетъ въ свою очередь, il prend sa harpe, l'accorde, joue, et chacun de nous chante à son tour. Le présent *indéfini* marque encore l'état habituel ; ex. онъ каждое утро ходитъ прогуливаться, il va se promener tous les matins ; онъ слугъ своихъ жестоко водитъ, il mène durement ses domestiques ; tandis que le présent *défini* marque l'état actuel ; ex. я иду домой, je vais à la maison ; мы видимъ девять Музъ, которыя ведутъ за руку Амура, nous voyons les neuf Muses qui mènent l'Amour par la main.

Remarque. Le présent s'emploie quelquefois pour un futur ; ex. завтра я обѣдаю дома (pour буду обѣдать), demain je dîne à la maison ; mais cet emploi n'a lieu que relativement à un futur proche. Il s'emploie aussi pour le prétérit lorsque l'on veut frapper fortement l'imagination ; ex. довольно долгое время пользовались мы благопріятнымъ вѣтромъ ; но внезапно мрачная туча сокрываетъ небо отъ очей нашихъ, молнія со всѣхъ сторонъ блещетъ, море пѣнится, nous eûmes assez longtemps un vent favorable ; mais tout à coup un nuage sombre dérobe le ciel à nos regards, l'éclair brille de tous côtés, la mer écume, etc.

2. Le *prétérit* peut avoir les six différentes branches.

a) Le prétérit *indéfini* marque une action passée dans un temps indéterminé ; ex. онѣ носили воду, и мололи жерновомъ, elles portaient l'eau, et tournaient la meule du moulin; я никогда не видалъ, ни слыхалъ ничего подобнаго, je n'ai jamais vu ni entendu rien de semblable.

b) Le prétérit *défini* détermine le temps où l'action est arrivée; ex. сего утра быстро неслись корабли на всѣхъ парусахъ, ce matin les vaisseaux voguaient rapidement à pleines voiles; я всё видѣлъ и слышалъ, j'ai tout vu et tout entendu.

c) Le prétérit *semelfactif* marque une action passée, mais qui n'est arrivée qu'une fois, qui n'a été que de peu de durée, ou qui ne s'est pas répétée; ex. они ринулись въ городъ, и кинулись на корысть, ils se précipitèrent dans la ville, et se jetèrent sur le butin; молнія блеснула, грянулъ сильный громъ, и земля дрогнула, il fit un éclair, on entendit un violent coup de tonnerre, et la terre trembla.

d) Le prétérit *itératif* marque que l'action s'est répétée plusieurs fois; ex. въ молодости своей игрывалъ я въ мячи, dans ma jeunesse je m'amusais souvent à jouer à la paume; Сократъ говаривалъ, Socrate avait coutume de dire; я часто къ нему хаживалъ, je suis allé souvent chez lui.

e) Le prétérit *imparfait* marque une action passée, mais une action indéterminée, qui ne s'est pas accomplie dans le moment dont on parle; ex. соединясь со Славянами, они умножали ихъ силу, s'étant joints aux Slaves, ils accrurent leurs forces; умножали signifie que les forces des Slaves s'accrurent *petit à petit*, et non *entièrement, dans un seul moment*, ce que signifierait le prétérit parfait умножили; онъ пріучалъ многихъ звѣрей, il a apprivoisé beaucoup d'animaux; le prétérit parfait пріучилъ signifierait qu'il les a apprivoisés tous *à la fois.*

f) Le prétérit *parfait* marque une action passée dans un temps déterminé, et qui s'est entièrement accomplie; ex. помрачился воздухъ, неистовая возстала буря, море въ ярости своей возшумѣло, и страхъ объялъ чувства плава-

мелей, l'air s'obscurcit, il s'éleva une violente tempête, la mer se déchaîna dans sa fureur, et la frayeur saisit les esprits des nautoniers.

Remarque. Les verbes composés, formés des verbes simples qui ont la branche sémelfactive, ont deux prétérits *parfaits,* dont l'un est formé du prétérit indéfini, et l'autre du prétérit sémelfactif. Le premier marque l'action entièrement accomplie, quoique à plusieurs reprises, tandis que le second marque que l'action s'est entièrement accomplie dans une seule fois ; ex. я его сполкалъ со стула, *à force de coups* je l'ai renversé de sa chaise ; я его сполкнулъ, *d'un coup* je l'ai renversé de sa chaise. Я его толкалъ signifie je lui ai donné *des coups;* я его толкнулъ, je lui ai donné *un coup;* я его спалкивалъ, j'ai voulu le renverser à plusieurs reprises, mais je n'ai pas réussi.

3. Le *futur* a les mêmes branches que le prétérit, excepté la branche itérative.

a) Le futur *indéfini* marque un temps futur qui n'est pas déterminé ; ex. буду стараться полезнымъ быть обществу, je tâcherai d'être utile à la société ; они будутъ ѣздить верхомъ, ils iront à cheval ; онъ будетъ всякій день гонять стадо на паству, chaque jour il mènera paître les bestiaux.

b) Le futur *défini* détermine le moment où se fera l'action ; ex. я буду ѣхать завтра на сѣрой лошади, je monterai demain un cheval gris ; ты будешь сего дня гнать стадо на паству, aujourd'hui tu mèneras paître les bestiaux.

c) Le futur *sémelfactif* marque une action future, mais qui n'arrivera qu'une fois, ou qui ne se répétera pas ; ex. могу ли надѣяться, что лира моя тронетъ еще ваше хладное сердце, puis-je espérer que ma lyre touchera encore *une fois* votre cœur insensible? они не коснутся ничего безъ вашего дозволенія, ils ne toucheront à rien sans votre permission.

d) Le futur *imparfait* désigne une action future, mais une action indéterminée, qui ne sera pas accomplie dans le moment dont on parle; ex. я буду переписывать до семи часовъ, je m'occuperai à copier jusqu'à sept heures; онъ будетъ отъ-слова до-слова пересказывать всё, что ему будутъ читать, il répétera mot pour mot tout ce qu'on lui lira.

e) Le futur *parfait* marque une action qui aura son entier accomplissement; ex. я перепишу всё это до семи часовъ, à sept heures j'aurai achevé de copier tout cela; я разскажу вамъ его похожденія, je vous raconterai ses aventures.

Remarque. Les verbes composés qui ont deux prétérits parfaits ont aussi deux futurs parfaits.

§ 123. L'*impératif* n'a point de temps en Russe; mais il peut avoir les mêmes branches que l'infinitif, excepté la branche itérative; ex. *indéfini*, меньше говори, а больше слушай, parle moins et écoute davantage; *défini*, не бѣги такъ скоро, ne cours pas si vite; *sémelfactif*, шагни, fais un pas; *imparfait*, предусматривай будущее, и воспоминай прошедшее, prévois l'avenir, et souviens-toi du passé; *parfait*, прочти письмо, которое я получилъ отъ брата своего, и скажи мнѣ, чего онъ желаетъ, lis la lettre que j'ai reçue de mon frère, et dis-moi ce qu'il désire.

§ 124. La langue russe n'a pas de *subjonctif;* mais elle exprime ce mode par un prétérit de l'indicatif avec la particule бы ou бъ jointe aux conjonctions что, que; да (avec бы), afin que, etc. Si la particule бы est sans conjonction, celà répond au *conditionnel* ou *suppositif* français; ex. я бы не думалъ, чтобы вы это сдѣлали, je n'aurais pas cru que vous eussiez fait cela; если бъ вы не-были моимъ другомъ, я бы молчалъ, si vous n'aviez pas été mon ami, je me serais tû; скажи ему, чтобъ онъ тотчасъ пришелъ, dis-lui qu'il vienne tout de suite. — L'*optatif* de la langue grecque s'exprime par la particule да avec le présent ou le futur; ex. да почтимъ вѣру неоцѣненнымъ сокровищемъ, regardons la religion comme un trésor inappréciable.

Première Remarque. La particule бы se met ordinairement avec les conjonctions éсшьли, si; будто, comme si; что, да, que; хотя, quoique.

Seconde Remarque. Avec чтобы et дабы on met aussi l'infinitif; ex. дабы хорошо знать языкъ, pour bien connaître une langue.

§ 125. Les *participes* ont le présent et le prétérit, qui tous deux ont les mêmes branches que le présent et le prétérit de l'indicatif. Les participes sont beaucoup plus en usage dans la langue russe que dans la française; ils y sont d'une élégance particulière, parce qu'on évite les répétitions fréquentes du pronom relatif; ex. говорящій правду, наживаешь враговъ, celui qui dit la vérité se fait des ennemis; розы, цвѣтущія въ саду природы, смѣшаны съ терніемъ, напоминающимъ человѣку, что труды отъ услажденія неразлучны бываютъ, les roses qui fleurissent dans le jardin de la nature sont entremêlées d'épines qui rappellent à l'homme que la peine est inséparable de la jouissance. — Il en est de même des *gérondifs;* ex. прогуливаясь однажды въ саду, встрѣтилъ я друга своего, en me promenant un jour dans le jardin, je rencontrai mon ami; они работая поютъ, а поработавши пьютъ, ils chantent en travaillant, et boivent après avoir travaillé.

Remarque. D'après la définition que nous venons de donner, il est facile de voir que les temps des verbes russes ne correspondent pas parfaitement à ceux des verbes français, et qu'il est souvent impossible de rendre en Français les nuances de signification d'un verbe russe. Il est bon d'observer cependant qu'en Russe l'emploi des temps n'est pas toujours d'accord avec leur définition, et que souvent l'un remplace l'autre, surtout dans les verbes qui n'ont pas toutes les branches. Mais dans certaines circonstances, il y a de la délicatesse à donner la préférence à l'un plutôt qu'à l'autre, et ce serait une faute de ne pas observer la distinction établie entre eux; ce qu'on ne peut apprendre que par beaucoup d'usage et par la lecture des bons auteurs.

LEXICOLOGIE. 169

ARTICLE TROISIÈME.

Conjugaison des verbes passifs.

Remarque. Les verbes passifs se formant des participes passifs joints à l'auxiliaire, nous commencerons par la formation de ces participes.

PARTICIPES.

§ 126. Le participe présent passif se forme

1. De la première personne du pluriel du présent de l'indicatif, en changeant ъ en ый, ая, ое. Ainsi, dans la forme apocopée, il est semblable à cette première personne, et se termine en емъ ou en имъ; ex. мѣряемъ, nous mesurons, мѣряемый, ая, ое, étant mesuré; желаемъ, nous désirons, желаемый; любимъ, nous aimons, любимый; учимъ, nous instruisons, учимый.

2. De la première personne du singulier dans les verbes en бу, ву, гу, ку, ду, шу, зу, су, en changeant у en омый, ая, ое; ex. берегу́, je garde, берего́мый, étant gardé; пеку́, je cuis; пеко́мый; плету́, je tresse, плето́мый.

Remarque. Plusieurs verbes, quoique actifs, n'ont pas ce participe, entre autres presque tous ceux en бу, ну, ру et ью. Mais alors on peut employer le participe présent actif auquel on joint le pronom réfléchi ся; ex. гну, je courbe, гну́щійся, etc.

§ 127. Le participe prétérit passif se forme

1. De l'infinitif en changeant

   a) ть des infinitifs en ать, ять et ѣть, en нный, ая, ое; ex. двигать, remuer, двиганный, ая, ое, remué; мѣрять, mesurer, мѣрянный; кликать, appeler, кликанный; велѣть, ordonner, велѣнный; et de même les infinitifs itératifs; comme ка́лывать, piquer souvent, ка́лыванный.

b) ть des infinitifs en оть, уть et ыть, en тый, ая, ое; ex. колоть, piquer, колотый, ая, ое, piqué; тянуть, tirer, тянутый; мыть, laver, мытый; et de même les infinitifs semelfactifs, comme двинуть, remuer une fois, двинутый. Ajoutez plusieurs monosyllabes, entre autres ceux en ить et ѣть; comme пить, boire, питый; пѣть, chanter, пѣтый; et de même перéть, presser, пёртый; тереть, frotter, шёртый.

2. Du présent de l'indicatif dans les verbes qui ont l'infinitif en ить, en changeant ю et у en енный, ая, ое; ex. валю, je renverse, валенный; строю, je bâtis, строенный; люблю, j'aime, люблённый; топлю, je chauffe, топленный; гашу, j'éteins, гашенный; гружу, je charge, гружённый; en observant que ceux en жу qui dérivent des slavons en жду gardent la consonne д; comme сажу, je plante, сажденный; тружу, j'incommode, труждённый. Ajoutez les verbes en бу, гу, ку, ду, ту, зу, су, en observant que les gutturales г et к se changent en dentales ж et ч; ex. грызу, je ronge, грызённый; плешу, je tresse, плешённый; стригу, je tonds, стрижённый; пеку, je cuis, печённый.

INFINITIF.

§ 128. Les différentes branches de l'infinitif passif se forment des participes correspondants, dans la forme apocopée et mis au datif, en leur joignant l'auxiliaire быть; ex.

indéfini.	Быть любиму, f. мой,	être aimé.
défini.	Быть валену, f. ной,	être renversé.
semelfactif.	Быть уколоту,	être piqué une fois.
itératif.	Быть калывану,	être piqué plusieurs fois.
imparfait.	Быть посылану,	} être envoyé.
parfait.	Быть послану,	

INDICATIF.

§ 129. 1. L'indicatif présent passif se forme du participe présent passif apocopé, joint au présent du verbe auxiliaire qui se sous-entend souvent (§ 91); ex.

Я	(есмь)	любимъ, f. ма, n. мо,	
Ты	(еси)	любимъ, f. ма, n. мо,	
Онъ	(есть)	любимъ, она любима,	je suis aimé.
Мы	(есмы)	любимы,	
Вы	(есте)	любимы,	
Они, онѣ	(суть)	любимы,	

Remarque. Les verbes qui n'ont pas le participe présent passif, n'ont pas non plus le présent de l'indicatif passif. Mais en général le présent passif ne s'emploie guère que dans le style élevé, et partout ailleurs on se sert préférablement du verbe actif en tournant la phrase, ou bien du verbe réfléchi (§ 133). Ainsi au lieu de dire я (есмь) именуемъ, je suis appelé, on dira меня именуютъ (ou зовутъ), on m'appelle, ou bien я именуюсь, je m'appelle.

2. Les différents prétérits se forment des participes passifs correspondants joints au prétérit de l'auxiliaire; ex.

indéfini.	Я	{ былъ колотъ, была колота, было колото,	} j'ai été piqué.
défini.	Я	{ былъ валенъ, была валена, было валено,	} j'ai été renversé.
sémelfactif.	Я	{ былъ уколотъ, была уколота, было уколото,	} j'ai été piqué une fois.
itératif.	Я бывалъ калыванъ,		j'ai été piqué plusieurs fois.

imparfait.   Я бывáлъ посылáнъ, j'étais envoyé.
parfait.   Я былъ пóсланъ, j'ai été envoyé.

Du reste ces temps se conjuguent comme le verbe auxiliaire.

3. Les futurs se forment de même, en joignant aux participes apocopés l'auxiliaire бýду (mais non стáну); ex. бýду кóлотъ, кольнýтъ, je serai piqué; бýду посылáнъ, пóсланъ, je serai envoyé.

IMPÉRATIF.

§ 130. Les impératifs se forment aussi de la même manière avec l'auxiliaire будь; ex. будь кóлотъ, sois piqué; будь вáленъ, sois renversé, etc. — Il en est de même des gérondifs; comme бýдучи любимъ, en étant aimé; бывъ вáленъ, en ayant été renversé, etc.

Remarque. Au lieu de l'impératif passif on se sert plus souvent de l'impératif actif; ainsi au lieu de dire *qu'il soit loué,* on dira пусть егó хвáлятъ, qu'on le loue.

ARTICLE QUATRIÈME.

Conjugaison des verbes qui prennent le pronom réfléchi.

§ 131. Le pronom réfléchi себя́, et par syncope ся et сь, s'ajoute aux verbes actifs immédiatement après les terminaisons de chaque temps, pour en former des verbes réfléchis; car nous avons vu (§ 79) que ce pronom réfléchi s'employait pour les trois personnes.

Remarque. On met ordinairement ся après les terminaisons qui finissent par une consonne, par ъ ou par й, et сь après celles qui finissent par une voyelle, comme on le verra par l'exemple suivant.

INFINITIF.

indéfini.   Мыться, se laver.
itératif.   Мываться, se laver souvent.

INDICATIF.

présent.   Моюсь,
Моешься,
Моется,   } je me lave.
Моемся,
Моетесь,
Моются,

prétérit indéf.   Я мылся, f. лась, n. лось, je me suis lavé.
Мы мылись.

prétérit itérat.   Я мывался, f. лась, n. лось, je me suis lavé souvent.
Мы мывались.

futur indéfini.   Буду мыться, je me laverai.

IMPÉRATIF.

indéfini.   Мойся, lave-toi.
Мойтесь.

PARTICIPES.

présent.   Моющийся, аяся, ееся, se lavant.
prétérit indéf.   Мывшийся, аяся, ееся, } s'étant lavé.
prétérit itérat.   Мывавшийся, аяся, ееся, }

GÉRONDIFS.

présent.   Моясь ou моючись, en se lavant.
prétérit indéf.   Мывшись, } en s'étant lavé.
prétérit itérat.   Мывавшись, }

§ 132. Les verbes qui prennent le pronom réfléchi sont

1. Ou verbes *réfléchis* (возврáтные) proprement dits, qui expriment l'action d'un sujet qui agit sur lui-même; comme

> Брúться, se raser, брѣюсь, ешься.
> Вертѣ́ться, se tourner, верчýсь, тúшься.
> Обувáться, se chausser, обувáюсь, ешься.
> Одѣвáться, s'habiller, одѣвáюсь, ешься.
> Чесáться, se peigner, чешýсь, шешься.

Et ainsi presque tous les verbes actifs au moyen du pronom réfléchi.

2. Ou verbes *réciproques* (взаúмные), qui expriment l'action de deux ou plusieurs sujets qui agissent respectivement les uns sur les autres de la même manière; comme

> Борóться, lutter, борю́сь, ешься.
> Бранúться, se quereller, браню́сь, úшься.
> Дружúться, se lier, дружýсь, жúшься.
> Рубúться, se battre, рублю́сь, бишься.
> Сражáться, combattre, сражáюсь, ешься.
> Ссóриться, se brouiller, ссóрюсь, ишься.

3. Ou verbes *communs* (óбщіе), qui, se conjuguant avec le pronom réfléchi, ne sont ni réfléchis, ni réciproques, mais qui ont la signification active ou neutre; comme

> Божúться, jurer, божýсь, жишься.
> Боя́ться, craindre, бою́сь, úшься.
> Касáться, concerner, касáюсь, ешься.
> Клáняться, saluer, клáняюсь, ешься.
> Надѣ́яться, espérer, надѣ́юсь, ешься.
> Смѣя́ться, rire, смѣю́сь, ёшься.
> Старáться, s'efforcer, старáюсь, ешься.

§ 133. Le pronom ся ou сь s'ajoute aussi aux verbes actifs pour en faire des passifs (§ 129, **Rem.**); comme хвалю́сь, je suis loué; изъ молока дѣлается масло, le beurre est fait (se fait) avec du lait. Mais il ne faut pas croire que de tous les verbes actifs on puisse faire des passifs par l'addition du pronom réfléchi. Cette construction ne saurait avoir lieu lorsque l'auteur de l'action se trouve dans la phrase avec la préposition *par*. Ainsi pour traduire ces phrases : *il est lavé* par son domestique; *il est battu* par son maître, on ne pourrait pas dire en Russe моется отъ слуги, бьётся отъ учителя; mais on doit, à défaut du passif qui n'est pas toujours usité, tourner par l'actif, et dire его слуга моетъ, son domestique le lave; его учитель бьётъ, son maître le bat.

Remarque. Quoique l'on dise fort bien вѣтромъ (ou отъ вѣтра) деревья качаются, les arbres *sont agités* par le vent, on ne pourrait pas dire, en parlant d'un enfant qui est bercé par sa nourrice, дитя отъ кормилицы качается, ce qui signifierait que l'enfant en se berçant veut s'éloigner de sa nourrice; il faut dire кормилица качаетъ дитя. La raison en est que la préposition отъ marque l'*éloignement* d'une personne; et ici l'action du vent, par rapport aux arbres, est telle qu'ils ne peuvent s'en éloigner : отъ вѣтра marque une cause et non point un départ; il n'y a là nulle ambiguité : raisonnement que l'on ne peut appliquer à l'exemple de la nourrice.

ARTICLE CINQUIÈME.

Des verbes unipersonnels.

§ 134. 1. La langue russe a peu de verbes *unipersonnels* proprement dits; car plusieurs verbes qui sont unipersonnels dans les autres langues ont leur propre sujet en Russe. Ainsi au lieu de *il pleut*, le Russe dit дождь идётъ (la pluie vient); *il pleuvait*, дождь шёлъ; *il pleuvra*, дождь будетъ; *il grêle*, градъ идётъ; *il tonne*, громъ гремитъ (le tonnerre tonne). Les verbes suivants sont des exemples d'unipersonnels :

Довлѣетъ, il suffit, c'est assez.
Льзя, on peut; нельзя, on ne peut pas.
Мо́жно, возмо́жно, il est possible.
Пристои́тъ, il convient, *prét.* приста́ло, *fut.* приста́нетъ.
Смерка́ется, il fait obscur, *prét.* сме́рклось, *fut.* сме́ркнется.
Сни́тся, je rêve, *prét.* сни́лось, *fut.* присни́тся.

2. Mais on emploie comme verbes unipersonnels, en retranchant le sujet,

a) La troisième personne du singulier de plusieurs verbes neutres et communs; comme

Дово́дится, il arrive,	de довожу́.
Дре́млется, j'ai sommeil,	de дремлю́.
Ка́жется, il paraît,	de кажу́сь.
Мни́тся, il semble,	de мню.
Надлежи́тъ, il faut,	de надлежу́.
Случа́ется, il arrive,	de случа́юсь.
Хо́чется, j'ai envie,	de хочу́.

b) La troisième personne du pluriel des verbes actifs et neutres; comme

Говоря́тъ, on dit,	говори́ли, on disait.
Ду́маютъ, on croit,	ду́мали, on croyait.
Пи́шутъ, on écrit,	писа́ли, on écrivait.

c) Le neutre du participe passif et de plusieurs adjectifs, en sous-entendant l'auxiliaire есть ou бы́ло; comme

Вѣ́лено, il est ordonné.	Легко́, il est facile.
Ви́дно, il est visible.	По́лно, il suffit, c'est assez.
Дано́, il est donné.	Похва́льно, il est louable.
Дово́льно, c'est assez.	Тру́дно, il est difficile.
До́лжно, on doit.	Ска́зано, il a été dit.

ARTICLE SIXIÈME.

Des verbes irréguliers.

§ 135. Les verbes *irréguliers* sont ceux qui s'écartent des règles de la conjugaison générale. Dans la langue russe les verbes irréguliers sont

a) Presque tous les verbes monosyllabes;

b) Tous les verbes en чь et en ть (ou ти) précédé d'une consonne;

c) Quelques autres qui s'écartent de la formation dans certains temps ou certaines personnes.

Première Remarque. Parmi les verbes monosyllabes, il en est plusieurs qui sont réguliers; s'ils se trouvent dans la liste suivante, c'est que nous avons voulu donner la liste complète des verbes monosyllabes.

Seconde Remarque. Les verbes irréguliers dans la langue russe sont beaucoup moins nombreux que dans les autres langues, et leur irrégularité même n'est pas embarrassante, comme on le verra ci-dessous.

I. Verbes monosyllabes en ть *précédé d'une voyelle.*

a) En ать et ять.

Infinitif.	Infinit. itérat.	Présent.
Брать, prendre,	бирать,	беру́, решь.
Драть, déchirer,	дирать,	деру́, решь.
Врать, radoter,	вирать,	вру, решь.
Жрать, dévorer,	жирать *,	жру, решь.
Ждать, attendre,	жидать *,	жду, дёшь.
Звать, appeler,	зывать,	зову́, вёшь.
Рвать, arracher,	рывать *,	рву, вёшь.

Infinitif.	Infinit. itérat.	Présent.
Ржать, hennir,	рывать *,	ржу, жёшь.
Гнать, chasser,	—	гоню́, нишь.
Знать, savoir,	знавать,	зна́ю, ешь.
Дать, donner,	} Voyez les observations.	
Стать, se placer,		
Слать, envoyer,	сылать,	шлю, лёшь.
Стлать, étendre,	стплать,	стелю́, лешь.
Спать, dormir,	сыпать,	сплю, пшь.
Лгать, mentir,	лыгать *,	лгу, лжёшь.
Ткать, tisser,	тыкать,	тку, тчёшь.
Мчать, emporter,	—	мчу, чишь.
Жать, presser,	жимать,	жму, мёшь.
Жать, moissonner,	жинать *,	жну, нёшь.
Чать, commencer,	чинать,	чну, нёшь.
Мять, chiffonner,	мпнать,	мну, нёшь.
Пять, pousser,	пинать,	пну, нёшь.
Ять, prendre,	—	е́млю, лёшь.

Observations.

1. Les infinitifs itératifs marqués d'un astérisque (*) ne sont pas usités dans les verbes simples ; mais ils servent à la formation des verbes composés.

2. Les verbes actifs en ать forment leur participe prétérit passif en changeant ть en нный, ая, ое, excepté жать, presser ; жать, moissonner ; чать, commencer, qui changent ть en тый. Ceux en ять changent aussi ть en тый.

3. Les verbes дать et стать sont les infinitifs parfaits de давать et ставать (§ 119). Дать fait au futur parfait дам, дашь, даст, дади́м, дади́те, даду́т.

4. Les verbes чать, пять et ять ne sont plus usités que pour former les temps parfaits des composés ; comme

Начина́ть,	commencer,	*infin. parf.* нача́ть.
Распина́ть,	crucifier,	— распя́ть.
Понима́ть,	comprendre,	— поня́ть.

Tous les composés de ять ou има́ть (§ 114) ont à l'infinitif parfait ять ou нять, et au futur parfait иму ou ниму. Вынима́ть, tirer dehors, fait à l'infinitif parfait вы́нять et вы́нуть, et au futur parfait вы́ну, нешь.

b) en ить et ыть.

Infinitif.	Infinit. itératif.	Présent.
Бить, battre,	бива́ть,	бью, ьёшь.
Вить, tordre,	вива́ть *,	вью, ьёшь.
Лить, verser,	лива́ть *,	лью, ьёшь.
Пить, boire,	пива́ть,	пью, ьёшь.
Шить, coudre,	шива́ть,	шью, ьёшь.
Гнить, pourrir,	гнива́ть *,	гнію, іёшь.
Брить, raser,	брива́ть,	брѣю.
Мнить, penser,	мина́ть *,	мню, ишь.
Дмить, enfler,	—	дмю, ишь.
Тмить, obscurcir,	тмѣва́ть *,	тмю, ишь.
Тлить, gâter,	—	тлю, ишь.
Длить, différer,	—	длю, ишь.
Зли́ться, se fâcher,	—	злюсь, и́шься.
Чтить, honorer,	чита́ть,	чту, тишь.
Льстить, flatter,	льщива́ть *,	льщу, стишь.
Мстить, venger,	мщива́ть *,	мщу, стишь.
Мшить, garnir de mousse,	—	мшу, ишь.
Тщи́ться, s'empresser,	—	тщусь, щи́шься.
Жить, vivre,	жива́ть,	живу́, вёшь.
Плыть, nager,	плыва́ть,	плыву́, вёшь.
Слыть, passer pour,	слыва́ть,	слыву́, вёшь.
Стыть, se refroidir,	стыва́ть *,	стыну, нешь.

Infinitif.	Infinit. itératif.	Présent.
Вы́ть, hurler,	выва́ть *,	во́ю, ешь.
Крыть, couvrir,	крыва́ть,	кро́ю, ешь.
Мыть, laver,	мыва́ть,	мо́ю, ешь.
Ныть, s'affliger,	нныва́ть *,	но́ю, ешь.
Рыть, creuser,	рыва́ть,	ро́ю, ешь.

Observations.

1. Les verbes actifs en ить et ыть forment leur participe prétérit passif en changeant ть en тый, excepté чтить, лѣстить, мстить et мнить, qui le forment du présent, en changeant у en енный.

2. Les verbes en ить qui ont au présent ью ont leur impératif en ей ; comme бью, je bats, бей.

3. Il ne faut pas confondre les composés de чтить, honorer, avec ceux de честь, lire; comme

	Почита́ть, respecter, (de чтить).	Счита́ть, compter, (de честь).
infin. parf.	почти́ть.	счесть.
prét. parf.	почти́лъ, ла, ло.	счёлъ, сочла́, чло́.
futur parf.	почту́, тишь.	сочту́, тёшь.

Cependant ils sont souvent pris l'un pour l'autre : ainsi предпочита́ть, préférer, qui semble être un composé de чтить, tire ses temps parfaits de честь; *inf. parf.* предпоче́сть, *prét. parf.* предпочёлъ, чла́, *fut. parf.* предпочту́, чтёшь.

c) en ѣть.

Infinitif.	Infinit. itératif.	Présent.
Бдѣть, veiller,	—	бдю, ишь.
Дѣть, mettre.	Voyez les observations.	
Пѣть, chanter,	пѣва́ть,	пою́, ёшь.

Infinitif.	Infin. itérat.	Présent.
Зрѣть, voir,	зирать *,	зрю, ишь.
Зрѣть, mûrir,	зрѣвать,	зрѣю, ешь.
Грѣть, chauffer,	грѣвать,	грѣю, ешь.
Прѣть, bouillonner,	прѣвать *,	прѣю, ешь.
Спѣть, mûrir,	спѣвать,	спѣю, ешь.
Рдѣть, rougir,	рдѣвать *,	рдѣю, ешь.
Тлѣть, se pourrir,	тлѣвать *,	тлѣю, ешь.
Смѣть, oser,	—	смѣю, ешь.

Observations.

1. Les verbes actifs en ѣть forment leur participe prétérit passif en changeant ть en тый, excepté зрѣть, qui fait зрѣнный.

2. Le verbe дѣть est l'infinitif parfait de дѣвать, *futur* дѣну (§ 119).

3. Il n'y a que quatre verbes qui aient l'infinitif en ть précédé de е ; ce sont

Infinitif.	Infin. itérat.	Présent.
Мереть, mourir,	мирать,	мру, рёшь.
Переть, presser,	пирать,	пру, рёшь.
Тереть, frotter,	тирать,	тру, рёшь.
Стереть, étendre,	стирать,	стру, рёшь.

d) en уть.

Infinitif.	Infin. itérat.	Présent.
Дуть, souffler,	дувать,	дую, ешь.
Гнуть, courber,	гибать,	гну, нёшь.
Снуть, s'endormir,	—	сну, нёшь.
Уть, chausser,	увать,	ую, ешь.

Observations.

1. Les verbes en утъ forment leur participe prétérit passif en changeant тъ en тый.

2. Le verbe утъ n'est usité que dans les composés; comme обувáтъ, chausser, et разувáтъ, déchausser, *inf. parf.* обýтъ et разýтъ, *fut. parf.* обýю et разýю.

II. Verbes en чъ *et en* тъ (*ou* ии) *précédé d'une consonne.*

a) en чъ.

Infinitif.	*Infin. itérat.*	*Présent.*
Берéчъ, garder,	берегáшъ *,	берегý, жёшъ.
Жечъ, brûler,	жигáтъ,	жгу, жжёшъ.
Лечъ, être couché.	Voyez les observations.	
Мочъ, pouvoir,	могáтъ *,	могý, жешъ.
Прячъ, joindre,	прягáтъ,	прягý, жёшъ.
Стерéчъ, garder,	стерегáтъ,	стерегý, жёшъ.
Стичъ, atteindre,	стигáтъ,	стигý, жёшъ.
Стричъ, tondre,	стригáтъ,	стригý, жёшъ.
Влечъ [1], tirer,	влекáтъ,	влекý, чёшъ.
Печъ, cuire,	пекáтъ,	пекý, чёшъ.
Речъ, dire,	рекáтъ,	рекý, чёшъ.
Сѣчъ, couper,	сѣкáтъ,	сѣкý, чёшъ.
Течъ, couler,	текáтъ,	текý, чёшъ.
Толóчъ, piler,	—	толкý, чёшъ.

Observations.

1. Les verbes en чъ ont leur présent en гу ou ку, et forment

---

[1] Au lieu de влечъ, dans le langage ordinaire on se sert de волóчъ, *prés.* волокý, чёшъ.

leur prétérit du présent en changeant y en ъ, ла, ло (§ 100); excepté жгу et толку qui font жёгъ, жгла et толкъ, толкла.

2. Le verbe лечь est l'infinitif parfait de лежать, être couché (§ 119), *prét. parf.* лёгъ, легла́, *fut. parf.* ля́гу, жешь, *impér. parf.* лягъ.

3. Les verbes прячь, спичь et речь ne sont plus usités que dans les composés; comme

  Запряга́ть, atteler,   *infin. parf.* запря́чь.
  Достига́ть, atteindre,   —   дости́чь.
  Отрека́ть, refuser,   —   отре́чь.

  b) en ть (ou ти) précédé d'une consonne.

Infinitif.	*Infin. itér.*	*Présent.*
Грести́, ramer,	греба́ть,	гребу́, бёшь.
Скрести́, ratisser,	скреба́ть,	скребу́, бёшь.
Блюсти́, garder,	блюда́ть*,	блюду́, дёшь.
Бости́, frapper des cornes,	—	боду́, дёшь.
Брести́, errer, rêver,	—	бреду́, дёшь.
Вести́, conduire,	—	веду́, дёшь.
Грясти́, aller,	—	гряду́, дёшь.
Класть, poser,	кла́дывать,	кладу́, дёшь.
Красть, dérober,	кра́дывать,	кра́ду, дешь.
Прясть, filer,	пряда́ть,	пряду́, дёшь.
Сѣсть, être assis,	} Voyez les observations.	
Пасть, tomber,		
Гнести́, serrer,	гнета́ть,	гнету́, тёшь.
Мести́, balayer,	мета́ть,	мету́, тёшь.
Мясти́, troubler,	мята́ть *,	мяту́, тёшь.
Плести́, tresser,	плета́ть,	плету́, тёшь.
Рости́, croître,	роста́ть *,	росту́, тёшь.
Рѣсти́, aller,	рыта́ть,	рыту́, тёшь.

Infinitif.	Infin. itér.	Présent.
Цвѣсть, fleurir,	цвѣта́шь *,	цвѣту́, тёшь.
Честь, lire,	—	чту́, тёшь.
Везти́, transporter,	—	везу́, зёшь.
Грызть, ronger,	грыза́шь,	грызу́, зёшь.
Лѣзть, grimper,	лѣза́шь,	лѣзу́, зешь.
Ползти́, ramper,	—	ползу́, зёшь.
Несть, porter,	—	несу́, сёшь.
Пасти́, faire paître,	паса́шь *,	пасу́, сёшь.
Трясти́, secouer,	тряса́шь,	трясу́, сёшь.
Кляс́ть, maudire,	клина́шь *,	кляну́, нешь.

Observations.

1. Parmi ces verbes, ceux qui ont le présent en бу, зу, су, forment leur prétérit en changeant у en ъ, ла, ло (§ 100) ; mais ceux qui l'ont en ду et ту changent ду et ту en лъ, ла, ло, et de même кляну́ fait кляла́, ла, ло. Il faut excepter ростý qui fait росъ, слá, слó.

2. Parmi ces verbes, ceux qui sont actifs forment leur participe prétérit passif du présent en changeant у en енный, excepté клясть qui fait клятый.

3. Les verbes пасть et честь sont les infinitifs parfaits de падать, tomber, et сидѣть, être assis (§ 119) ; *prét. parf.* палъ et сѣлъ, *fut. parf.* паду́, дёшь et сяду, дешь, *impér. parf.* пади́ et сядь.

4. Le verbe рѣсти n'est plus usité que dans ses composés ; comme срѣта́ть, aller à la rencontre ; обрѣта́ть, trouver ; пріобрѣта́ть, acquérir ; изобрѣта́ть, inventer. Tous ces composés ont à *l'infin. parf.* рѣсти́, au *prét. parf.* рѣлъ, au *futur parf.* рѣту́, ёшь.

III. Verbes qui s'écartent de la formation dans certains temps ou à certaines personnes.

Бѣжа́ть, courir, *prés.* бѣгу́, жи́шь, жи́шъ, жи́мъ, жи́ше, гу́шъ, *impér.* бѣги́.

Ити́й, aller, *prés.* иду́, дёшь, *prét.* шёлъ, шла, шло, *impér.* иди́, *impér. parf.* поди́, *part. prét.* ше́дшій.

Хотѣ́ть, vouloir, *prés.* хочу́, хо́чешь, хо́четъ, хоти́мъ, хоти́те, хотя́тъ.

Ѣсть, manger, *inf. itér.* ѣда́ть, *prés.* ѣмъ, ѣшь, ѣстъ, ѣди́мъ, ѣди́те, ѣдя́тъ, *prét.* ѣлъ, *impér.* ѣшь, *gérond.* ѣдя́, *part. prét.* ѣвшій, *part. pass.* ѣденный.

Ѣхать, aller, *prés.* ѣду, дешь, etc.

CHAPITRE SIXIÈME.

De l'adverbe.

§ 136. L'*adverbe* (нарѣ́чіе) est un mot indéclinable qui s'ajoute au verbe ou à l'adjectif pour déterminer les véritables circonstances qui accompagnent nos idées et nos actions. Considérés sous le rapport de leur signification, les adverbes expriment :

1. Le *lieu* (мѣ́сто) ; comme гдѣ, où ; бли́зко, proche ; вездѣ́, partout ; внутри́, en dedans ; внѣ, dehors ; далёко, loin ; здѣсь, ici ; инде, autre part ; нѣгдѣ, quelque part ; новсю́ду, partout ; сза́ди, par derrière ; тамъ, тутъ, là, marquant le lieu *où l'on est* ; куда́, où ; сюда́, ici ; туда́, là ; нѣкуда, quelque part ; никуда́, nulle part ; вонъ, dehors ; прочь, loin, marquant le lieu *où l'on va* ; отку́да, d'où ; отсю́да, d'ici ; отту́да, de là ; издалека́, de loin, marquant le lieu *d'où l'on vient*.

2. Le *temps* (вре́мя) ; comme вдругъ, soudain ; впредь, dorénavant ; всегда́, toujours ; встарь, jadis ; вчера́ ou вчера́сь, hier ;

давно́, depuis longtemps ; днесь, aujourd'hui ; доко́ль, jusqu'à quand ; доны́нѣ, jusqu'à présent ; дре́вле, anciennement ; за́втра, demain ; иногда́, quelquefois ; когда́, quand ; никогда́, jamais ; ны́нѣ, maintenant ; нѣкогда, une fois, un jour ; по́здо ou по́здно, tard ; по́слѣ, ensuite ; по́слѣ за́втра, après-demain ; пре́жде, auparavant ; ра́но, de bonne heure ; ско́ро, vite ; тепе́рь, à présent ; тогда́, alors ; то́тчасъ, tout à l'heure ; уже́, déjà ; ча́сто, souvent.

3. La *qualité* (ка́чество) ; comme всу́е, inutilement ; напра́сно, vainement ; дру́жески, amicalement ; поле́зно, utilement ; тру́дно, difficilement ; тще́тно, en vain ; хорошо́, bien ; ху́до, mal.

4. La *quantité* (коли́чество) ; comme дово́льно, assez ; коли́ко, combien ; ма́ло, peu ; мно́го, beaucoup ; немно́го, un peu ; по́лно, assez ; ско́лько, combien ; сто́лько, autant ; сли́шкомъ, trop ; о́чень, fort ; почти́й, à peu près ; чуть, presque ; одна́жды, une fois ; два́жды, deux fois ; однокра́тно, une seule fois ; многокра́тно, plusieurs fois.

5. L'*ordre* (поря́докъ) ; comme впервы́е, premièrement ; сперва́, en premier lieu ; опя́ть, de nouveau ; еще́, encore ; вновь, сно́ва, de nouveau ; пото́мъ, ensuite.

6. L'*affirmation* (утвержде́ніе) ; comme да, oui ; и́стинно, en vérité ; коне́чно, certainement ; пра́во, vraiment ; такъ, ainsi, oui ; то́чно, précisément.

7. La *négation* (отрица́ніе) ; comme не, ne pas ; ника́къ, nullement ; ни ма́ло, point du tout ; нѣтъ, non.

8. Le *doute* (сомнѣ́ніе) ; comme аво́сь, аво́сьлибо, peut-être.

9. La *comparaison* (уподобле́ніе) ; comme бу́дто, comme ; вла́сно, également ; подо́бно, semblablement ; равно́, de même ; такъ, ainsi.

10. L'*interrogation* (вопроше́ніе) ; comme какъ, comment ; когда́, quand ; для чего́, заче́мъ, pourquoi.

§ 137. On peut aussi regarder comme adverbes 1) plusieurs substantifs qui n'ont point d'autre cas que l'instrumental ;

comme о́птомъ, en gros ; ничко́мъ, sur le devant ; тайко́мъ, en secret ; летко́мъ, en courant ; пѣшко́мъ, à pied ; наро́комъ, à dessein ; 2) d'autres qui à l'instrumental ont une signification différente ; comme верхо́мъ, à cheval ; да́ромъ, gratis ; круго́мъ, à la ronde ; 3) les expressions suivantes : днёмъ, de jour ; таки́мъ о́бразомъ, de cette manière ; наконе́цъ, enfin ; мо́жетъ быть, peut-être ; до́ма, à la maison (sans tendance) ; домо́й, à la maison (avec tendance) ; то есть, c'est-à-dire.

Première Remarque. Les adverbes formés des adjectifs se terminent ordinairement en o, et sont, comme eux, susceptibles des degrés de qualification. Ils forment leur comparatif comme les adjectifs, et leur superlatif en plaçant devant le positif la préposition пре, ou les adverbes о́чень ou весьма́.

Seconde Remarque. Il y a des adverbes qui, à l'imitation des adjectifs, forment des diminutifs ; comme тру́дно, трудне́нько, un peu difficilement ; ра́но, ране́нько, d'assez bonne heure ; хорошо́, хороше́нько, assez bien.

CHAPITRE SEPTIÈME.

De la préposition.

§ 138. La *préposition* (предло́гъ) est un mot indéclinable qui se met devant les autres parties du discours, soit séparément, pour en marquer le rapport à ce qui précède, soit conjointement, pour faire partie de leur signification. Ainsi les prépositions sont séparables ou inséparables. Les prépositions *inséparables* (нераздѣ́льные) ne s'emploient jamais séparément ; mais elles ne forment qu'un seul et même mot avec celui auquel elles se lient. Il y en a cinq en Russe ; ce sont возъ, en haut ; вы, dehors ; низъ, en bas ; пере, outre, et разъ, séparément ; comme вознести́, élever ; вы́йти, sortir ; низверга́ть, précipiter ; перее́хать, traverser ; разобра́ть, disjoindre. Parmi les prépositions *séparables*, il y en a qui n'entrent jamais dans la composition des mots, et d'autres qui s'emploient indifféremment soit dans les composés, soit hors des composés. Ces dernières sont au nombre de dix-sept ; voyez § 113.

§ 139. Considérées seules, les prépositions ont un régime, c'est-à-dire elles veulent que le nom ou pronom qu'elles précèdent soit mis à tel ou tel cas ; c'est ce qu'on verra par la table suivante :

Trente régissent toujours le *génitif*.

Безъ, безо, sans.
Близь, близко, auprès de, proche de.
Вдоль, le long de.
Вмѣсто, au lieu de, à la place de.
Внутрь, внутри, au dedans de.
Внѣ, hors de.
Возлѣ, auprès de, à côté de.
Для, pour, à cause de, pour l'amour de.
До, даже до, jusqu'à.
Изъ, изо, de.
Кромѣ, окромѣ, hors, hormis, excepté.
Кругъ, вокругъ, округъ, autour de.
Мимо, devant, près de.
Напротивъ, насупротивъ, vis-à-vis de.
Обонпóлъ, au delà de.
Около, autour de, environ, à peu près.
Окрестъ, autour de, aux environs de.
Опричь, hormis, excepté, à la réserve de.
Отъ, de, de chez, dès, depuis, contre.
Поверхъ, par-dessus, sur.
Подлѣ, auprès de, à côté de.
Позади, derrière.
Поперёгъ, au travers de.

Послѣ, après.

Прéжде, прежъ, avant.

Прóтивъ, протúву, contre, envers.

Ра́ди, pour, à cause de, pour l'amour de.

Сверхъ, par-dessus, au delà de, outre.

Среди́, посреди́, au milieu de, entre, parmi.

У, chez, auprès de, sur.

Première Remarque. Quelques-unes de ces prépositions sont regardées comme adverbes, si elles sont sans régime; telles sont прéжде, послѣ, позади́, поперéгъ, etc.

Seconde Remarque. La préposition ра́ди se met quelquefois après son complément; comme того́ ра́ди, c'est pourquoi; Бо́га ра́ди, pour l'amour de Dieu.

Une régit toujours le *datif*.

Ко, къ, à, vers, chez, pour.

Trois régissent toujours l'*accusatif*.

Про, de, pour.

Сквозь, par, à travers.

Чéрезъ, чрезъ, à travers, durant, moyennant, dans, pendant.

Une régit toujours l'*instrumental*.

Между́, межъ, промéжъ, entre, parmi.

Remarque. On trouve quelquefois cette préposition avec le génitif, surtout en poésie.

Une régit toujours le *prépositional*.

При, auprès de, en présence de, sous le règne de.

Quatre régissent en général

l'*accusatif*,	et	l'*instrumental*,
lorsqu'il y a du mouvement		lorsqu'il n'y a pas
d'un lieu à un autre.		de mouvement.

За, derrière, après, au delà de, par, pour.
Надъ, sur, au-dessus de, par-dessus.
Подъ, sous, au-dessous de, auprès de.
Предъ, avant, devant.

Trois régissent en général

l'*accusatif*,	et	le *prépositional*,
lorsqu'il y a du mouvement		lorsqu'il n'y a pas
d'un lieu à un autre.		de mouvement.

Bo, въ, dans, à, en, pour.
Ha, sur, à, contre, en, pour, vers.
O, объ, contre, de, sur, touchant.

Deux régissent différents cas suivant leur signification.

По,
{ avec le *datif*, par, suivant, selon, en.
{ avec l'*accusatif*, jusqu'à, chez.
{ avec le *prépositional*, après.

Co, съ,
{ avec le *génitif*, de, dès, depuis.
{ avec l'*accusatif*, de, comme (pour la comparaison).
{ avec l'*instrumental*, avec.

Remarque. On peut aussi regarder comme prépositions les expressions suivantes : посредствомъ (avec le génitif), au moyen de ; вопреки (avec le datif), en dépit de ; исключая (avec l'accusatif), excepté ; не смотря на (avec l'accusatif), malgré ; спустя (avec l'accusatif), après. Cette dernière se place avant ou après son complément.

§ 140. Parmi les prépositions, quelques-unes sont *entières*, comme во, ко, со; d'autres sont *apocopées*, comme въ, къ, съ, et d'autres sont *allongées*, comme безо, изо, надо, etc. Les prépositions apocopées въ, къ et съ se placent ordinairement devant les mots qui commencent par une voyelle ou par une seule consonne; ex. въ небѣ, dans le ciel; къ Александру, à Alexandre; съ людьми, avec les gens. Les prépositions entières et allongées во, ко, со, безо, надо, изо, обо, etc., se placent devant les mots qui commencent par deux consonnes; ex. во время, dans le temps; ко мнѣ, chez moi; со страхомъ, avec frayeur; безо всякой причины, sans aucune raison; надо мною, sur moi. — Il en est de même des prépositions inséparables взо, низо, разо; voyez § 113.

§ 141. Il arrive quelquefois qu'un nom est précédé de deux prépositions; alors c'est la première qui régit le cas; ex. я вынулъ книги изъ подъ стола, je retirai les livres de dessous la table; онъ выскочилъ изъ за куста, il se précipita de derrière le buisson. Il y a ellipse dans ces phrases, et la construction pleine est я вынулъ книги изъ стола, подъ которымъ онѣ были, je retirai les livres de la table sous *laquelle ils étaient;* онъ выскочилъ изъ куста, за которымъ скрывался, il se précipita du buisson derrière *lequel il s'était caché.*

CHAPITRE HUITIÈME.

De la conjonction.

§ 142. La *conjonction* (союзъ) est un mot indéclinable qui sert à lier les différentes parties du discours. Les conjonctions peuvent être

1. *Copulatives* (соединительные) : и, et; также, aussi; не только . . . но и, non-seulement . . . mais encore; ни, ni.

2. *Disjonctives* (раздѣлительные) : или, ou; либо, ou bien.

3. *Conditionnelles* (условныe) : ежели, естьли ou если, si, au cas que; буде, si, quand; ежели только, pourvu que; развѣ, à moins que; хотя бы, quand même.

4. *Adversatives* (противительныe) : а, но, mais; однако, cependant, néanmoins.

5. *Causatives* (винословныe) : ибо, car; дабы, afin que, pour que; поелику, понеже, потому что, parce que; что, que; чтобы, afin que.

6. *Concessives* (позволительныe) : хотя, quoique; правда, à la vérité; пусть, пускай, que, quoique.

7. *Comparatives* (уравнительныe) : какъ, comme; такъ какъ, ainsi que, de même que; чѣмъ . . . тѣмъ, plus . . . plus.

8. *Conclusives* (заключительныe) : и такъ, ainsi; убо, or, donc; того ради, c'est pourquoi; по сему, par conséquent; слѣдовательно, conséquemment; впрочемъ, au reste.

§ 143. On peut aussi rapporter aux conjonctions les *enclitiques*[1], c'est-à-dire des particules qui s'appuient sur le mot précédent, avec lequel elles semblent ne faire qu'un tout. Ce sont ли ou ль, же ou жъ, et бы ou бъ. Ces particules par elles-mêmes ne signifient rien; mais jointes à un mot, elles en augmentent l'énergie, ou en modifient le sens.

1. La particule ли, après le premier mot de la phrase, marque l'interrogation; ex. давно ли вы читали эту книгу, y a-t-il longtemps que vous avez lu ce livre?

2. La particule же répond aux mots *même, donc;* ex. такимъ же образомъ, de cette même manière; читайте же, lisez donc.

3. La particule бы sert à former le subjonctif ou le conditionnel; voyez § 124.

---

[1] Du Grec ἐγκλίνω, je m'appuie. En Français, il y a aussi de ces particules, telles que *da, ci, la* dans *oui-da, ceci, cela*.

CHAPITRE NEUVIÈME.

De l'interjection.

§ 144. L'*interjection* (междомéтіе) est un mot indéclinable dont on se sert pour exprimer un mouvement de l'âme. Il y a autant d'interjections qu'il y a de passions différentes; cependant il y a certains mots qui sont principalement adaptés à divers sentiments. Ce sont :

1. Pour la *joie* : ýра, исполáть, bon ! voilà qui est bon ! га, ah !

2. Pour la *douleur* : ахъ, hélas ! ай, aïe ! увы́, hélas ! ouais ! гóре, ô malheur ! жаль, hélas !

3. Pour la *surprise* : о, oh ! Бóже мой, bon Dieu !

4. Pour l'*aversion* : фу, fi ! fi donc !

5. Pour l'*encouragement* : ну, çà ! ну пойдёмъ же, çà, allons ! нýже, courage !

6. Pour le *silence* : стъ, chut ! цыцъ, paix !

7. Pour *appeler* : эй, hé ! holà ! кто тутъ, holà quelqu'un !

TROISIÈME PARTIE.

SYNTAXE.

§ 145. La syntaxe (словосочиненіе)[1] est la partie de la grammaire qui traite des règles de l'union mutuelle des mots, ainsi que de leur arrangement, suivant le génie de la langue. La syntaxe comprend

    1) La concordance et le régime ;
    2) La construction ;
    3) Les idiotismes.

§ 146. Les fautes à éviter dans la syntaxe sont les barbarismes et les solécismes. Un *barbarisme*[2] est l'emploi d'un mot formé contre les règles de l'analogie, ou contre les changements réguliers des mots. Un *solécisme*[3] est une faute que l'on fait en construisant, contre les règles de la grammaire, les mots connus et adoptés par l'usage.

---

[1] De σὺν, ensemble, et τάσσω, j'arrange.

[2] De βαρβαρισμὸς, de βάρβαρος, un barbare, parce que les Grecs appelaient *barbares* tous ceux qui ne parlaient pas bien leur langue.

[3] De σολοικισμὸς, de Σόλοικοι, habitants de Soles, ville de Cilicie où s'altéra la pureté du Grec.

SYNTAXE.

CHAPITRE PREMIER.

De la concordance et du régime.

§ 147. La *concordance* (согласованіе) a pour objet un rapport d'identité entre deux ou plusieurs mots qu'on doit faire accorder en genre, en nombre et en cas. Le *régime* (управленіе) indique le rapport de détermination d'un mot à un autre mot, lorsqu'on doit joindre un substantif à un autre substantif ou à un adjectif, un verbe à un autre verbe ou à une conjonction, etc. Les règles que la syntaxe prescrit sur la concordance et sur le régime sont ici rangées sous neuf articles, selon le nombre des parties du discours (§ 40).

ARTICLE PREMIER.

Syntaxe des substantifs.

§ 148. Le substantif qui est le sujet de la phrase ou qui répond à la question *qui est-ce qui?* se met au nominatif; ex. Богъ сотворилъ міръ, Dieu a créé le monde; кто основалъ сей городъ? Пётръ Великій, qui a fondé cette ville? Pierre le Grand.

§ 149. Lorsque deux ou plusieurs substantifs désignent une même personne ou une même chose, ils se mettent au même cas; ex. городъ Аѳины, la ville d'Athènes; у Цицерона, оратора Римлянина, chez Cicéron, l'orateur romain.

§ 150. Lorsque deux substantifs, exprimant des choses différentes, doivent être ensemble sans copule, celui qui répond à la question *de qui? de quoi?* se met au génitif sans préposition; ex. жаръ солнца, la chaleur du soleil; ведро воды, un seau d'eau; сынъ отечества, le fils de la patrie. Il y a quelques exceptions.

1. Quelquefois au lieu du génitif on met le datif; ex. хозя́инъ до́му, le maître de la maison; господи́нъ имѣ́нію, le seigneur d'une possession; ро́спись кни́гамъ, un catalogue de livres; ла́вка това́рамъ, une boutique de marchandises; цѣна́ мѣста́мъ, le prix des places.

2. Le substantif охо́тникъ, amateur, veut le génitif avec la préposition до; ex. онъ охо́тникъ до лошаде́й, il est amateur de chevaux; она́ охо́тница до рисова́нія, elle a du goût pour le dessin.

3. Le substantif désignant la matière dont une chose est faite se met au génitif avec la préposition изъ; ex. столбъ изъ бѣ́лаго мра́мора, une colonne de marbre blanc.

4. Avec les substantifs de mesure on met quelquefois l'instrumental avec la préposition съ; ex. ка́дка съ водо́ю, une cuvette d'eau; горшёкъ со цвѣта́ми, un pot de fleurs.

5. Les substantifs доста́токъ, изоби́ліе, abondance; недоста́токъ, disette; ну́жда, besoin; успѣ́хъ, succès, veulent le prépositional avec la préposition въ; ex. изоби́ліе въ съѣстны́хъ припа́сахъ, l'abondance des vivres; мнѣ ну́жда въ де́ньгахъ, j'ai besoin d'argent; успѣ́хъ въ предпрія́тіи, le succès d'une entreprise.

6. Les substantifs propres et communs, suivant le génie de la langue russe, sont très-souvent transformés en pareille occasion en adjectifs possessifs (§ 72); ex. Алекса́ндрова побѣ́да, la victoire d'Alexandre; Ломоно́совы о́ды, les odes de Lomonossow; медвѣ́жья ко́жа, une peau d'ours; мра́морный столбъ, une colonne de marbre. Mais cette tournure ne pourrait pas avoir lieu si le substantif était accompagné d'un adjectif; comme побѣ́да Алекса́ндра Вели́каго, la victoire d'Alexandre le Grand; ко́жа бѣ́лаго медвѣ́дя, une peau d'ours blanc.

§ 151. Les substantifs qui se joignent aux substantifs propres ou communs pour marquer leur qualité ou leur similitude, se mettent à l'instrumental; ex. ро́домъ Россія́нинъ, Russe d'origine; онъ си́лою Ге́ркулесъ, c'est un Hercule pour la force.

ARTICLE DEUXIÈME.

Syntaxe des adjectifs.

§ 152. L'adjectif s'accorde en genre, en nombre et en cas avec son substantif, et se place ordinairement avant lui ; mais si c'est un substantif propre, l'adjectif se met après ; ex. искренній другъ, un ami sincère ; большая долина, une grande plaine ; разумное существо, un être raisonnable ; пріятныя знакомства, d'agréables connaissances ; Петръ Великій, Pierre le Grand.

Remarque. Les noms de nombre et les pronoms adjectifs, ainsi que les participes, suivent la même règle ; ex. первые начатки, les premiers principes ; процвѣтающее государство, un empire florissant.

§ 153. Lorsqu'un adjectif se rapporte à deux ou plusieurs substantifs, il se met au pluriel, en observant que si les substantifs sont de différents genres, l'adjectif se met de préférence au genre le plus noble ; ex. Екатерина Вторая и Александръ Первый, рожденные для прославленія Россіи, Catherine II et Alexandre Ier, nés pour illustrer la Russie. Mais quelquefois l'adjectif s'accorde avec le substantif le plus proche ; ex. мой отецъ и мать, mon père et ma mère ; братъ и сестра моя, mon frère et ma sœur.

Remarque. Un substantif se trouvant avec deux ou plusieurs adjectifs qui expriment différentes espèces d'un même genre, se met aussi au pluriel ; ex. Французскій и Рускій языки, les langues française et russe.

§ 154. Les adjectifs au comparatif veulent après eux le génitif, et le *que* français se retranche ; ex. правда яснѣе солнца, une vérité plus claire que le soleil ; онъ больше меня, il est plus grand que moi[1]. Mais si l'on exprime le *que* par нежели, ou какъ,

---

[1] On sous-entend alors la préposition противъ, *en comparaison*

ou чѣмъ, alors le second terme se met au même cas que le premier; ex. страсти дѣйствуютъ надъ молодыми людьми сильнѣе, нежели разумъ, les passions agissent sur les jeunes gens plus fortement que la raison; прилѣжнаго ученика больше хвалятъ, какъ лѣниваго, on loue plus un écolier diligent qu'un paresseux.

§ 155. Les adjectifs au superlatif se construisent avec изъ et le génitif, ou avec между et l'instrumental; ex. блаженнѣйшій изъ смертныхъ, le plus heureux des mortels; прекраснѣйшій между цвѣтами, la plus belle des fleurs.

§ 156. Plusieurs adjectifs se construisent avec un cas déterminé.

1. Les adjectifs достойный, digne; полный, plein, veulent le génitif; ex. достойный награды, digne de récompense; жизнь полна бѣдствій, la vie est pleine de misères.

2. Les adjectifs qui marquent la *parenté*, la *bienséance*, la *propriété*, l'*utilité*, la *nécessité*, la *soumission*, ou quelque *rapport* mutuel entre les objets, veulent le datif; ex. Богу угодный, agréable à Dieu; отечеству полезный, utile à la patrie; вѣрный государю, fidèle au souverain; это не прилично честному человѣку, cela ne sied pas à un honnête homme.

3. Les adjectifs алчный, avide; годный, propre; готовый, prêt; сострадательный, compatissant; щедрый, généreux, et en général ceux qui expriment la *disposition*, l'*inclination*, ou l'*aptitude*, veulent le datif avec la préposition къ; ex. я готовъ къ вашимъ услугамъ, je suis prêt à votre service; прилѣжный къ исполненію своей должности, exact à remplir son devoir; онъ жалостливъ къ бѣднымъ (ou до бѣдныхъ), il est charitable

---

de. Les Latins mettaient l'ablatif en sous-entendant *præ*, et les Grecs le génitif en sous-entendant πρὸ, deux prépositions qui répondent à противъ; comme *veritas clarior* (*præ*) *sole*; μείζων (πρὸ) ἐμοῦ.

envers les pauvres; жа́дный къ бога́тству, avide de richesses ; пристра́стный къ игрѣ́, adonné au jeu.

Remarque. Les substantifs d'où dérivent ces adjectifs prennent aussi le datif avec къ; ex. жа́жда къ бога́тству, la soif des richesses; стра́сть къ игрѣ́, la passion du jeu; скло́нность къ уче́нію, le penchant à l'étude.

4. Les adjectifs бережли́вый, soigneux; бро́скій, prompt; де́рзкій, hardi; похо́жій, semblable; схо́жій, pareil; глухо́й, sourd; лёгкій, léger; чи́стый, pur, intègre, veulent quelquefois l'accusatif avec la préposition на; ex. онъ бережли́въ на пла́тье, il est soigneux de ses habits; онъ похо́жъ на отца́, il ressemble à son père; онъ глухъ на одно́ у́хо, il est sourd d'une oreille; онъ лёгокъ на́-ногу, il est fort leste; э́тотъ слуга́ нечи́стъ на́-руку, ce serviteur n'est pas fidèle (a les doigts trop longs).

5. Les adjectifs qui marquent quelque qualité ou quelque imperfection, comme la *force*, la *faiblesse*, la *grandeur*, la *petitesse*, la *beauté*, la *laideur*, la *richesse*, la *pauvreté*, le *contentement*, lorsqu'ils se rapportent aux personnes, régissent l'instrumental; ex. бога́тый деньга́ми, riche en argent; си́льный слова́ми, fort en paroles; бѣ́дный умо́мъ, pauvre d'esprit; высо́кій ро́стомъ, grand de taille; онъ бо́ленъ зуба́ми и голово́ю, il a mal aux dents et à la tête; онъ дово́ленъ жре́біемъ, il est content de son sort; чи́стый се́рдцемъ, qui a le cœur net.

6. Les adjectifs qui marquent l'*habileté*, l'*exactitude*, la *persévérance*, la *modération*, veulent le prépositional avec la préposition въ; ex. иску́сный въ математикѣ, versé dans les mathématiques; умѣ́ренный въ расхо́дахъ, modéré dans les dépenses; et de même изоби́льный, abondant; счастли́вый, heureux, et les participes зна́ющій et свѣ́дущій, expérimenté.

ARTICLE TROISIÈME.

Syntaxe des noms de nombre.

§ 157. Les noms de nombre se construisent avec les substantifs de différentes manières.

1. Одинъ, un, et tous les nombres ordinaux suivent la règle des adjectifs (§ 149) ; cependant ils peuvent être suivis d'un génitif pluriel avec la préposition изъ ; ex. одинъ изъ мужиковъ, un des paysans ; первый изъ философовъ, le premier des philosophes. Lorsque одинъ est joint à un autre nombre pour former un nombre composé, il veut le substantif au singulier ; ex. сорокъ одна лошадь, quarante-un chevaux.

2. Два, deux; оба, tous les deux ; три, trois; четыре, quatre, veulent le substantif qui les suit au génitif singulier [1] ; et de même lorsqu'ils forment un nombre composé, en observant que два et оба s'accordent en genre avec le substantif ; ex. два слуги, deux serviteurs ; обѣ вещи, les deux choses ; три государя, trois souverains ; четыре стула, quatre chaises ; двадцать два короля, vingt-deux rois.

Remarque. On dit et on écrit два рубли, deux roubles ; два

---

[1] M. Vater suppose, dans sa grammaire, page 74, que cela vient de ce que dans plusieurs substantifs le génitif singulier est semblable au nominatif pluriel, qu'on s'est d'abord servi du premier à défaut du second, et qu'ensuite l'usage a voulu qu'on l'employât toujours. Il appuie sa supposition en disant qu'en Polonais on met ordinairement le nominatif pluriel après ces nombres. — Le professeur Schlozer au contraire prétend, et avec raison, que ce génitif singulier n'est autre chose que le nominatif duel qu'avait primitivement la langue slavonne ; voyez plus haut § 45.

SYNTAXE.

дни, три дни, deux jours, trois jours, et non два дня, два рубля.

3. Пять, cinq, et les nombres cardinaux suivants, veulent le substantif qui les suit au génitif pluriel ; ex. пять чувствъ, les cinq sens ; двѣнáдцать мѣсяцевъ, douze mois ; сóрокъ дней, quarante jours.

Mais si ces nombres, два, три, четыре, пять, etc., sont à un autre cas qu'au nominatif ou à l'accusatif, ils s'accordent en cas avec leur substantif ; ex. съ четырьмá сыновьями, avec quatre fils ; къ двумъ деревáмъ, vers deux arbres ; пятью пáльцами, avec les cinq doigts ; въ сорокá верстáхъ, à quarante verstes. Il faut excepter le pluriel de сто, cent ; тысяча, mille, et миллióнъ, million, qui veulent toujours le génitif pluriel ; ex. съ тремя стáми судóвъ, avec trois cents vaisseaux ; на тысячу рублéй, pour mille roubles.

Une singularité plus remarquable, c'est que si le substantif au génitif singulier ou pluriel après ces nombres est accompagné d'un adjectif, cet adjectif se met au nominatif pluriel ou au génitif pluriel ; ex. два кáменные (ou кáменныхъ) дóма, deux maisons de pierre ; три воéнные (ou воéнныхъ) корабля, trois vaisseaux de guerre ; цѣлые (ou цѣлыхъ) семь дней, sept jours entiers. Mais dans les autres appositions l'adjectif s'accorde avec le substantif ; comme въ четырёхъ воéнныхъ корабляхъ, sur quatre vaisseaux de guerre.

4. Двóе, deux ; трóе, trois ; чéтверо, quatre ; пятеро, cinq, etc., veulent aussi le génitif pluriel ; ex. двóе купцéвъ, deux marchands ; трóе бѣглыхъ, trois fugitifs ; десятеро разбóйниковъ, dix brigands. Les nombres ne s'emploient sous cette forme que lorsqu'il est question de gens d'une basse condition, ou bien pour les substantifs usités seulement au pluriel ; alors dans ce dernier cas ils se changent en и ou ы, et s'accordent avec le substantif ; ex. двóи сáни, deux traîneaux ; чéтверы часы́, quatre montres.

5. Les nombres distributifs composés de полъ, tels que полторá, un et demi ; полтретья́, deux et demi, etc., veulent le

substantif qui les suit au génitif singulier, lorsqu'ils sont au nominatif et à l'accusatif; mais aux autres cas ils s'accordent avec le substantif; ex. полтора́ го́да, un an et demi; о́коло полу́тора го́да, environ un an et demi; полтретьи́ версты́, deux verstes et demie; бо́льше получетвертыхъ рубле́й, plus de trois roubles et demi.

6. Les noms de nombre placés après le substantif expriment alors une quantité approximative; ex. человѣ́къ два́дцать, environ vingt hommes; шаго́въ на́-сто, à cent pas à peu près.

Remarque. Les substantifs человѣ́къ, homme; разъ, fois; пудъ, poids de quarante livres; аршинъ, mesure pour les étoffes; солда́тъ, soldat, et quelques autres se mettent au nominatif singulier après les nombres qui veulent le génitif pluriel; comme ты́сяча человѣ́къ, mille hommes; сто пудъ (ou пудо́въ), cent pouds; де́сятеро солда́тъ, dix soldats. Mais on dit два человѣ́ка, deux hommes; четы́ре солда́та, quatre soldats.

§ 158. A la question *combien?* les nombres два, три et четы́ре se mettent à l'accusatif avec по, et оди́нъ, пять et les suivants, au datif avec la même préposition; ex. да́йте ка́ждому по-двѣ копѣ́йки, donnez à chacun (par) deux copecks; я и братъ получи́ли по пяти́ сотъ рубле́й, moi et mon frère nous avons reçu chacun cinq cents roubles.

§ 159. Lorsque l'on veut exprimer la date des années, on se sert du prépositional avec въ; mais il n'y a que le dernier nom de nombre qui soit ordinal et qui se décline; ex. въ ты́сяча во́семь сотъ два́дцать пе́рвомъ году́, en mil huit cent vingt-un; et pour exprimer le quantième du mois, on se sert aussi du nombre ordinal qu'on met au génitif; ex. онъ уѣ́халъ шеста́го Генваря́, il est parti le six Janvier. Mais si l'on demande: кото́рое у насъ сего́ дня число́, quel jour du mois avons-nous aujourd'hui? le nombre ordinal se met au nominatif neutre, en sous-entendant число́; ex. четвёртое, le quatre; пе́рвое-наде́сять, **le onze**.

§ 160. Si l'on veut exprimer l'âge d'une personne à une certaine époque, on se sert du nombre cardinal que l'on met au génitif; ex. онъ женился тридцати, а умеръ семидесяти лѣтъ, il s'est marié à trente ans, et il est mort à soixante-dix; et de même dans les phrases suivantes : младенецъ одного году, un enfant d'un an; старикъ восьмидесяти лѣтъ, un vieillard de quatre-vingts ans. Mais dans ce dernier cas on forme plutôt un adjectif composé; comme восьмидесятилѣтній старикъ, un vieillard octogénaire.

§ 161. Les mots *ans*, *années*, s'expriment par года, génitif singulier de годъ, après les nombres два, три, четыре, et après les autres nombres par лѣтъ, génitif pluriel de лѣто, *un été*; ex. тридцать три года, trente-trois ans; сорокъ лѣтъ, quarante années. Cependant si два, три, четыре, sont à un autre cas qu'au nominatif et à l'accusatif, on se sert aussi du pluriel de лѣто; ex. около трёхъ лѣтъ, environ trois ans.

§ 162. Le mot *fois* qui accompagne souvent les nombres s'exprime par разъ; ex. два раза, deux fois; пять разъ, cinq fois. Cependant l'on dit aussi однажды, дважды, трижды, четырежды, une, deux, trois, quatre fois, et depuis cinq on se sert des adverbes en ю, comme пятью, шестью, семью, cinq, six, sept fois, qu'il ne faut pas confondre avec l'instrumental des nombres qui placent l'accent sur la dernière syllabe. Ces nombres servent à multiplier; comme дважды два, четыре, deux fois deux font quatre; шестью шесть, тридцать шесть, six fois six font trente-six.

Remarque. Nous avons vu (§ 49, *observ.* 3) que quelques substantifs avaient le génitif singulier en у; mais il faut observer qu'avec два, три et четыре, ces mêmes substantifs ont le génitif en а.

ARTICLE QUATRIÈME.

Syntaxe des pronoms.

§ 163. Les pronoms personnels se sous-entendent souvent au présent, au futur et à l'impératif, parce que la distinction des personnes y est marquée par la terminaison; mais ils sont nécessaires dans les temps où la terminaison des trois personnes est semblable, et au présent du verbe substantif qui ne s'exprime pas ordinairement en Russe. En un mot, il faut les exprimer toutes les fois que la clarté et l'harmonie l'exigent.

Remarque. Quand on adresse la parole à quelqu'un, la politesse exige, comme en Français, qu'on se serve de la seconde personne du pluriel; mais les substantifs et les adjectifs qui s'y rapportent se mettent en Russe au pluriel, tandis qu'en Français ils sont au singulier; ex. охо́тники ли вы до ры́бной ло́вли, êtes-vous amateur de la pêche? et en parlant à une femme, вы о́чень счастли́вы, vous êtes très-heureuse.

§ 164. Le datif des pronoms personnels s'emploie quelquefois au lieu des pronoms possessifs, surtout lorsqu'ils sont joints à des substantifs indiquant la parenté ou l'amitié; ex. онъ мнѣ двою́родный братъ, il est mon cousin germain; она́ ему́ тётка, elle est sa tante; онъ мнѣ вѣрный другъ, c'est mon véritable ami.

§ 165. Les pronoms possessifs se formant des pronoms personnels, il s'ensuit que *mon* signifie *de moi; ton, de toi; son, de lui, d'elle,* etc. En Français on se sert de *son, sa, ses, leur, leurs,* non-seulement dans le rapport réfléchi, c'est-à-dire, lorsque ces pronoms se rapportent au sujet de la phrase, mais encore lorsque le rapport n'est pas réfléchi; on dira, par exemple, *il racontera ses aventures, et je raconterai ses aventures.* Mais en Russe on met une différence : on exprimera ces pronoms par свой, своя́, своё, s'ils se rapportent au sujet de la phrase; et s'ils ne s'y rapportent pas, on les exprimera par его́, ея́, ихъ, ou par о́наго, о́ной, о́ныхъ, suivant qu'ils signifieront *de lui, d'elle, d'eux* ou *d'elles* [1]; ex. онъ разска́жетъ свои́ похожде́нія, il racontera ses (*propres*) aventures; я разскажу́ его́ похожде́нія, je raconterai ses aventures (*les aventures de lui*); я зна́ю ея́ му́жа, je connais son mari (*le mari d'elle*); доброде́тель ихъ досто́йна похвалы́, leur vertu (*la vertu d'eux, d'elles*) est digne de louange; они́ стро́го воспи́тывали свои́хъ дѣте́й, ils élevaient sévèrement leurs (*propres*) enfants.

§ 166. Les pronoms relatifs joints à un verbe se changent souvent en participes dans le style élevé, suivant le génie de la langue slavonne-russe; ex. au lieu de тотъ, кото́рый почита́етъ Бо́га, celui qui honore Dieu, on dira почита́ющій Бо́га. — Le pronom relatif что s'emploie quelquefois au lieu de кото́рый, dans le discours familier, pour la brièveté; ex. кто съ тобо́ю говори́лъ? тотъ, что со мно́ю слу́житъ, qui te parlait? celui qui sert avec moi. Lomonossow s'en est aussi servi dans quelques occasions; ex.

О ты, что въ го́рести напра́сно

На Бо́га ро́пщетъ, человѣ́къ!

ô toi, homme, qui dans l'affliction murmures injustement contre Dieu!

§ 167. Le pronom interrogatif что s'emploie quelquefois avec la préposition за et le nominatif; что за человѣ́къ, quel est cet homme? что за шумъ, quel est ce bruit [2]? Si l'on supprime за, что veut alors le génitif; ex. что ну́жды, quel besoin? что тебѣ́ тамъ дѣ́ла, quelle affaire as-tu là? что де́негъ изде́ржано, quel argent (combien d'argent) a-t-on dépensé? — Le pronom

---

[1] C'est exactement la différence qui existe en Latin entre *suus*, et *ejus, eorum;* comme *casus suos narrabit*, et *casus ejus narrabo*.

[2] Cette construction répond au germanisme was für ein Mann?

чей, чья, чьё, s'accorde en genre, en nombre et en cas avec son substantif; ex. чей этотъ домъ, à qui est cette maison? чьё стадо, à qui appartient ce troupeau? (comme le Latin *cujum pecus?*)

§ 168. Le pronom indéfini нѣсколько veut aussi le génitif; ex. нѣсколько времени, quelque temps; нѣсколько дней, quelques jours. Mais s'il est à un autre cas qu'au nominatif et à l'accusatif, il s'accorde avec son substantif; ex. въ теченіе нѣсколькихъ мѣсяцевъ, dans l'espace de quelques mois.

§ 169. Le pronom indéfini *on* ou *l'on* (altération de *homme* ou *l'homme*) s'exprime en Russe : 1) par la troisième personne du pluriel en sous-entendant люди; ex. говорятъ, on dit; говорили, on disait; почитаютъ умныхъ, а презираютъ незнающихъ, on estime les savants, et l'on méprise les ignorants; 2) par la seconde personne du singulier, surtout dans le langage familier; ex. не всякому угодишь, on ne saurait contenter tout le monde (comme le Latin *non unicuique satisfeceris*); 3) par всѣ; ex. всѣ вообще думаютъ, on croit généralement.

ARTICLE CINQUIÈME.

Syntaxe des verbes.

§ 170. Lorsqu'un verbe a deux ou plusieurs sujets singuliers, il se met au pluriel; et si ces sujets sont de différentes personnes, il se met, comme en Français, à la personne la plus noble; ex. роскошь и праздность суть вредны, le luxe et la paresse sont pernicieux; братъ мой и я радуемся, что вы и матушка ѣдете къ намъ, mon frère et moi, nous sommes bien aises de ce que vous et votre mère, vous venez chez nous. Mais les verbes qui ont pour sujets des nombres cardinaux, ou des adverbes de quantité, se mettent au singulier et au neutre; ex. бьётъ три часа, trois heures sonnent, ou il sonne trois heures; было одиннадцать часовъ, onze heures ont sonné; протекло много вѣковъ, il s'est écoulé bien des siècles; прошло́ шестьдеся́тъ лѣтъ, soixante ans se sont passés.

§ 171. Les verbes actifs, comme dans les autres langues où le rôle logique du substantif est indiqué par les cas, gouvernent ordinairement à l'accusatif le nom sur lequel tombe l'effet de l'action; ex. Богъ сотвори́лъ не́бо и зе́млю, Dieu a créé le ciel et la terre; славнѣ́йшую тотъ получа́етъ побѣ́ду, кто себя́ самого́ побѣжда́етъ, celui-là remporte la plus glorieuse victoire, qui sait se vaincre lui-même. Mais si le verbe est précédé de la négation не, alors au lieu de l'accusatif on met le génitif; ex. не умножа́йте несча́стія своего́, n'augmentez pas votre malheur; онъ никако́й рабо́ты не ока́нчиваетъ, il ne finit aucun ouvrage. Le génitif s'emploie encore pour l'accusatif lorsque le sens de la phrase est partitif, c'est-à-dire, lorsqu'on ne veut désigner qu'une partie des choses dont il est question; ex. дай мнѣ воды́, donne-moi de l'eau; принеси́ хлѣ́ба, apporte du pain; ou bien lorsqu'on prête une chose pour un certain temps; ex. дай мнѣ э́той кни́ги прочесть, prête-moi ce livre pour le lire; посули́ть кому́ ло́шади, promettre à quelqu'un de lui prêter un cheval [1].

§ 172. Il est des verbes qui se construisent toujours avec le même cas.

1. Les verbes qui marquent le *désir*, l'*attente*, la *demande*, la *privation*, la *crainte*, régissent le génitif; tels sont les suivants : алка́ть, désirer ardemment; боя́ться, craindre; держа́ться, suivre le parti; жа́ждать, désirer; жела́ть, souhaiter; избыва́ть, éviter; иска́ть, chercher; исполня́ться, se remplir (aussi l'instrumental); каса́ться, toucher (aussi le datif; avec до et le génitif *concerner*); лиша́ть, priver (accusatif de la personne et génitif de la chose); ожида́ть, attendre; опаса́ться, craindre;

---

[1] L'accusatif dans ces phrases changerait le sens : дай мнѣ во́ду, donne-moi *l'eau*; принеси́ хлѣ́бъ, apporte *le pain;* посули́ть кому́ ло́шадь, promettre à quelqu'un *de lui donner* un cheval.

причащаться, participer; пугаться, s'effrayer; стыдиться, avoir honte; страшиться, avoir peur; требовать, exiger; удостоиваться, être jugé digne; убѣгать, éviter; ужасаться, s'épouvanter; хватиться, oublier; хотѣть, vouloir; чаять, s'attendre; чуждаться, fuir. Ex. я вамъ желаю счастливаго пути, je vous souhaite un heureux voyage; онъ ожидаетъ отъ васъ прощенія, il attend de vous son pardon; я хватился своихъ часовъ, j'ai oublié ma montre (en voulant prendre ma montre, je me suis aperçu que je l'avais oubliée).

Première Remarque. Le verbe просить, demander, veut aussi le génitif de la chose et le génitif avec у de la personne; comme просить у кого заступленія, demander à quelqu'un sa protection; ou bien l'accusatif de la personne et le prépositional avec о ou объ de la chose; comme просить друга о помощи, demander du secours à un ami. — S'il signifie *se plaindre*, il veut l'accusatif avec на de la personne et le prépositional avec въ de la chose; comme просить на кого въ обидѣ, porter plainte contre quelqu'un (en réparation) d'une offense.

Seconde Remarque. Le verbe стоить, coûter, veut aussi le génitif lorsqu'il n'est pas avec un nom de nombre; comme это сочиненіе стоило ему многихъ трудовъ, cette composition lui a coûté beaucoup de peine. Mais s'il est avec un nom de nombre, il veut l'accusatif; ex. эти часы мнѣ стоятъ двадцать червонцевъ, cette montre me coûte vingt ducats.

2. Les verbes qui dans les autres langues veulent au datif, le mot qui répond à la question *à qui* ou *à quoi?* veulent aussi la plupart le datif en Russe, et de plus les suivants : благодарить, rendre grâces (aussi l'accusatif); внимать, écouter; вѣрить, croire; грозить, претить, menacer; грубить, traiter grossièrement; дивиться, s'étonner; досаждать, chagriner; завидовать, envier; кланяться, saluer; льстить, flatter; отмщать, venger; подражать, imiter; радоваться, se réjouir (aussi le prépos. avec объ); смѣяться, rire (aussi l'instrum. avec надъ de la personne); способствовать, aider; споспѣшествовать, seconder; уди-

вляться, admirer; удовлетворять, satisfaire; учить, enseigner (accusatif de la personne et datif de la chose); чудиться, être surpris. Ex. кланяйтесь отъ меня вашему брату, saluez votre frère de ma part; удивляюсь Божію творенію, j'admire les œuvres de Dieu; отмстить непріятелямъ, se venger de ses ennemis; благодарить Божіей щедротѣ, rendre grâces à la munificence de Dieu.

Remarque. Le verbe молиться, prier, veut aussi le datif; comme молиться Богу, prier Dieu. Mais молить, supplier, veut l'accusatif de la personne et le prépositional avec объ de la chose; ex. молить Бога о здравіи, demander à Dieu la santé.

3. Les verbes suivants gouvernent l'instrumental : быть, être; владѣть, gouverner; веселиться, se réjouir; гнушаться, avoir en horreur; жертвовать, sacrifier (datif de la personne et instrumental de la chose); жить, subsister; звать, appeler; именоваться, s'appeler; клясться, jurer; корыстоваться, s'approprier; мѣняться, changer; мучиться, se tourmenter; наслаждаться, jouir; немочь, être malade; наполняться, se remplir; обиловать, abonder; обладать, posséder; одолжать, ссужать, prêter (accusatif de la personne et instrumental de la chose); остаться, rester; повелѣвать, commander (aussi le datif); пожаловать, gratifier; показываться, paraître; почитать, regarder comme; править, gouverner; пользоваться, profiter; предводительствовать, commander; превозноситься, s'enorgueillir; пренебрегать, mépriser; прозывать, surnommer; сдѣлаться, devenir; слыть, passer pour; становиться, devenir; управлять, gouverner; учиниться, devenir; хвалиться, se vanter. Ex. я былъ тому причиною, j'en ai été la cause; онъ сталъ королёмъ, il devint roi; его зовутъ Петромъ, il se nomme Pierre; онъ завладѣлъ всѣмъ государствомъ, il s'empara de tout le royaume; одолжите меня вашею книгою, prêtez-moi votre livre.

Remarque. Le verbe быть a quelquefois après lui un second nominatif, c'est lorsque l'attribut marque une qualité permanente;

ex. привы́чка есть другая приро́да, l'habitude est une seconde nature; братъ мой былъ солда́тъ, mon frère a été soldat. Mais si l'attribut est de courte durée, il veut alors l'instrumental; ex. братъ мой былъ солда́томъ во вре́мя послѣдней войны́, mon frère a été soldat pendant la dernière guerre. Observons encore que lorsque le verbe есть est sous-entendu, l'attribut est toujours au nominatif.

§ 173. Les autres verbes régissent les cas avec des prépositions.

1. Les verbes composés avec les prépositions во, до, отъ, со, se construisent ordinairement avec les mêmes prépositions; ex. войти́ въ при́стань, entrer dans le port; пи́сьма ва́ши дошли́ до меня́, vos lettres me sont parvenues; отказа́ться отъ мѣ́ста, renoncer à une place; вода́ съ горъ схо́дитъ, l'eau descend de la montagne.

a) Ceux qui sont composés avec вы prennent изъ avec le génitif; ex. они́ его́ вы́ключили изъ о́бщества, ils l'ont exclu de la société; вы́йти изъ-дому, sortir de la maison.

b) Ceux qui sont composés avec при prennent къ avec le datif; ex. онъ приготовился къ отпо́ру, il s'est préparé à la résistance; приста́ть къ бе́регу, aborder au rivage.

c) Ceux qui sont composés avec возъ prennent на avec l'accusatif; ex. всё упова́ніе возлага́ю на Бо́га, je mets toute ma confiance en Dieu; взойти́ на́-гору, monter sur la montagne.

2. Avec отъ et le génitif se construit le régime indirect des verbes блюсти́, храни́ть, garder; воздержива́ть, contenir; вылѣчивать, guérir radicalement; избавля́ть, свобожда́ть, délivrer; искупа́ть, racheter; оберега́ть, préserver; обороня́ть, défendre; остерега́ть, avertir; очища́ть, justifier; разрѣша́ть, délier; спаса́ть, sauver; удаля́ть, éloigner; уклоня́ть, détourner. Ex. Христо́съ искупи́лъ человѣ́ческій родъ отъ сме́рти, Christ a racheté de la mort le genre humain; обороня́ть отечество отъ непріятельскихъ нападеній, défendre sa patrie contre les attaques de l'ennemi.

3. Avec къ et le datif se construit le régime indirect des verbes впершть, diriger (aussi avec въ et l'accusatif); нудить, contraindre; подстрекать, exciter; подбивать, inciter; поощрять, encourager; склонять, fléchir; устремлять, diriger; et de même le régime de благоговѣть, respecter; липнуть ou льнуть, s'attacher. Ex. гнѣвъ подстрекаетъ къ мщенію, la colère porte à la vengeance; вы склонили меня къ сему намѣренію, vous m'avez porté à cette résolution; смола липнетъ къ рукамъ, la résine s'attache aux mains.

4. Avec на et l'accusatif se construisent les verbes враждовать, avoir de la haine; жаловаться, se plaindre; злиться, se courroucer; надѣяться, espérer, se fier (aussi avec le génitif); опираться, s'appuyer (aussi avec объ et l'accus.); покушаться, entreprendre; посягать, se révolter; походить, ressembler; роптать, murmurer; сердиться, se fâcher; соглашаться, convenir; ссылаться, s'en rapporter, et en général ceux qui signifient *se plaindre, se fâcher, se fier*. Ex. надѣюсь на вашу ко мнѣ благосклонность, je compte sur votre bienveillance; онъ на васъ жалуется, il se plaint de vous; роптать на судьбу свою, murmurer contre son sort.

5. Avec въ et l'accusatif se construisent les verbes вѣровать, croire; облачаться, s'habiller; облекаться, se revêtir; обуваться, se chausser; наряжаться, se parer; убираться, s'ajuster. Ex. вѣровать въ истиннаго Бога, croire au vrai Dieu; нарядиться въ новое платье, se parer d'un habit neuf.

6. Avec за et l'accusatif se construisent les verbes браться, приниматься, entreprendre; вступаться, prendre le parti; ручаться, être garant (aussi avec le prépos. et по); хвататься, saisir; ходатайствовать, intercéder (aussi avec le prépos. et объ). Ex. вступаться за невиннаго, défendre l'innocent; хвататься за шпагу, saisir son épée; ручаться за кого (ou по

комъ) въ займѣ денегъ, être caution pour quelqu'un dans un emprunt.

Remarque. L'expression выйти за-мужъ, se marier (en parlant de la femme), prend aussi l'accusatif avec за; ex. она вышла за-мужъ за управителя, elle a épousé un intendant.

7. Avec съ et l'instrumental se construisent les verbes граничить, confiner; встрѣчаться, rencontrer; соображаться, se conformer; de même que le régime indirect des verbes верстать, равнять, comparer; знакомить, faire faire connaissance; мирить, réconcilier; повѣрять, collationner; поздравлять, féliciter; разлучать, séparer; ссорить, brouiller. Ex. Россія граничитъ къ югу съ Чёрнымъ моремъ, la Russie est bornée au sud par la mer Noire; я поздравилъ его съ бракомъ, je l'ai félicité de son mariage; повѣрять списокъ съ подлинникомъ, collationner la copie sur l'original.

8. Avec за et l'instrumental se construisent les verbes гоняться, courir après, poursuivre; смотрѣть, avoir l'inspection (avec на et l'accusatif *regarder*); слѣдовать, suivre. Ex. присмотрѣть за дѣтьми, surveiller des enfants; гоняться за счастіемъ, courir après le bonheur; честь слѣдуетъ за добродѣтелію, la vertu est suivie de la gloire.

9. Avec надъ et l'instrumental se construisent les verbes властительствовать, régner; дѣйствовать, agir; надьваться, se moquer; наругаться, insulter; насмѣхаться, se rire, se moquer; начальствовать, commander; сжалиться, avoir pitié; умилосивляться, avoir compassion; шутить, railler. Ex. сжалиться надъ бѣдными, avoir pitié des malheureux; вы конечно шутите надо-мною, vous vous moquez certainement de moi.

10. Avec о ou объ et le prépositional se construisent les verbes бдѣть, veiller; бесѣдовать, s'entretenir; говорить, parler; горевать, se chagriner; милосердовать, avoir compassion; плакать, pleurer; печься, s'inquiéter; разсуждать, réfléchir; сожалѣть, avoir pitié; сомнѣваться, douter (aussi avec въ);

стараться, s'efforcer ; утѣшаться, se consoler ; умалчивать, passer sous silence, et en général ceux qui signifient *s'inquiéter, s'affliger*. Ex. утѣшьтесь о смерти сына своего, consolez-vous de la mort de votre fils ; скорбѣть о лишеніи друга, s'affliger de la perte d'un ami ; стараться о воспитаніи дѣтей, avoir soin de l'éducation des enfants.

Remarque. Les verbes воспоминать, se rappeler ; думать, penser ; мыслить, réfléchir ; поминать, se souvenir ; разсказывать, raconter ; провѣдывать, s'informer ; узнавать, apprendre, veulent quelquefois, au lieu de l'accusatif, le prépositional avec о ou объ. Ex. воспоминать о несчастіи, se rappeler le malheur ; о семъ мыслятъ различно, on pense différemment là-dessus.

11. Avec на et le prépositional se construisent les verbes основываться, se fonder ; утверждаться, s'appuyer, se fonder ; жениться, se marier (en parlant de l'homme). Ex. утверждаться на причинахъ, se fonder sur des raisons ; онъ женился на вдовѣ, il a épousé une veuve.

12. Avec въ et le prépositional se construisent les verbes каяться, se repentir ; нуждаться (ou имѣть нужду), avoir besoin ; виниться, признаться, avouer ; ошибаться, se tromper ; приличаться, être convaincu ; подозрѣваться, être soupçonné ; упражняться, s'occuper. Ex. раскаиваться во грѣхахъ, se repentir de ses péchés ; она упражняется въ хозяйствѣ, elle s'occupe du ménage.

§ 174. Les verbes qui signifient le *choix*, la *nomination*, la *promotion*, l'*engagement*, l'*enrôlement*, veulent le nom qui désigne l'avancement à l'accusatif pluriel avec въ ; ex. избрать кого во священники, choisir quelqu'un pour prêtre ; постричь кого въ монахи, faire quelqu'un moine, l'admettre à la tonsure monastique ; назначили его въ губернаторы, on l'a nommé gouverneur ; онъ пожалованъ въ полковники, il a été fait colonel ; онъ взятъ въ солдаты, on l'a fait soldat ; она нанялась въ горничныя служанки, elle s'est faite femme de chambre. L'accusatif dans ces phrases est semblable au nominatif, parce qu'on fait moins attention à la personne qu'à l'état qu'elle embrasse, et que ces pluriels sont comme les collectifs qui se déclinent comme des substantifs inanimés (§ 48). On peut croire aussi qu'il y a une ellipse, savoir : въ числó тѣхъ, котóрые суть, *au nombre de ceux qui sont;* et числó est à l'accusatif, parce qu'il y a mouvement, passage d'un état à un autre.

§ 175. Les verbes passifs gouvernent leur régime à l'instrumental; (mais non au génitif avec отъ, comme le disent quelques grammairiens); ex. Дáрій побѣждёнъ былъ Александромъ, Darius fut vaincu par Alexandre; чáсто стыдóмъ преклонáемы тѣ, котóрые не побѣжденí разсужденíемъ, souvent ceux qui ne sont pas gagnés par la raison sont retenus par la honte.

§ 176. Les verbes réciproques se construisent ordinairement avec съ et l'instrumental; во всю жизнь со страстьми бóремся, pendant toute notre vie nous luttons contre nos passions; знáешься съ чéстными людьми, se lier avec d'honnêtes gens.

§ 177. Les verbes unipersonnels se construisent ordinairement avec le datif de la personne, et quelquefois avec un infinitif; ex. мнѣ нáдобно итти, il faut que j'aille; всякому надлежитъ пóмнить смéртный часъ, il faut que chacun pense à l'heure de la mort.

Remarque. Pour exprimer les effets causés par des choses inanimées, on se sert quelquefois du neutre du verbe actif, en mettant le sujet à l'instrumental, de manière que le verbe devient unipersonnel. Ainsi au lieu de dire водá смы́ла зéмлю, l'eau a emporté la terre, on dira водóю смы́ло зéмлю, on a emporté la terre par le moyen de l'eau; у негó оторвáло нóгу ядрóмъ, un boulet lui a emporté la jambe; сýдно прибúло вѣтромъ къ бéрегу, le vent a poussé le navire sur la côte.

§ 178. Le verbe есть avec у et le génitif signifie *j'ai* (comme le Latin *est mihi*); mais il se sous-entend souvent au présent, et s'il est exprimé, il reste au singulier, quoique avec un sujet pluriel¹; ex. у него много книгъ, il a beaucoup de livres; у нихъ есть дѣти (et non суть дѣти), ils ont des enfants. Mais cela n'arrive qu'au présent; car on dira у меня деньги будутъ, j'aurai de l'argent. — Le verbe есть est souvent unipersonnel; il signifie alors *il y a;* ex. есть ли пещеры въ сей землѣ, y a-t-il des cavernes dans ce pays? — S'il signifie *appartenir*, il veut alors le génitif de la personne; ou bien s'il est avec les pronoms personnels *à moi, à toi*, etc., ces pronoms se changent en pronoms possessifs, et se mettent au nominatif; ex. это перо брата моего, cette plume appartient à mon frère; эта книга моя, ce livre m'appartient.

§ 179. Le prétérit было joint au datif de la personne et à un infinitif exprime une action qui devrait aussi arriver; ex. мнѣ было итти, je devrais aussi aller; мнѣ было говорить, je devrais aussi parler. Mais si было est après l'infinitif, il exprime une action qui n'est pas arrivée, mais qui aurait dû arriver; ex. писать мнѣ было, j'aurais dû écrire; мнѣ не спать было, je n'aurais pas dû dormir. — Чуть было не exprime une action qui serait presque arrivée; ex. чуть было не позабылъ (ou чуть не позабылъ), peu s'en est fallu que je n'aie oublié.

§ 180. Le verbe имѣть, avoir, suivi d'un infinitif, exprime une action future, comme le verbe *devoir* en Français; ex. имѣю съ вами говорить, je dois vous parler, j'ai à vous parler; собраніе имѣетъ быть завтра, l'assemblée aura lieu demain; онъ имѣетъ строить, il doit bâtir.

§ 181. L'infinitif, qui est aussi régi en Russe par d'autres mots, s'emploie sans préposition; ex. начинаю читать, je com-

---

¹ Le Russe dit avec un sujet pluriel есть люди, comme en Français *il est des gens;* ce qui arrive aussi quelquefois en Grec ζῶα τρέχει (pour τρέχουσι, les animaux courent); mais le Latin s'en abstient, *sunt homines.*

mence à lire; прошу́ меня́ извини́ть, je vous prie de m'excuser; пора́ итти́, il est temps d'aller.

Il se met aussi après les conjonctions дабы́, чтобы́; ex. дабы́ предупреди́ть, pour devancer; чтобы́ на́ше де́ло ко́нчить, pour terminer notre affaire.

Il sert quelquefois de sujet; ex. лгать не моё де́ло, mentir n'est pas mon affaire.

Il se met quelquefois pour l'impératif, lorsque l'ordre est plutôt un souhait; ex. быть по сему́ [1], que la chose soit ainsi; поступи́ть по зако́намъ, qu'on agisse d'après les lois.

§ 182. Si la particule ли est jointe à l'infinitif avec le datif de la personne, l'interrogation marque un doute; ex. быва́ть ли мнѣ въ оте́чествѣ, retournerai-je dans ma patrie! *se peut-il que je retourne dans ma patrie!* вида́ть ли ему́ свои́хъ роди́телей, reverra-t-il ses parents! — Mais si, au lieu de la particule ли, il y a la négation не, le doute se change presque en certitude; ex. не быва́ть мнѣ въ оте́чествѣ, je désespère de retourner dans ma patrie; не вида́ть ему́ свои́хъ роди́телей, il désespère de revoir ses parents.

§ 183. Les participes et les gérondifs régissent les mêmes cas que les verbes auxquels ils appartiennent; ex. жела́ющій сла́вы и бога́тства, celui qui désire la gloire et les richesses; вѣ́рующій въ Бо́га, celui qui croit en Dieu; онъ пришёлъ, чита́я кни́гу, il est venu en lisant un livre.

ARTICLE SIXIÈME.

Syntaxe des adverbes.

§ 184. Les adverbes de quantité veulent après eux le génitif; ex. де́негъ дово́льно, assez d'argent; мно́го дѣте́й, beaucoup

---

[1] C'est une formule qu'emploie exclusivement le souverain, toutes les fois qu'il appose sa signature à un acte quelconque.

d'enfants; мало благоразумія, peu de prudence; сколько людей, combien de personnes? — L'adverbe de négation нѣтъ¹ régit aussi le génitif; ex. нѣтъ денегъ, point d'argent; нѣтъ никого, il n'y a personne.

§ 185. Les adverbes formés des adjectifs régissent le même cas que les adjectifs dont ils dérivent; ex. жить прилично состоянію, vivre conformément à son état; говорить согласно съ истиною, parler conformément à la vérité; относительно къ обществу, relativement à la société.

§ 186. Les adverbes вонъ, dehors, et прочь, loin, régissent le génitif, le premier avec la préposition изъ, et le second avec отъ; ex. вонъ изъ-дому, hors de la maison; прочь отъ меня, loin de moi.

§ 187. L'adverbe не étant répété sert à affirmer; ex. не непріятно, il n'est pas désagréable. — Отнюдь s'emploie ordinairement avec не pour rendre la négation plus forte; ex. отнюдь не правда, cela n'est pas du tout vrai. L'adverbe никогда, jamais, ainsi que les pronoms никто, personne, et ничто, rien, sont toujours suivis de la négation не, comme en Français; ex. этого никогда не будетъ, cela n'aura jamais lieu; никто не приходилъ, personne n'est venu; ничего не бойся (ou не бось), ne crains rien.

§ 188. Les adverbes de lieu гдѣ et куда, où; здѣсь et сюда, ici; тутъ et туда, là, s'emploient les uns lorsqu'il n'y a pas de mouvement, et les autres lorsqu'il y a du mouvement (comme en Latin *ubi* et *quò*, *hic* et *hùc*, *illic* et *illùc*); ex. гдѣ вы живете, où demeurez-vous? куда вы идёте, où allez-vous? я здѣсь, je suis ici; поди сюда, viens ici. — Il en est de même des expressions adverbiales дома et домой, à la maison; ex. дома ли госпо-

---

¹ L'adverbe нѣтъ est une syncope du verbe slavon нѣсть, contraction de не есть, il n'y a pas; voilà pourquoi il régit le génitif.

дйнъ швой, ton maître est-il à la maison? поди домой, va-t'en à la maison.

ARTICLE SEPTIÈME.

Syntaxe des prépositions.

§ 189. Nous avons vu, § 139, le cas que régissaient les prépositions. Il n'y a aucune difficulté pour celles qui régissent toujours le même cas; nous allons parcourir seulement celles qui régissent différents cas.

1. Ces quatre за, надъ, подъ, предъ, régissent en général l'accusatif lorsqu'il y a du mouvement d'un lieu à un autre, et l'instrumental lorsqu'il n'y a pas de mouvement; ex.

a) Садиться за столъ, se mettre à table; взять кого зá-руку, prendre quelqu'un par la main; умереть за отечество славно, il est glorieux de mourir pour sa patrie; что вы дали за этотъ домъ, combien avez-vous payé (pour) cette maison? сидѣть за столомъ, être à table; итти за водою, aller chercher de l'eau; послать за кѣмъ, envoyer après quelqu'un; за горою, au delà de la montagne; у него всё за ключёмъ, il tient tout sous la clef; онъ стоитъ за дверьми, il est derrière la porte.

b) Надъ se met rarement avec l'accusatif; водá есть надъ головою, il y a de l'eau par-dessus la tête; Аннибалъ одержалъ славную побѣду надъ Римлянами при Каннахъ, Annibal remporta à Cannes une célèbre victoire sur les Romains.

c) Положите это подъ столъ, mettez cela sous la table; я буду къ вамъ подъ-вечеръ, je viendrai chez vous vers le soir; твоя книга лежитъ подъ столомъ, ton livre est sous la table; Карлъ второйнадесять побѣжденъ былъ подъ Полтавою, Charles XII fut défait près de Poltava.

d) Онъ долженъ предстать предъ судью, il doit comparaître devant le juge; я предъ свѣтомъ всталъ, j'étais levé avant le jour.

2. Ces trois во ou въ, на, о ou объ, régissent ordinairement l'accusatif lorsqu'il y a du mouvement, et le prépositional lorsqu'il n'y a pas de mouvement; ex.

a) Поѣду завтра въ деревню, j'irai demain à la campagne; мѣшаться въ дѣло, se mêler d'une affaire; я въ неё влюбленъ, je suis amoureux d'elle; въ самое то время, dans le même temps; книга въ листъ, un livre in-folio; онъ живётъ въ деревнѣ, il demeure à la campagne; онъ умеръ въ самыхъ цвѣтущихъ лѣтахъ, il est mort à la fleur de son âge.

b) Положите это на столъ, posez cela sur la table; свѣчка упала ему на-руку, la chandelle lui est tombée sur la main; подать на кого просьбу, porter plainte contre quelqu'un; на сѣверъ, vers le nord; на примѣръ, par exemple; онъ вышелъ на-поле, il est sorti dans la plaine; на короткое время, pour un peu de temps; я встрѣтился съ нимъ на дорогѣ, je l'ai rencontré en chemin; на скрыпкѣ играть, jouer du violon; книга лежитъ на столѣ, le livre est sur la table.

c) Онъ ударился головою о камень, il s'est frappé la tête contre une pierre; опереться объ стѣну, s'appuyer contre un mur; онъ худо мыслитъ обо-мнѣ, il pense mal de moi; домъ о двухъ жильяхъ, une maison à deux étages; объ этомъ много написано, on a beaucoup écrit sur cela.

3. По régit trois cas, le datif, l'accusatif et le prépositional.

a) Avec le *datif* elle signifie *par, suivant, selon, en;* ex. онъ это сдѣлалъ по ненависти, il a fait cela par haine; по сухому пути и по-морю, par terre et par mer; по моему мнѣнію, suivant mon avis; одѣваться по модѣ, s'habiller à la mode (suivant la mode); всё ему идётъ по желанію, tout va selon ses désirs; раздѣлить книгу по главамъ, diviser un livre en chapitres.

b) Avec l'*accusatif* elle signifie *jusqu'à, chez;* ex. онъ входилъ по-поясъ въ воду, il entrait dans l'eau jusqu'à la ceinture; по пе́рвое число́ ме́сяца, jusqu'au premier du mois; послáть по лéкаря, envoyer chez le chirurgien.

c) Avec le *prépositional* elle signifie *après*; ex. по смéрти Алексáндра, après la mort d'Alexandre; Виргíлій почитáется вторы́мъ стихотвóрцемъ по Гомéрѣ, Virgile est regardé comme le premier poëte après Homère; бытъ роднёю комý по женѣ́, être parent de quelqu'un du côté de sa femme.

Première Remarque. Nous avons vu (§ 158), qu'avec la préposition по les nombres два, три et четы́ре se mettent à l'accusatif, tandis que les autres se mettent au datif, et veulent alors le substantif suivant au génitif pluriel; ex. данó кáждому по три рубля́, on a donné à chacun trois roubles; я купи́лъ сукнá по пяти́ рублéй аршинъ, j'ai acheté du drap à cinq roubles l'archine.

Seconde Remarque. La préposition по se met aussi avec quelques expressions adverbiales; comme какъ э́то называ́ется по Рýски, comment cela s'appelle-t-il en Russe? онъ ко мнѣ писáлъ по Англíйски, il m'a écrit en Anglais.

4. Со ou съ régit trois cas, le génitif, l'accusatif et l'instrumental.

a) Avec le *génitif* elle signifie *de, dès, depuis*; ex. со дня на день, de jour en jour; онъ идётъ съ горы́, il descend de la montagne; умерéть съ гóлоду, mourir de faim; съ начáла, dès le commencement; съ мáлыхъ лѣтъ, dès l'enfance; я егó съ тогó врéмени не видáлъ, je ne l'ai point vu depuis ce temps-là.

b) Avec l'accusatif elle signifie *de*, et marque la *comparaison*; ex. онъ рóстомъ съ моегó брáта, il est de la taille de mon frère; э́то величинóю съ орѣ́хъ, c'est de la grosseur d'une noix.

c) Avec l'*instrumental* elle signifie *avec*; ex. они́ нé-были со мнóю, ils n'étaient pas avec moi; съ велúкимъ удовóльствіемъ, avec un grand plaisir.

§ 190. Les rapports de lieu s'expriment en Russe de différentes manières.

1. Si ce sont des noms de *pays*, de *villes*, de *villages* ou d'*îles*, à la question *où* sans mouvement, on les met au prépositional avec въ; à la question *où* avec mouvement, à l'accusatif avec въ; et à la question *d'où*, au génitif avec изъ; ex. братъ мой родился въ Россіи, mon frère est né en Russie; онъ поѣхалъ въ Сицилію, il est parti pour la Sicile; я получилъ письмо изъ Новагорода, j'ai reçu une lettre de Novgorod.

2. Si ce sont des noms de *mers*, de *lacs*, de *montagnes*, de *campagnes*, de *rivières*, de *rues*, de *chemins*, de *places publiques*, à la question *où* sans mouvement, on les met au prépositional avec на; à la question *où* avec mouvement, à l'accusatif avec на; et à la question *d'où*, au génitif avec съ; ex. онъ былъ на Москвѣ-рѣкѣ, il a été sur la Moskva; прогуляться на горахъ, se promener sur les montagnes; встрѣтиться на дорогѣ, se rencontrer en chemin; онъ жилъ на Моховой улицѣ, il demeurait dans la Mokhavaïa; ѣхать на́-море, aller sur mer; онъ пошёлъ на рынокъ, il est allé au marché; онъ пришёлъ съ мо́ря, il est venu de la mer. Les mêmes prépositions s'emploient pour les substantifs о́стровъ, une île; кладбище, le cimetière; похороны, l'enterrement; война́, la guerre; пожа́ръ, un incendie; имени́ны, un jour de nom; сговоръ, les fiançailles; сва́дьба, la noce; ex. я живу́ на Васи́льевскомъ островỳ, je demeure au Vassiliostrow (dans l'île de Basile); Этна стои́тъ на о́стровѣ Сици́ліи, l'Etna est en Sicile; я сего́ дня приглашёнъ на сва́дьбу, je suis invité aujourd'hui à une noce. Il y a cependant quelques exceptions; comme въ горѣ Аѳонской, sur le mont Athos; онъ пошёлъ въ Морску́ю у́лицу, il est allé dans la Morskaïa.

3. Si l'on parle d'*églises*, de *paroisses*, ou si ce sont des *personnes*, à la question *où* sans mouvement, on les met au génitif avec у; à la question *où* avec mouvement, au datif avec къ; et à la question *d'où*, au génitif avec отъ; ex. онъ живётъ у Ильи́

Пророка, il demeure dans la paroisse (de l'église) du Prophète Élie; онъ у брата моего, il est chez mon frère; онъ пошёлъ къ пріятелю, il est allé chez un ami; онъ идётъ отъ Успенья, il vient de l'église de l'Assomption; я иду отъ него, je viens de chez lui.

4. A la question *par où?* on met l'instrumental sans préposition; ex. я ѣхалъ деревнею, лугомъ, лѣсомъ, j'ai passé par le village, par le pré, par la forêt; я плылъ Волгою, je suis arrivé par le Volga. Quelquefois on se sert du datif avec по; ex. плыть по Днѣпру, naviguer sur le Dniéper; ѣхать по Петербургской дорогѣ, aller par la route de Pétersbourg.

5. Si l'on veut exprimer le lieu que l'on traverse, on met l'accusatif avec чрезъ; ex. идти чрезъ улицу, traverser la rue; предпринять путь въ Казань чрезъ Москву, entreprendre un voyage à Casan en traversant Moskou; переправиться чрезъ рѣку, traverser la rivière.

§ 191. Les différents rapports de temps s'expriment en Russe de la manière suivante.

1. A la question *quand?* ou *dans quel temps?*

a) Si c'est une partie du jour ou de la nuit, ou une saison de l'année, on met l'instrumental sans préposition; ex. днёмъ работать, а ночью отдыхать, travailler le jour, et se reposer la nuit; весною посѣять, а осенью собрать, semer au printemps, et recueillir en automne.

b) S'il y a un adjectif, alors on met le génitif; ex. прошлаго года, l'année passée; сего утра, ce matin; вчерашняго дня, hier. On peut aussi se servir quelquefois du prépositional avec въ ou на; comme въ прошломъ году, l'an passé; на прошлой недѣлѣ, la semaine dernière.

c) Pour les mois et les heures on met le prépositional avec въ; ex. это случилось въ Іюнѣ, cela est arrivé en Juin; я къ вамъ приду въ пятомъ часу, je viendrai chez vous entre quatre et cinq heures; mais on dira въ пять часовъ, à cinq heures. Le quantième du mois se met au génitif; voyez § 159.

d) Quelques substantifs qui marquent le temps se mettent à l'accusatif avec въ, surtout lorsqu'ils sont accompagnés d'un adjectif, ou lorsqu'ils ont un génitif après eux; ex. во всю ночь, toute la nuit; въ праздничный день, un jour de fête; во время войны, en temps de guerre; въ великій постъ, au grand carême. Il en est de même des jours de la semaine s'ils sont au singulier; mais s'ils sont au pluriel, on les met au datif avec по; ex. я буду къ вамъ въ среду, je viendrai chez vous mercredi; почта приходитъ по понедѣльникамъ и по пятницамъ, la poste arrive les lundis et les vendredis.

e) Pour quelques fêtes, si l'époque n'est pas absolument déterminée, on emploie le prépositional avec о ou объ; ex. о Рождествѣ, vers Noël; о масленицѣ, vers le carnaval. On peut aussi mettre le datif avec къ; ex. онъ пріѣдетъ къ субботѣ, il arrivera vers samedi; къ страстной недѣлѣ, vers la semaine sainte.

2. A la question *combien de temps? depuis combien de temps?* on met l'accusatif en sous-entendant la préposition чрезъ; ex. онъ жилъ девяносто лѣтъ, il a vécu quatre-vingt-dix ans; онъ всю недѣлю прогулялъ, il s'est promené toute la semaine; десятый годъ живу здѣсь, je demeure ici depuis dix ans.

3. A la question *y a-t-il longtemps?* on met l'accusatif avec за; ex. онъ былъ здѣсь за девять лѣтъ, il a été ici il y a neuf ans. On peut aussi remplacer cette préposition par les mots тому назадъ; comme двѣ недѣли тому назадъ, il y a deux semaines.

4. A la question *pour combien de temps?* on met l'accusatif avec на; ex. онъ поѣхалъ на пять лѣтъ въ чужіе краи, il est allé dans les pays étrangers pour cinq ans; я занялъ денегъ на-два мѣсяца, j'ai emprunté de l'argent pour deux mois.

5. A la question *en combien de temps?* on met l'accusatif avec въ; ex. въ десять лѣтъ взята была Троя, Troie a été prise en dix ans; онъ въ три недѣли это сдѣлаетъ, il fera cela en trois semaines; гонецъ пріѣхалъ въ семь часовъ, le courrier est ar-

rivé en sept heures (въ семь часовъ peut aussi signifier qu'il est arrivé à sept heures; dans ce dernier cas il faudrait ajouter у́тра ou ве́чера).

6. A la question *dans combien de temps?* on met l'accusatif avec чрезъ; ex. онъ чрезъ два дни здѣсь бу́детъ, il sera ici dans deux jours; придите чрезъ часъ, venez dans une heure.

§ 192. A la question *à quelle distance?* les noms de nombre se mettent à l'accusatif sans préposition, ou avec на, et quelquefois avec за, ou au prépositional avec въ; ex. я живу́ отъ него́ пять вёрстъ (ou въ пяти́ верста́хъ), je demeure à cinq verstes de lui; сія́ слобода́ [1] отстои́тъ отъ го́рода одну́ (ou на одну́) версту́, ce village est à une verste de la ville; я былъ отъ того́ мѣста за́-двѣ версты́, j'étais à deux verstes de cet endroit.

§ 193. Les rapports de longueur, de largeur, d'épaisseur et de hauteur s'expriment ou par le génitif, ou par l'accusatif avec въ, ou par l'instrumental; ex. тридцать са́жень вышины́ (ou въ вышину́, ou вышино́ю), trente toises de hauteur; et de même pour длина́, la longueur; ширина́, la largeur; толщина́, l'épaisseur.

ARTICLE HUITIÈME.

Syntaxe des conjonctions.

§ 194. Quelques conjonctions demandent ordinairement après elles une autre conjonction qu'on met au commencement du membre de phrase suivant; comme ежели . . . то, хотя́ . . . однако, не только . . . но и; ex. ежели вы этой дере́вни не

---

[1] Слобода́ est un village annexé à une ville; деревня un village sans église; село́ un village avec une église; весь est l'ancien nom slavon.

ку́пите, то я её куплю́, si vous n'achetez pas cette campagne, je l'achèterai; худа́го человѣ́ка узна́ете не то́лько по дѣла́мъ, но и по намѣ́ренію, vous reconnaîtrez le méchant non-seulement par ses actions, mais aussi par ses intentions.

§ 195. Les particules ли, же et бы ne se mettent jamais au commencement d'un membre de phrase; ex. печа́ль съѣда́етъ се́рдце, ра́дость же весели́тъ о́ное, le chagrin ronge le cœur, et la joie le réjouit; злосло́вятъ ли, угнета́ютъ ли, терпи́, soit qu'on te calomnie, soit qu'on te persécute, aie patience. — Бы veut toujours le verbe au prétérit, ainsi que les conjonctions auxquelles se joint cette particule; ex. я жела́ю, чтобы́ вы благополу́чны бы́ли, je souhaite que vous soyez heureux; я бы́лъ бы бога́тъ, е́жели бъ я не сто́лько промота́лъ, je serais riche, si je n'avais pas tant dépensé. — Чтобы́ et дабы́ se mettent aussi avec l'infinitif, alors ces conjonctions signifient *pour;* voyez § 124.

ARTICLE NEUVIÈME.

Syntaxe des interjections.

§ 196. 1. Les interjections veulent en général après elles le nominatif; ex. ахъ! кака́я бѣда́! ah! quel malheur! вотъ до́брый человѣ́къ! voilà un honnête homme!

2. Les interjections увы́, ахти́, го́ре, demandent le datif; ex. го́ре вамъ, смѣю́щимся ны́нѣ! malheur à vous qui riez maintenant!

3. L'interjection о se met avec le vocatif, et quelquefois avec le génitif; ex. о времена́! о нра́вы! ô temps! ô mœurs! о неиспы́танныхъ судѣ́бъ Бо́жіихъ! ô décrets impénétrables de Dieu!

CHAPITRE DEUXIÈME.

De la construction.

§ 197. La *construction* (словоразмѣщéніе) est l'arrangement des mots dans le discours, tel qu'il est fixé par un usage long et constant; c'est ce qui constitue le génie d'une langue. Dans la langue russe les mots étant, comme dans les langues anciennes, distingués les uns des autres par l'inflexion caractéristique des cas, et non par l'addition de l'article ou d'autres particules, comme dans les autres langues européennes, il est indifférent qu'ils y aient telle ou telle place; le discours ne perd rien de sa clarté dans quelque ordre qu'ils soient, pourvu que l'on conserve l'ordre naturel des idées. Ainsi la construction de la langue russe n'est soumise à aucune règle, et dépend entièrement de l'imagination de celui qui écrit. On observera seulement que

1. L'adjectif se place ordinairement avant son substantif, et que, s'il y a encore en Français le pronom *son* ou *leur*, ce pronom se met en Russe entre l'adjectif et le substantif; ex. главный ихъ торгъ состоитъ въ хлѣбѣ, leur principal commerce consiste en blé.

2. Dans les phrases négatives, la négation не se place toujours avant le verbe; ex. я не сомнѣваюсь, что онъ придётъ, je ne doute pas qu'il ne vienne (что онъ не придётъ signifierait : je suis persuadé qu'il ne viendra pas).

3. Dans les phrases interrogatives, le mot qui marque l'interrogation se place le premier; ex. когда вы дадите портному своё платье, quand donnerez-vous votre habit au tailleur? Mais si le mot de l'interrogation est la particule ли, alors le verbe sera le premier, ensuite cette particule; et si la phrase est de plus négative, c'est la négation qui commencera la phrase;

ex. дадите ли вы портному своё платье, donnerez-vous votre habit au tailleur? не хотите ли вы ѣхать со мною, ne voulez-vous pas venir avec moi? Si le verbe есть est sous-entendu, ли se mettra après l'attribut; ex. богатъ ли онъ (pour есть ли онъ богатъ), est-il riche?

Remarque. Si le pronom, suivi de la particule ли, commence une phrase interrogative, le sens de la phrase n'est pas tout à fait le même que si c'était le verbe qui commençait. Cette phrase, par exemple, сдѣлалъ ли ты это, as-tu fait cela? exprime l'interrogation ordinaire; mais celle-ci: ты ли это сдѣлалъ? exprime un étonnement: est-ce bien toi qui as pu faire cela?

CHAPITRE TROISIÈME.

Des idiotismes.

§ 198. Comme il y a des principes généraux communs à toutes les langues, il y a aussi pour chaque langue des expressions qui lui sont tellement particulières qu'on ne les retrouve dans aucune autre; ce sont ces expressions qu'on appelle *idiotismes* (обороты), nom générique que l'on détermine par ceux d'*hellénismes*, de *latinismes*, de *gallicismes*, de *germanismes*, d'*anglicismes* ou de *slavonismes* [1], selon qu'ils appartiennent aux langues grecque, latine, française, allemande, anglaise ou slavonne-russe. Ces expressions *vir quadratus*, sich mit etwas breit machen, *if you please*, громъ гремитъ, et d'autres semblables, sont des idiotismes, et demandent une connaissance des particularités de chaque langue, puisée dans l'usage généra-

---

[1] Nous avons préféré ce nom à celui de *ruthénismes* qu'emploient d'autres grammairiens.

lement reçu. Les proverbes doivent aussi être mis au nombre des idiotismes.

§ 199. Parmi les gallicismes, il y en a un très-grand nombre qui ne peuvent point se rendre mot pour mot en Russe. Voici ceux qui se rencontrent le plus fréquemment.

1. Les verbes *aller* et *venir* qui se mettent en Français devant un infinitif, celui-là pour exprimer une action sur le point d'arriver, et celui-ci une action faite récemment, se rendent le premier par скóро ou готóвъ, et le second par тепéрь тóлько, ou simplement par тóлько; ex. ils vont partir, они́ скóро отъѣзжáютъ; quand j'arrivai, il allait sortir, когдá я пришёлъ, онъ готóвъ былъ вы́йти со дворá; je viens de la quitter, я тепéрь тóлько съ нéю разсмѣя́лся.

2. L'infinitif qui se trouve après les verbes *paraître*, *sembler*, se met en Russe à l'indicatif; ex. sa patrie semble fuir devant lui, егó отéчество, кáжется, убѣгáетъ отъ негó; quelques animaux paraissent avoir de l'intelligence, нѣ́которыя живóтныя, кáжется, имѣ́ютъ рáзумъ.

3. L'infinitif qui se trouve après les verbes *voir*, *entendre*, *sentir*, etc., se met en Russe au participe présent actif que l'on accorde avec le régime de ces verbes; ex. on voyait encore l'innocence régner sur la terre, ещё видáли цáрствующую на землѣ́ невѣ́нность; je sens les veines battre sous mes doigts, я чýвствую жи́лы бью́щіяся подъ мои́ми пáльцами.

4. L'infinitif qui se trouve après les verbes *se lasser*, *s'étonner*, etc., se met en Russe au gérondif; ex. je ne pouvais me lasser de regarder ce tableau, я не могъ устáть, глядя́ на сію́ картину; tous furent étonnés de ne voir personne, всѣ удиви́лись, никогó не вѝдя. On exprime aussi par le gérondif avec la négation l'infinitif accompagné de la préposition *sans*; ex. elle a fait cela sans savoir pourquoi, онá это сдѣ́лала, не знáя на что.

5. La négation *ne* qui en Français suit le comparatif, et les verbes *craindre*, *douter*, lorsqu'elle n'est pas accompagnée de

pas ou de *point*, ne s'exprime pas en Russe; ex. vous écrivez mieux que vous ne parlez, вы лу́чше пи́шете, не́жели говори́те; je crains que mon ami ne meure, я бою́сь, что другъ мой умрётъ; je ne doute pas qu'il ne vienne, не сомнѣва́юсь, что онъ придётъ.

6. *Plus* répété s'exprime par чѣмъ бо́лѣе . . . тѣмъ бо́лѣе; ex. plus on a, plus on veut avoir, чѣмъ бо́лѣе имѣешь, тѣмъ бо́лѣе жела́ешь.

7. *Ne* . . . . *que* s'exprime par то́лько; ex. il n'a qu'un habit, у него́ то́лько оди́нъ кафта́нъ; vous ne savez que badiner, вы то́лько шути́ть умѣете.

8. *C'est* . . . . *que* ne s'exprime pas; ex. c'est une belle chose que de garder un secret, прекра́сное дѣло та́йну храни́ть. Il en est de même du *que* qui suit *peut-être;* ex. peut-être qu'il est maintenant enseveli dans les profonds abîmes de la mer, мо́жетъ быть, онъ тепе́рь погребёнъ въ глубо́кихъ бе́зднахъ мо́ря.

9. *Quelque* . . . . *que, quel que* s'expriment par како́й бы ни былъ lorsqu'ils sont avec un substantif, et par какъ бы ни былъ lorsqu'ils sont avec un adjectif; ex. quelques difficultés qu'il y ait dans cette affaire, каки́я бы ни бы́ли затрудне́нія въ семъ дѣлѣ; quelque sages qu'ils soient, какъ бы прему́дры они́ ни бы́ли; quelles que soient mes faiblesses, каки́я бы ни бы́ли мои́ сла́бости. *Qui que* s'exprime par кто бы . . . . ни, et *quoi que* par что бы . . . . ни; ex. qui que vous soyez, кто бы вы ни бы́ли; quoi que vous fassiez, что бы вы ни сдѣ́лали.

10. *Que*, synonyme de *combien*, s'exprime par ско́лько; ex. que de gens malheureux, ско́лько бѣ́дныхъ люде́й! Il s'exprime par какъ, s'il ne fait qu'annoncer un tour exclamatif; ex. que vous êtes heureux, какъ вы счастли́вы!

11. *Que* s'exprime encore de plusieurs autres manières selon ses différentes significations; ex. il ne sortira pas de prison qu'il n'ait payé, его́ не вы́пустятъ изъ тюрьмы́, пока́ онъ не

заплатишь; je lui parlai qu'il était encore au lit, я съ нимъ говорилъ, когда онъ ещё былъ въ постёлѣ; il est temps que vous vous leviez, время вамъ встать; j'ai été exposé aux mêmes dangers que lui, я подверженъ былъ тѣмъ же опасностямъ, какъ и онъ; que les dieux me fassent périr plutôt que de souffrir que la mollesse et la volupté s'emparent de mon cœur, пусть боги меня прежде погубятъ, нежели допустятъ, чтобы нѣга и сладострастіе овладѣли моимъ сердцемъ! il était à peine sorti que la maison tomba, онъ не успѣлъ ещё выйти со двора, какъ домъ обрушился; je doute qu'il vienne, я сомнѣваюсь, придётъ ли онъ.

12. *Si*, après les verbes qui marquent le *doute*, s'exprime par ли; ex. je ne sais pas s'il viendra, я не знаю, придётъ ли онъ; demandez-lui s'il veut venir avec moi, спросите у него, хочешь ли ѣхать со мною.

13. L'adverbe d'affirmation да, oui, ne s'emploie pas aussi fréquemment en Russe qu'en Français; mais on répète seulement le mot de l'interrogation dans le sens affirmatif; ex. avez-vous été dans le jardin? — Oui, были ли вы въ саду? — Былъ (j'y ai été); avez-vous de nouvelles marchandises? — Oui, есть ли у васъ новые товары? — Есть (j'en ai, en sous-entendant у меня).

Remarque. Dans le langage ordinaire les Russes, pour répondre avec politesse, ajoutent souvent съ à leur dernier mot; comme дасъ, нѣтсъ, былсъ, хорошосъ, чегосъ, etc., ce qui paraît être une abréviation de сударь, monsieur, ou de сударыня, madame ou mademoiselle. Mais dans un style plus élevé, *monsieur* s'exprime par милостивый государь; *madame* et *mademoiselle* par милостивая государыня.

QUATRIÈME PARTIE.

I. ORTHOGRAPHE.

§ 200. L'orthographe (правописáніе)[1] est la partie de la grammaire qui apprend à écrire tous les mots d'une langue conformément à l'usage reçu et adopté par les meilleurs écrivains. Les mots russes s'écrivant comme ils se prononcent, l'orthographe de la langue russe est beaucoup plus facile que celle de la langue française. La seule difficulté qu'elle présente consiste dans l'emploi des lettres dont la prononciation est à peu près semblable, difficulté qui deviendra encore moins embarrassante, si l'on fait attention aux observations suivantes, en se rappelant les règles de l'articulation des lettres § 13, et celles de la déclinaison § 48.

§ 201. Dans la langue russe on ne fait plus usage maintenant que des trente-quatre lettres rapportées au § 6, sur l'emploi desquelles il faut faire les observations suivantes.

1. Les lettres *majuscules* (прописныя) ont la même destination en Russe qu'en Français ; il en est de même des *minuscules* (строчныя).

2. Quoique les voyelles е et ѣ aient à peu près le même son, cependant leur emploi est différent ; et cette différence est remarquable après les consonnes : е s'emploie lorsque la syllabe, qui a le son d'une de ces deux voyelles, se prononce avec une

---

[1] Du Grec ὀρθός, droit, et γράφω, j'écris.

ouverture de bouche plus grande que celle où est la voyelle ѣ; ex. пѣня, l'amende, et пѣна, l'écume; въ семъ, en cela, et всѣмъ, à tous. Outre cela ѣ se place : *a*) au datif et au prépositional du singulier, *b*) au comparatif et au superlatif (ѣе, ѣйшій), *c*) dans tous les temps des verbes qui ont au présent de l'indicatif ѣю, *d*) devant ю et я (excepté блѣю, je bêle, et клѣю, je colle), *e*) après la consonne н (excepté не), *f*) dans la plupart des adverbes. Quant aux syllabes qui se trouvent au milieu des mots, il n'y a guère que l'usage qui puisse faire connaître lorsqu'on doit écrire е ou ѣ.

3. La consonne з des prépositions воз, из, раз, se change en с, lorsqu'elles entrent dans la composition des mots qui commencent par les consonnes dures к, х, п, т, ч, ш, щ; ex. восходить, monter; ис-чезать, disparaître; рас-полагать, distribuer. Ne vaudrait-il pas mieux cependant conserver la lettre з, conformément à l'étymologie?

4. Quoique les voyelles и et i aient absolument le même son, il faut remarquer que i se place devant une autre voyelle, et de plus dans le mот міръ, le monde, et ses dérivés pour le distinguer de миръ, la paix. L'usage de la voyelle i paraît avoir été introduit pour lire plus facilement les mots où il doit y avoir deux и de suite, comme въ зданіи, dans l'édifice, au lieu de въ зданіи; сій, ces, au lieu de сіи. La préposition при, lorsqu'elle se joint à un mot qui commence par une voyelle, change aussi и en i; comme пpі-ѣздъ, l'arrivée.

5. Les consonnes ф et ѳ ont le même son en Russe; mais ф s'emploie pour les mots qui dans les autres langues s'écrivent par f ou ph, et ѳ seulement pour les mots tirés du Grec, et qui s'écrivent par th dans les autres langues; voyez § 28.

6. Le son des deux lettres muettes ъ et ь n'est pas sensible pour toutes les consonnes. Ces deux lettres s'emploient au milieu et à la fin des mots.

1) Au milieu des mots ъ dans les mots qui se composent d'une préposition se conserve devant les voyelles е, и, ѣ, ю, я; ex.

объе́млю, j'embrasse; сыскáть, trouver; отъѣ́здъ, le départ; обьюрóдѣть, devenir fou; разъяри́ться, s'irriter, en remarquant que ъ avec la voyelle и se change souvent en ы; comme сыскáть au lieu de съискáть. Il faut excepter взять, prendre. Mais ъ se perd devant les voyelles а, о, у; ex. взорáть, labourer; обучáть, enseigner. Ь s'emploie entre н et к, л et н lorsqu'il y a un с devant, entre л et ш, н et ш; ex. мáленькій, petit; мéльница, un moulin; большóй, grand; мéньшій, le plus petit.

2) A la fin des mots ъ termine : *a*) les substantifs qui ont à la fin une des dentales ж, ч, ш, щ ¹, et qui ont le génitif en а, *b*) tous les prétérits, *c*) la troisième personne du singulier, la première et la troisième du pluriel du présent ; *d*) la plupart des adjectifs apocopés. Ь termine *a*) presque tous les infinitifs, *b*) la seconde personne du présent, et quelquefois de l'impératif. En un mot ъ est la moitié de la voyelle dure о, et ь la moitié de la voyelle douce и (§ 11. *Rem.*)

Ces deux lettres muettes servent à distinguer une quantité d'homonymes; en voici la table.

---

¹ Plusieurs grammairiens exceptent de cette règle les substantifs masculins terminés par ч, comme ключъ, la clef; мечъ, l'épée; ainsi que les substantifs patronymiques, comme Ивáновичъ, et veulent qu'on les écrive par ь, et non par ъ. Nous pensons, d'après l'Académie, qu'il vaut mieux les soumettre à la même règle que ceux qui ont les autres dentales ж, ш, щ, et cela avec d'autant plus de raison que dans les autres cas ils ont les voyelles dures а, у, tandis que ceux qui s'écrivent par ь ont les voyelles douces я, ю.

TABLE

des homonymes dont le sens est déterminé par l'une des deux muettes ъ et ь.

Братъ, ma, le frère.
Быть, ma, l'état.
Вязъ, за, un orme.
Господъ, gén. pl. de господи́нъ, le maître.
Гуса́ръ, ра, un hussard.
Данъ, part. apocopé de дать, donner.
Жалъ, prét. de жать, moissonner.
Жаръ, ра, la chaleur.
Илъ, ла, la fange.
Кладъ, да, un trésor.
Конъ, на́, la file des osselets.
Кровъ, ва, la demeure.
Ку́колъ, gén. pl. de ку́кла, une poupée.
Матъ, mat au jeu d'échecs.
Осъ, génit. plur. de оса́, une guêpe.
Перстъ, ma, le doigt.
Плотъ, ма́, un radeau.
Прибылъ, prét. de прибыть, arriver.
Пустъ, adjectif apocopé de пусто́й, désert.

Брать, prendre.
Быть, être.
Вязь, зи, un marais.
Господь, да, le Seigneur.
Гуса́рь, ря, celui qui garde les oies.
Дань, ни, un impôt.
Жаль, ли, la pitié.
Жарь, impérat. de жа́рить, rôtir.
Иль pour и́ли, ou.
Кладь, ли, la cargaison.
Конь, на́, un cheval.
Кровь, ви, le sang.
Ку́коль, ля, l'ivraie.
Мать, тери, la mère.
Ось, о́си, un essieu.
Персть, ти, la terre.
Плоть, ти, la chair.
При́быль, ли, le profit.
Пусть, impér. de пусти́ть, laisser.

Путъ, gén. pl. de пу́ты, des fers.
Пылъ, ла, la flamme.
Пятъ, gén. pl. de пята́, le talon.
Семъ, prépos. de сей, се.
Сталъ, prét. de стать, se placer.
Станъ, на, la taille.
Ста́ростъ, gén. pl. de ста́роста, un préposé.
Столъ, ла́, la table.
Съѣстъ, troisième pers. fut. de съѣдать, manger.
Сынъ, на, le fils.

У́голъ, гла, le coin.
Цѣлъ, adj. apocopé de цѣ́лый, entier.
Цѣпъ, па́, un fléau à battre le blé.
Частъ, adj. apocopé de ча́стый, fréquent.
Шестъ, та, une perche.
Щего́лъ, гла́, un chardonneret.
Ѣстъ, troisième pers. prés. de ѣсть, manger.
Ядъ, да, le poison.

Путь, ти́, le voyage.
Пыль, ли, la poussière.
Пять, cinq.
Семь, sept.
Сталь, ли, l'acier.
Стань, impér. de стать, se placer.
Ста́рость, ти, la vieillesse.
Столь, autant.
Сѣсть, être assis.
Синь, adj. apocopé de си́ний, bleu.
У́голь, гля, le charbon.
Цѣль, ли, le but où l'on vise.
Цѣпь, пи́, une chaîne.
Часть, ти, une partie.
Шесть, six.
Щёголь, гля, un petit-maître.
Есть, troisième pers. prés. de быть, être.
Ядь, ди, le manger.

§ 202. Les signes de l'orthographe sont

1. La *brève* (кра́шкая) (˘), qui se place sur la voyelle и, toutes les fois qu'étant précédée d'une autre voyelle, elle ne

fait qu'une syllabe avec cette voyelle; рой, un essaim; бей, frappe, etc.

2. Le *tréma* (двѣ точки) (¨), qui se place sur la voyelle е, lorsqu'elle exprime la voyelle eu des langues étrangères; comme Монтескьё, Montesquieu, ou lorsqu'elle a le son de io ou de o; voyez § 17.

Remarque. On ne fait plus usage du *circonflexe* (слитная) (⌢), que l'on mettait sur les lettres іо pour indiquer qu'elles ne faisaient qu'une seule syllabe ; comme маіо̂ръ, un major, que l'on écrit maintenant маіóръ.

3. Le *tiret* ou *trait d'union* (единитная) (-), qui se met entre deux mots que l'on veut joindre; comme Славя́но-Ру́скій, Slavon-Russe ; свѣтло-голубо́й, bleu-clair. Le tiret se met aussi à la fin d'une ligne lorsqu'on est obligé de transporter le reste d'un mot à la ligne suivante.

4. La *parenthèse* (вмѣстительная) ( ), où l'on enferme un sens accessoire, mais complet, qui interrompt la continuité du sens principal.

5. Les *guillemets* (кавы́чки) (»), que l'on met au commencement des lignes pour marquer les citations.

II. PONCTUATION.

§ 203. La ponctuation (препинáніе) est l'art d'indiquer dans l'écriture, par des signes reçus, la proportion des pauses que l'on doit faire en parlant. Les signes de la ponctuation sont :

1. La *virgule* (запятáя) (,), qui indique la plus petite pause possible.

2. Le *point et virgule* (тóчка съ запятóю) (;), qui indique une pause un peu plus longue.

3. Les *deux points* (двоето́чіе) (:), qui marquent encore une pause plus longue.

4. Le *point* (то́чка) (.), qui indique le plus long repos.

5. Le point *interrogatif* (вопроси́тельная) (?).

6. Le point *exclamatif* (удиви́тельная) (!).

7. Les points *suspensifs* (останови́тельныя) (. . . .).

Au reste, l'usage des signes de la ponctuation est à peu près le même en Russe qu'en Français.

CINQUIÈME PARTIE.

VERSIFICATION.

§ 204. La versification (стихосложéніе) est l'art de faire des vers. Les *vers* (стихи́) sont, dans chaque langue, des mots arrangés selon des règles fixes et déterminées. Dans la langue russe ces règles ont pour objet

    I. le mètre;
    II. les différentes espèces de vers;
    III. la césure et l'hémistiche;
    IV. la terminaison des vers et la rime;
    V. les licences poétiques.

I. Du mètre.

§ 205. Le *mètre* (размѣ́ръ) apprend à connaître les différents pieds qui entrent dans la composition du vers. Le *pied* (стопа́) est un arrangement convenu d'un certain nombre de syllabes tant longues que brèves. Cette longueur et cette brièveté des syllabes se nomment la *quantité* (колѝчество). Dans les autres langues, la quantité est absolument indépendante de *l'accent* (ударéніе), qui marque l'élévation ou l'abaissement de la voix; mais dans la langue russe l'accent et la quantité se confondent, parce que, comme nous l'avons vu § 36, un mot russe quelque long qu'il soit, ne peut avoir qu'un accent, et que la syllabe marquée de l'accent est longue, tandis que les autres sont brèves [1]. La syllabe longue se marque par un trait horizontal (-), et la syllabe brève par un demi-cercle (˘).

Remarque. Les monosyllabes peuvent être longs ou brefs. Les noms et les verbes doivent être longs ; mais les prépositions, les conjonctions et les particules doivent être brèves.

§ 206. Les pieds qui s'emploient dans la structure des vers russes sont au nombre de six [2], savoir :

1. L'*iambe* (ямбъ, ἴαμβος), composé de deux syllabes dont la dernière a l'accent ; ex. зимā, веснā.

2. Le *trochée* ou *chorée* (хорéй, χορεῖος), composé de deux syllabes dont la première a l'accent ; ex. лȳно, ōсень.

3. Le *pyrrhique* (пиррихій, πυρρίχιος), composé de deux syllabes sans accent. En Russe il n'y a aucun mot de deux syllabes qui puisse former ce pied, parce que chaque mot a un accent ; mais il peut se trouver dans les polysyllabes : telles sont les particules пере, най, jointes à d'autres mots. Le pyrrhique au milieu d'un vers s'emploie au lieu de l'iambe ou du chorée.

4. Le *dactyle* (дáктиль, δάκτυλος), composé de trois syllabes, avec l'accent sur la première ; ex. вēрую, истинā.

---

[1] Il n'en est pas de même dans les langues grecque et latine, où une syllabe marquée de l'accent peut être brève ; ex. θέλετε, *dómine*. Dans ces deux mots les trois syllabes sont brèves, et la première est marquée de l'accent. — Au commencement du XVIIᵉ siècle on voulut introduire dans la langue russe la prosodie grecque, fondée sur la longueur et la brièveté des voyelles ; mais ces essais furent sans succès. Voyez la grammaire slavonne de M. Smotritsky, Vilna, 1619. — A la fin du même siècle Pierre Mohila, archevêque de Kiew, introduisit la mesure syllabique des vers, qu'il emprunta du Polonais, et qui fut en usage jusqu'au temps de Lomonossow.

[2] Dans les langues grecque et latine les pieds sont au nombre de vingt-huit. Il serait inutile de rapporter ici tous les noms qu'on leur a donnés.

5. L'*amphibraque* (амфибрахій, ἀμφίβραχυς), de trois syllabes, avec l'accent sur la seconde; ex. причинá, цѣлу́ю.

6. L'*anapeste* (анапестъ, ἀνάπαιστος), de trois syllabes, avec l'accent sur la dernière; ex. чёловѣ́къ, гŏлŏва́.

II. Des différentes espèces de vers.

§ 207. Les vers ont reçu différents noms selon les pieds qui les composent. Il y a des vers de six, de cinq, de quatre, de trois, de deux, et même d'un seul pied, auxquels on a donné les noms d'iambiques, de choraïques, de dactyliques, de dactylo-choraïques, d'amphibrachyques, d'anapesto-iambiques, selon qu'ils sont composés d'une seule espèce de pieds ou du mélange de différents pieds. Les vers qui n'ont pas tous le même nombre de pieds s'appellent des vers *libres* (вóльные).

§ 208. Les vers les plus usités dans la poésie russe sont les suivants.

1. Les *hexamètres* ou *dactylo-choraïques* de six pieds. Ils se composent de six pieds dont les quatre premiers sont dactyles ou chorées; le cinquième est ordinairement un dactyle et le sixième nécessairement un chorée [1]. On s'en sert pour les poëmes épiques, et surtout pour ceux qui sont traduits des langues anciennes; ex.

Зевсъ, и безсмéртные бóги! о, сотворѝте, да бýдетъ
Сей мой возлю́бленный сынъ, какъ и я, знаменѝтъ въ Иліо́нѣ;
Мýжествомъ слáвенъ равнó, и могýщественъ влáстію въ цáр-
ствѣ!

---

[1] Les hexamètres russes diffèrent des hexamètres grecs et latins en ce qu'ils se composent de chorées au lieu de spondées qui n'existent pas dans la langue russe. — *Hexamètre* vient de ἔξ, six, et μέτρον, mesure.

Пусть о нёмъ нѣкогда скажутъ: геройствомъ отца онъ превысилъ [1]!

(Гнѣдичъ, *traduction de l'Iliade.*)

2. Les vers *iambiques* de six pieds, autrement appelés vers *alexandrins*. On s'en sert dans les grands ouvrages, tels que les poëmes épiques et didactiques, les tragédies, les comédies, les satires, les épîtres, les élégies, les idylles; ex.

Кто будетъ принимать мой пепелъ отъ костра?
Кто будетъ безъ тебя, о милая сестра,
За гробомъ слѣдовать въ одеждѣ погребальной,
И муро изливать надъ урною печальной [2]?

Батюшковъ.

3. Les vers *iambiques* de cinq pieds dont on se sert assez rarement; ex.

На пиршествахъ, въ спокойствіи семей,
Предъ олтаремъ, въ обители Царей,
Вездѣ, о Вождь, тебѣ благословенье!
Тебя предастъ потомству пѣснопѣнье [3]!

Жуковскій.

---

[1] Jupiter, et vous, dieux immortels! faites en sorte que ce fils qui m'est cher soit aussi célèbre dans Ilion que je l'ai été; qu'il se distingue également par son courage, et qu'il soit puissant dans cet empire! Que l'on dise un jour de lui : Sa bravoure a surpassé celle de son père!

[2] Qui recueillera mes cendres du bûcher? Qui voudra sans toi, ô aimable sœur, suivre mon cercueil en habit funèbre, et répandre l'huile sacrée sur mon urne fatale?

[3] Dans les festins, au sein des familles, devant les autels, dans

4. Les vers *iambiques* de quatre pieds, employés dans les odes et dans les pièces lyriques ; ex.

> Кто мо́ре удержа́лъ брега́ми
> И бе́зднѣ положи́лъ предѣ́лъ,
> И ей свирѣ́пыми волна́ми
> Стреми́ться да́лѣ не велѣ́лъ?
> Покры́тую пучи́ну мгло́ю
> Не я ли си́льною руко́ю
> Откры́лъ, и разогна́лъ тума́нъ,
> И съ су́ши сдви́гнулъ океа́нъ [1]?
>
> Ломоно́совъ.

5. Les vers *iambiques* de trois, de deux et même d'un pied, employés dans les chansons, les fables ; ex.

> Уже́ со тьмо́ю но́щи
> Простёрлась тишина́;
> Выхо́дитъ изъ за ро́щи
> Печа́льная луна́.
> Я ли́ру то́мно стро́ю
> Пѣть скорбь, объя́вшу духъ.
> Приди́ грусти́ть со мно́ю
> Луна́, печа́льныхъ другъ [2]!
>
> Капни́стъ.

---

le palais des Tsars, partout l'on te bénira, ô conducteur des Slaves ! des hymnes d'allégresse te transmettront à la postérité !

[1] Qui a resserré la mer dans ses rivages ? qui a mis un frein à sa fureur, et lui a ordonné de ne pas étendre plus loin ses vagues mugissantes ? D'une main puissante n'ai-je pas dissipé les nuages, et séparé l'Océan de la terre ?

[2] Déjà avec l'obscurité de la nuit le calme s'est répandu partout ; la lune mélancolique sort de derrière le bosquet. D'un air

6. Les vers *iambiques libres*, employés principalement dans les fables, les contes, et dans les sujets badins, comme aussi dans les épigrammes, les épitaphes, les inscriptions ; ex.

Пустынникъ былъ сговорчивъ; лёгъ, зѣвнулъ,
 Да тотчасъ и заснулъ.
А Миша на часахъ, да онъ и не безъ дѣла :
 У друга на носъ муха сѣла. —
  Онъ друга обмахнулъ, —
   Взглянулъ, —
А муха на щекѣ; — согналъ, а муха снова
 У друга на носу [1].

Крыловъ.

7. Les vers *choraïques* de quatre, de trois et de deux pieds, employés dans les poésies légères ; ex.

 Стонетъ сизый голубочекъ,
 Стонетъ онъ и день и ночь;
 Миленькой его дружёчекъ
 Отлетѣлъ на долго прочь [2].

Дмитріевъ.

---

languissant j'accorde ma lyre pour chanter la douleur qui s'est emparée de mon âme. Viens partager mon affliction, Phébé, toi, l'amie des cœurs tristes !

[1] L'ermite était condescendant ; il se couche, il bâille et s'endort aussitôt. Voilà l'ours en sentinelle, et ce ne fut pas en vain : une mouche vint se poser sur le nez de son ami. — Il la chasse ; — il regarde, — et la mouche est sur la joue ; — il la chasse encore, — et de nouveau la mouche est sur le nez.

[2] Le tourtereau gémit, il gémit et le jour et la nuit ; sa douce compagne s'est envolée loin de lui pour longtemps.

Всѣхъ цвѣто́чковъ бо́лѣ
Ро́зу я люби́лъ;
Е́ю то́лько въ по́лѣ
Взоръ мой весели́лъ [1].

Дми́трiевъ.

Громъ греми́тъ
И рази́тъ.
Мы сердца́ми
И слеза́ми
Мо́лимъ васъ,
Бо́ги гнѣва
И Эре́ва,
Въ стра́шный часъ [2]!

Карамзи́нъ.

8. Les vers *amphibrachyques* de six et de cinq pieds, employés dans les idylles, les épîtres, les élégies, et d'autres poésies semblables; ex.

Блаже́нъ, о Фило́нъ, кто Хари́шамъ Боги́нямъ же́ртвы прино́ситъ!
Какъ свѣ́тлые дни легкокры́лаго Ма́я, въ бле́скѣ весе́ннемъ,
Какъ во́лны ручья́, озарённы улы́бкой ю́наго у́тра,
Дни́-его лёгкимъ полётомъ летя́тъ [3].

Жуко́вскiй.

---

[1] De toutes les fleurs je préférais la rose; dans les champs il n'y avait qu'elle qui attirât mes regards.

[2] Le tonnerre gronde et éclate. Le cœur oppressé, les larmes aux yeux, nous vous implorons dans ce moment terrible, dieux irrités de l'Erèbe.

[3] Heureux, ô Philon, celui qui offre des victimes aux Grâces! Ses jours, embellis par le sourire d'un beau matin, s'écoulent rapi-

Remarque. Ces vers, excepté le dernier qui est dactylique, sont composés de six pieds dont les quatre premiers sont amphibraques, le cinquième dactyle, et le sixième chorée.

9. Les vers *amphibrachyques* de quatre et de trois pieds, employés dans quelques pièces lyriques; ex.

> Эсхи́нъ возвраща́лся къ Пена́тамъ свои́мъ
> Къ брега́мъ благово́ннымъ Алфе́я
> Онъ до́лго по свѣ́ту за сча́стьемъ броди́лъ;
> Но сча́стье, какъ тѣнь, убѣга́ло [1].
>
> Жуко́вскій.

10. Les vers *dactylo-choraïques* de trois et de deux pieds, employés dans quelques odes, et dans les chansons; ex.

> Звонкопрія́тная ли́ра,
> Въ дре́вни златы́е дни ми́ра
> Сла́дкою си́лой твое́й
> Ты и Бого́въ и Царе́й,
> Ты и наро́ды плѣня́ла [2].
>
> Держа́винъ.

> Ю́ная ро́за
> Лишь разверну́ла
> А́лый шипо́къ,
> Вдругъ отъ моро́за

---

dement, dans un printemps éternel, comme les jours sereins du rapide mois de Mai, comme les ondes paisibles d'un ruisseau.

[1] Eschine revenait vers ses pénates sur les rivages odoriférants de l'Alphée. Depuis longtemps il courait dans le monde après le bonheur; mais le bonheur s'enfuyait comme une ombre.

[2] Lyre mélodieuse, jadis dans le siècle d'or tu charmais par tes sons irrésistibles les dieux, les rois et les peuples.

Въ лонѣ уснула;
Свянулъ цвѣтокъ [1].

Державинъ.

III. *De la césure et de l'hémistiche.*

§ 209. La *césure* (пресѣченіе) est un repos qui divise les vers de six et de cinq pieds en deux parties ou *hémistiches* (полустишія) [2]. Dans les vers iambiques de six pieds ce repos doit se trouver après le troisième pied; ex.

Уже бѣля Понтъ | передъ Петромъ кипитъ,
И влага уступитъ, | шумя, ему спѣшитъ [3].

Ломоносовъ.

Dans les vers iambiques de cinq pieds, la césure est après le second pied, et partage le vers en deux hémistiches inégaux; ex.

И щитъ и мечъ | бросаютъ съ знаменами;
Вездѣ пути | покрыты ихъ костями [4].

Жуковскій.

Il n'est pas nécessaire que ce repos soit toujours aussi bien marqué; mais il faut du moins que la syllabe qui termine le premier hémistiche ne soit pas liée avec celle qui commence le

---

[1] Cette rose nouvelle eut à peine montré son éclat que l'hiver la fit rentrer dans son sein; cette fleur est déjà fanée.

[2] Le mot *césure* vient du Latin *cædere*, couper; et le mot *hémistiche* du Grec ἥμισυς, demi, et στίχος, un vers.

[3] Déjà la mer se blanchit d'écume à la vue de Pierre, et la plaine liquide se hâte en mugissant de lui ouvrir un passage.

[4] Ils jettent tout, boucliers, lances, drapeaux; partout les chemins sont jonchés de leurs cadavres.

second. Ainsi la césure ne pourrait pas avoir lieu entre une préposition et son complément.

IV. *De la terminaison des vers et de la rime.*

§ 210. Les vers peuvent se terminer ou par une syllabe longue, ou par une syllabe brève; dans le premier cas la terminaison est *masculine*, et dans le second *féminine;* ex.

Люблю́; люби́ть вв ѣ́къ бу́ду! *fém.*
Кляни́те стра́сть мою́, *masc.*
Безжа́лостныя ду́ши, *fém.*
Жесто́кія сердца́ [1]! *masc.*

Карамзи́нъ.

§ 211. De cette double terminaison des vers il résulte que les vers du même mètre n'ont pas tous le même nombre de syllabes. Le vers iambique de six pieds a douze syllabes quand la terminaison est masculine, et treize quand elle est féminine. Le vers iambique de quatre pieds a huit syllabes à la terminaison masculine, et neuf à la féminine, et ainsi de suite. Le vers choraïque de quatre pieds a sept syllabes à la terminaison masculine, et huit à la féminine, etc.

§ 212. L'uniformité de son dans les mots qui terminent deux vers forme la *rime* (риѳма) [2]; et la rime est aussi *masculine*,

---

[1] J'aime; j'aimerai toute ma vie! Maudissez ma passion, âmes impitoyables, cœurs insensibles!

[2] Le mot russe риѳма, comme aussi le mot français *rime*, viennent du Grec ῥυθμὸς, Latin *rhythmus*, cadence, harmonie. Dans l'origine ce mot avait la même signification que le mot français *vers*, Grec στίχος, Latin *versus;* et l'on se servait indifféremment de l'un ou de l'autre. C'est dans la basse latinité que le mot *rhythmus* fut

quand la dernière syllabe est longue, ce qui arrive lorsque l'accent est sur cette syllabe, ou *féminine*, quand la dernière syllabe est brève, ce qui arrive lorsque l'accent est sur la pénultième ; ex.

>Изъ за óблакъ мѣсяцъ красный *fém.*
>Всталъ и смóтрится въ рѣкѣ : *masc.*
>Сквозь туманъ и мракъ ужáсный *fém.*
>Путникъ ѣдетъ въ челнокѣ [1]. *masc.*
>
>>Державинъ.

§ 213. Les rimes sont riches, suffisantes, ou pauvres. La rime est *riche* (богáтая), lorsqu'il y a uniformité de son dans les deux dernières syllabes ; comme жéртва et мéртва, довóленъ et вóленъ. Elle est *suffisante* (полубогáтал), lorsque cette uniformité de son ne se trouve que dans la dernière syllabe ; comme отéцъ et сердéцъ. Elle est *pauvre* (бѣдная), lorsqu'il n'y a pas une ressemblance de son aussi frappante ; comme творéнье et пéрья, ключъ et бичъ [2].

---

donné aux vers rimés, et qu'on appela *rhythmici versus* ce qui était auparavant nommé par les Romains *leonini versus*, et par les Grecs ὁμωτέλευτοι ῥυθμοί, c'est-à-dire, des vers dont la terminaison est semblable.

[1] La lune argentée sort de derrière les nuages, et se réfléchit dans l'onde : à travers les brouillards, dans une obscurité effrayante, le voyageur s'embarque dans une nacelle.

[2] Au seizième siècle on trouve des poëtes qui faisaient usage de la rime ; mais il n'y a que les dernières voyelles des vers qui aient une ressemblance de son, sans faire attention aux consonnes. Cela se trouve encore aujourd'hui dans la poésie espagnole, où l'on appelle cette rime *rima asonante*, par opposition à l'autre que l'on nomme *consonante*.

§ 214. On ne saurait se passer de la rime en Français, parce que la langue poétique différant très-peu de celle de la prose, le vers a besoin de ce secours pour flatter l'oreille; mais en Russe elle n'est pas d'une nécessité absolue, parce que le rhythme y est marqué, comme dans les langues grecque et latine, par la longueur et la brièveté des syllabes. Les vers sans rime s'appellent des *vers blancs* (бѣлые стихи́) [1]. Les hexamètres et les autres vers qui imitent ceux des anciens n'ont jamais de rime.

Remarque. Quant à l'arrangement des rimes entre elles, il est absolument le même en Russe qu'en Français, comme on a pu le voir par les exemples précédents.

V. Des licences poétiques.

§ 215. Pour observer les règles que nous venons de donner sur la versification, le poëte est quelquefois obligé de syncoper les mots, de s'écarter de quelques règles peu importantes de la syntaxe, de placer les mots dans un ordre contraire à l'ordre naturel, etc. Ce sont ces écarts qu'on appelle les *licences poétiques* (стихотво́рческія во́льности). Ces licences ne sont permises que dans des cas indispensables, et encore ne peuvent-elles pas s'étendre trop loin. Il est permis de dire, par exemple,

Не славь высо́кую поро́ду,

au lieu de высо́кой поро́ды (§ 171). Mais les autres licences ne sont pardonnées que lorsqu'elles sont compensées par de grandes beautés; ex.

---

[1] Le Russe a pris cette dénomination du Français qui lui-même l'a empruntée de l'Anglais, où de tels vers furent plus tôt en usage. Le verbe anglais *to blank* signifie *ôter, effacer;* ainsi *blank verse, vers blanc,* signifiera un vers qui est privé de la rime.

Въ это время, столь холодно,
Какъ Борей былъ разъярёнъ,
Отроча порфирородно
Въ царствѣ сѣверномъ рождёнъ [1].

Державинъ.

Les adjectifs apocopés холодно, порфирородно, sont employés au lieu des adjectifs entiers (§ 69); et la syntaxe exigerait рождено, parce que отроча est du genre neutre. — Observons encore qu'à l'imitation des Grecs et des Latins, les inversions et les enjambements sont aussi permis dans la poésie russe.

---

[1] Dans ce temps si froid, lorsque Borée soufflait avec fureur, un enfant, du sang des Tsars, est né dans l'empire du Nord.

FIN DE LA GRAMMAIRE.

TABLE DES MATIÈRES.

INTRODUCTION SUR LA LANGUE SLAVONNE. V

GRAMMAIRE RUSSE.

PREMIÈRE PARTIE.

	Étymologie des mots.	2
CHAPITRE I.	1. Nombre et division des lettres. . . .	2
	2. Articulation des lettres.	7
	3. Prononciation des lettres.	8
	Voyelles.	9
	Consonnes.	12
	Lettres muettes.	16

Chapitre II.	Division des syllabes.	18
Chapitre III.	De l'accent prosodique.	19
	Table des homonymes dont le sens est déterminé par la position de l'accent.	21
	I. Place de l'accent dans les substantifs.	25
	II. Place de l'accent dans les adjectifs.	28
	III. Place de l'accent dans les verbes.	29
	IV. Place de l'accent dans les adverbes.	31

DEUXIÈME PARTIE.

	Lexicologie.	32
Chapitre I.	Du substantif.	33
Article 1er.	Déclinaison des substantifs.	40
	Première déclinaison.	42
	Deuxième déclinaison.	50
	Troisième déclinaison.	58
Article 2e.	Déclinaison des substantifs propres.	64
Article 3e.	Formation des substantifs dérivés.	66
	I. Substantifs féminins dérivés des masculins.	67
	II. Augmentatifs.	69
	III. Diminutifs.	70
	IV. Substantifs nationaux.	75
	V. Substantifs patronymiques.	76

TABLE. 253

Chapitre II.	De l'adjectif.	78
Article 1ᵉʳ.	Adjectifs qualificatifs.	80
	Déclinaison des adjectifs qualificatifs. . .	84
Article 2ᵉ.	Adjectifs possessifs.	91
	Déclinaison des adjectifs possessifs. . .	92
Chapitre III.	Des noms de nombre.	95
	Déclinaison des noms de nombre. . . .	98
Chapitre IV.	Du pronom.	101
	Déclinaison des pronoms.	102
Chapitre V.	Du verbe.	107
	Conjugaison du verbe auxiliaire.	113
Article 1ᵉʳ.	Conjugaison des verbes actifs et neutres.	116
	I. Des verbes simples indéfinis.	119
	II. Des verbes simples sémelfactifs. . . .	136
	III. Des verbes simples fréquentatifs. . .	144
	IV. Des verbes composés ou parfaits. . .	147
Article 2ᵉ.	Emploi des modes et des temps des verbes russes.	163
Article 3ᵉ.	Conjugaison des verbes passifs.	169
Article 4ᵉ.	Conjugaison des verbes qui prennent le pronom réfléchi.	172
Article 5ᵉ.	Des verbes unipersonnels.	175
Article 6ᵉ.	Des verbes irréguliers.	177
Chapitre VI.	De l'adverbe.	185
Chapitre VII.	De la préposition.	187

CHAPITRE VIII. De la conjonction. 191

CHAPITRE IX. De l'interjection. 193

TROISIÈME PARTIE.

Syntaxe. 194

CHAPITRE I.   De la concordance et du régime. 195
   Article 1er. Syntaxe des substantifs. 195
   Article 2e. Syntaxe des adjectifs. 197
   Article 3e. Syntaxe des noms de nombre. 200
   Article 4e. Syntaxe des pronoms. 204
   Article 5e. Syntaxe des verbes. 206
   Article 6e. Syntaxe des adverbes. 216
   Article 7e. Syntaxe des prépositions. 218
   Article 8e. Syntaxe des conjonctions. 224
   Article 9e. Syntaxe des interjections. 225

CHAPITRE II.   De la construction. 226

CHAPITRE III. Des idiotismes. 227

QUATRIÈME PARTIE.

I. Orthographe. 231

Table des homonymes dont le sens est déterminé par l'une des deux muettes ҧ et ь. 234

II. Ponctuation. 236

TABLE.

CINQUIÈME PARTIE.

Versification.. 238
   I. Du mètre. 238
   II. Des différentes espèces de vers. 240
   III. De la césure et de l'hémistiche. 246
   IV. De la terminaison des vers et de la rime. 247
   V. Des licences poétiques. 249

FIN DE LA TABLE.

TYPOGRAPHIE SCIENTIFIQUE ET ORIENTALE DE Mme Ve DONDEY-DUPRÉ,
rue Saint-Louis, au Marais, 46, à Paris.

www.ingramcontent.com/pod-product-compliance
Lightning Source LLC
Chambersburg PA
CBHW050326170426
43200CB00009BA/1478